汉学研究大系
Series of Chinese Studies

列国汉学史丛书

阎纯德 总主编

新汉学计划出版项目资助

加拿大汉学研究史

熊文华 著

学苑出版社

图书在版编目（CIP）数据

加拿大汉学研究史 / 熊文华著. -- 北京：学苑出版社，
2020.7
（汉学研究大系 / 阎纯德总主编）
ISBN 978-7-5077-5971-6

Ⅰ.①加… Ⅱ.①北… ②熊… Ⅲ.①汉学-历史-加拿大 Ⅳ.①K207.8

中国版本图书馆CIP数据核字(2020)第132385号

责任编辑：杨 雷 张敏娜
出版发行：学苑出版社
社　　址：北京市丰台区南方庄2号院1号楼
邮政编码：100079
网　　址：www.book001.com
电子信箱：xueyuanpress@163.com
联系电话：010-67601101（销售部） 67603091（总编室）
经　　销：新华书店
印　刷　厂：北京建宏印刷有限公司
开本尺寸：710×1000　1/16
字　　数：248千字
印　　张：15.25
印　　数：1500册
版　　次：2022年2月第1版
印　　次：2022年2月第1次印刷
定　　价：50.00元

汉学研究大系 编辑委员会

总顾问：袁行霈
顾　问：王晓平　乐黛云　宇文所安（Stephen Owen）
　　　　李明滨　吴志良　严绍璗　张西平　宋绍香
　　　　何培忠　郁　白（Nicolas Chapuis）　孟　白
　　　　倪海东　钱林森　崔希亮　柴剑虹　阎国栋
　　　　熊文华
主　任：刘　利　李宇明
总主编：阎纯德
助　理：陈　晶

列国汉学史丛书 编辑委员会

主　任：刘　利
副主任：韩经太
主　编：阎纯德　吴志良
编　委：安平秋　许光华　李海绩　李雪涛　陈开科
　　　　陈戎女　陈　晶　杨玉英　张国刚　周　阅
　　　　侯且岸　钱婉约　徐志啸　唐　磊

总　序　一

经过近30年多位学者的辛劳努力,现在我们可以说,国际汉学研究确实已经成长为一门具有特色的学科了。

"汉学"一词本义是对中国语言、历史、文化等的研究,而在国内习惯上专指外国人的这种研究,所以特称"国际汉学",也有时作"世界汉学""国际中国学",以区别于中国人自己的研究。至于"国际汉学研究",则是对"国际汉学"的研究。中外都有学者从事国际汉学研究,我们在这里讲的,是中国学术界的国际汉学研究。

自从改革开放以来,国际汉学研究改变了禁区的地位,逐渐开拓和发展。其进程我想不妨划分为三个阶段:一开始仅限于对国际汉学界状况的了解和介绍,中心工作是编纂有关的工具书,这是第一个阶段。到了20世纪90年代,出现国际汉学研究的专门机构,大量翻译和评述汉学论著,应作为第二个阶段。在这两个阶段里,学者们为深入研究国际汉学打好了基础,准备了条件。新世纪到来之后,进入全面系统地研究国际汉学的可能性应该说业已具备。

今后国际汉学研究应当如何发展,有待大家磋商讨论。以我个人的浅见,历史的研究与现实的考察应当并重。国际汉学研究不是和现实脱离的,认识国际汉学的现状,与外国汉学家交流沟通,对于我国学术文化的发展以至于多方面的工作都是必要的。我曾经提议,编写一部中等规模的《当代国际汉学手册》,使我们的学者便于使用;如果有条件的话,还要组织出版《国际汉学年鉴》。这样,大家在接触外国汉学界时,不会感到隔膜,阅读外国汉学作品,也就更容易体味了。必须指出的是,国际汉学有着长久的历史,因此现实和历史是分不开的,不了解各国汉学的历史传统,终究无法认识汉学的现状。

我们已经有了不少国际汉学史的著作及论文。实际上,公推为中国最早的汉学史专书,是1949年出版的莫东寅的《汉学发达史》,尽管是通史体裁,也包含了分国的篇章。这本书最近已有经过校勘的新版,大家容易看到,尽管只是概述性的,却使读者能够看到各国汉学互相间的关系。由此可见,有组织、有系统地考察各国汉学的演进和成果,将之放在国际汉学整体的背景中来考察,实在是更为理想的。

这正是我在这里向大家推荐阎纯德教授、吴志良博士主编的这套"列国汉学史书系"(即"汉学研究大系")的原因。

阎纯德教授在北京语言大学主持汉学研究所工作多年,是我在这方面的同行和老友,曾给我以许多帮助。他为推进国际汉学研究,可谓不遗余力,所做出的重要贡献是学术界周知的。在他的引导之下,《中国文化研究》季刊成为这一学科的园地,随之又主编了《汉学研究》,列入《中国文化研究汉学书系》,有非常广泛的影响。其锲而不舍的精神,我一直无比敬服。特别要说的是,阎纯德教授这几年为了编著这套"列国汉学史书系"所投入的心血精力,可称出人意想。

在《汉学研究》第八集的《卷前絮语》中,阎纯德教授慨叹:"《汉学研究》很像同人刊物,究其原因,是从事这个领域研究的学者太少,尤其是专门的研究者更是少之又少,所以每一集多是读者相熟的面孔。"现在看"列国汉学史书系",作者已形成不小的专业队伍,这是学科进步的表现,更不必说这套书涉及的范围比以前大为扩充了。希望"列国汉学史书系"的问世成为国际汉学研究这个学科在新世纪蓬勃发展的一个界标,让我们在此对阎纯德教授、这套书的各位作者,还有出版社各位所做出的劳绩表示感谢。

李学勤

2007 年 4 月 8 日

于清华大学国际汉学研究所

总　序　二

　　汉学历史和学术形态历史是既抽象又具体的存在,是浩瀚无边的过去、现在和未来。历史会让我们兴奋,也会使我们悲哀,有时还会觉得它仿佛是一个梦。但是,当我们梦醒而理智的时候,便会发现——太阳、地球、人类社会,一切的一切,不管是曾经存在过的恐龙,还是至今还在生生不息的蚂蚁社群,天上的、地下的、看得见的、看不见的,一切都有自己的历史。一切都有过发生,一切都还在发展,可能还会灭亡。

　　任何事物的发生都有一个有形或无形的孕育过程,"汉学"(Sinology)也是这样,其孕育和成长,就是中国文化与异质文化相互交媾浸淫的历史。这个历史,始于公元一世纪前后汉代所开通的丝绸之路,接下来是七八世纪的大唐帝国、十四五世纪的明代、清末的鸦片战争和五四新文化运动,这种文化的碰撞和交流之潮时起时伏直到今天,还会发展到永远。这是历史,是汉学的昨天、今天和未来,是其孕育、发生和成长的过程显现出的文化精神。但是,昨天有远有近,我们可以寻着蛛丝马迹探讨找回其真;而今天,只是一个过渡,一俟走过,便成为昨天的陈迹。

　　写作汉学史是一件艰难的劳作,尤其对象是遥远的昨天,尤其是"遗失"在异国他乡的昨天,更非一件易事。时至今日,朦胧面纱下的汉学还不完全为一些学人所认识,因此有必要取下面纱,让人们看个究竟。

　　中华人民共和国成立最初的 30 年,对于"汉学"讳莫如深,因为"它"被认为是个有害于中国的"坏东西";从 20 世纪 70 年代中期之后,尤其 90 年代以降,"汉学"便逐渐成为学术界耳熟能详的学术名词。中国大陆重提"汉学"至今,汉学就像隐藏在深山里的小溪,经过 30 年的艰辛跋涉,才终于形成一条奔腾的水流,并成为中国文化水系不可或缺的组成部分;尤其是到了 21 世纪最初十年之后,国家领导人也提出倡导研究汉学(中国学)。这是天翻地覆的文化壮举。这个变化是时代和历史变迁带来的结果,也是文化自身发展的规律。

那么,究竟什么是汉学呢?首先,这里的汉学非指汉代研究经学注重名物、训诂——后世称"研究经、史、名物、训诂考据之学"的"汉学",而是指外国人研究中国历史、语言、哲学、文学、艺术、宗教、考古及社会、经济、法律、科技等人文和社会科学领域的学问,这起码是近300来年世界上的习惯学术称谓。李学勤(1933—2019)教授多次说:"'汉学',英语是Sinology,意思是对中国历史文化和语言文学等方面的研究。在国内学术界,'汉学'一词主要是指外国人对中国历史文化等的研究。有的学者主张把它改译为'中国学',不过'汉学'沿用已久,在国外普遍流行,谈外国人这方面的研究,用'汉学'比较方便。"①Sinology一词来自外国,它不是汉代的"汉",也不是汉族的"汉",不指一代一族,其词根Sino源于秦朝的"秦"(Sin),所指是中国。为了弄清Sinology的真正含义和译义,我曾向西方多位汉学家征求其看法。他们几乎毫无疑义地认为:Sinology的词根"Sino",意思是"秦",所指中国,源自拉丁词语"Sina"(China,中国),"logia"为希腊词语,其意为"科学",或含有考古学或哲学的部分意思;前者所示是"中国",后者所示是"科学"或"研究",两者相加,Sinology就是"中国的科学研究"。Sinology一词的诞生,最早应是始于后利玛窦时代,出自某个传教士的智慧——借用汉代和清代的"汉学"。从那时起,西方传教士就将对中国的文化研究称为Sinology(汉学),研究者称为Sinologist(汉学家)。

如果我们将Sinology在学术上称为"汉学"和"中国学",名字虽异,但实质上它们是"异名共体",所表述的内涵完全一样。高利克在回信中说:"我认为Sinology(汉学)或Sinologist(汉学家)是用以指称我们所从事的事业之恰当的词语。"

在历史长河里,汉学由胚胎逐渐发育成长。当汉学走过少年时代,在西学东渐和中学西传互示友情之后,中学开始影响西方而成为人类文明史上的伟大事件。中世纪以来,欧洲视中国为"修明政治之邦",对中国充满了好奇与好感,18世纪"中国热"蜂起欧洲,19世纪初期法国便成为西方汉学的中心,巴黎成为"汉学之都"。戴密微(Paul Demiéville,1894—1979)曾说汉学的先驱是葡萄牙、西班牙和意大利,但是汉学作为学术研究和一

---

① 李学勤《国际汉学漫步·序》,河北教育出版社,1997年。

种文化形态，举大旗的则是法国人。1814年12月11日，雷慕沙（Jean-Pierre Abel-Rémusat，1788—1832）在法兰西学院首开"汉语和鞑靼—满语语言与文学讲座"，开启了西方真正的汉学时代。但指代汉学的"Sinologie"（英文"Sinology"）一词则出现在17世纪末，应该早过雷慕沙主持第一个汉学讲座100年的时间。从此之后，"Sinology"便成为主导汉学世界的图腾、约定俗成的学术"域名"。在世界文化史和汉学史上，外国人把研究中国的学问称为"汉学"，研究中国学问的造诣深厚的学者称为"汉学家"。因此，我认为，我们不必要标新立异，根据西方绝大部分汉学家的习惯看法，"Sinology"发展到如今，这一学术概念有着最广阔的内涵，绝不是汉代和清代独有的"汉学"，更不是什么"汉族文化之学"，它涵盖中国的一切学问，既有以儒释道为核心的传统文化，也包含"敦煌学""西夏学""突厥学""满学"以及"藏学"和"蒙古学"等领域。由于汉学的发展、演进，以法国为首的"传统汉学"（Sinology）和以美国为首的"现代汉学"（"中国学"，Chinese Studies），到了20世纪中叶之后，研究内容、理念和方法，已经出现兼容并包状态，就是说Sinology可以准确地包含Chinese Studies的内容和理念；从历史上看，尽管Sinology和Chinese Studies所负载的传统和内容有所不同，但现在却可以互为表达、"雌雄同体"于同一个学术概念了。话再说回来，对于这样一个负载着深刻而丰富历史内涵的学术"域名"，我以为还是叫它"汉学"（Sinology）为好，因为Sinology不仅承继了汉学的传统，而且也容纳了Chinese Studies较为广阔而现代的内容。另外，中国人对中国文化的研究应该称为国学，而外国学者研究中国文化的那种学问则称为汉学。汉学是国学有血有肉有灵魂的"影子"，而汉学不是国学，是介于中学与西学两者之间、本质上更接近西学的一种文化形态。说它与国学同根而生，说它们是"一条藤上的两个瓜"（许嘉璐语），都不为过，然而瓜的形象与味道却不相同，一个是"东瓜"，一个是"西瓜"。我认为这样认识汉学，既符合中国文化的学术规范，又符合世界上的历史认同与学术发展实际。

　　汉学的历史是中国文化与异质文化交流的历史，是外国学者阅读、认识、理解、研究、阐释中国文明的结晶。汉学是中国文化和外国文化撞击后派生出来的学问，实际上也是中国文化另一种形式的自然延伸。但是，汉学不是纯粹的中国文化，它与中国文化有着密不可分的血缘关系，它既是中外文化的"混血儿",又是可以照见"中国文化"的镜子,是可以攻玉的"他山之石";"'Sinology'是一门在国际文化中涉及双边或多边文化关系的近代边缘性的学术,它以'中国文化'作为研究的'客体',以研究者各自的'本土文化语境'作为观察'客体'的基点,在'跨文化'的层面上各自表述其研究的结果,它具有'泛比较文化研究'的性质。"①以上两种表述虽有不同,但学理一致,基本可以厘清我们对于 Sinology 的学术定位。

法国汉学家马伯乐(Henri Maspero,1883—1945)说过:"中国是欧洲以外仅有的这样的一个国家:自远古起,其古老的本土文化传统一直流传至今。"法国哲学家弗朗索瓦·于连(François Jullien)也说:"中国文明是在与欧洲没有实际的借鉴或影响关系之下独自发展的、时间最长的文明……中国是从外部审视我们的思想——由此使之脱离传统成见——的理想形象。"②他在《为什么我们西方人研究哲学不能绕过中国》中提出:"我们选择出发,也就是选择离开,以创造远景思维的空间。人们这样穿越中国,也是为了更好地阅读希腊。"为了获得一个"外在的视点",他才从遥远的视点出发,并借此视点去"解放"自己。这便是一个未曾断流、在世界上仅存的几种古老文化之一的中国文明的意义。中国文明是一道奔流不息的活水,活水流出去,以自己生命的光辉影响世界;流出的"活水"吸纳异国文化的智慧之后,形成既有中国文化的因子,又有外国文化思维的一种文化,这就是"汉学"。也就是说,汉学是以中国文化为原料,经过另一种文化精神的智慧加工而形成的一种文化。从某种意义上说,汉学既是外国化了的中国文化,又是中国化了的外国文化;抑或说是一种亦中亦西、不中不西,有着独立个性的文化。汉学作为一门独立的具有跨文化性质的学科,是外国文化对中国文化借鉴的结果。汉学对外国人来说是他们的"中学",对中国人来说又是"西学",它的思想和理论体系仍属"西学"。

我们的汉学研究,是指对外国汉学家及其对中国文化研究成果的再研究,是中国学者对外国学者研究中国文化的反馈,也是对外国文化借鉴的一个方面。凡是对历史或异质文化进行研究,都有一个价值判断和公正褒

---

① 严绍璗《我对 Sinology 的理解和思考》,载《世界汉学》2006 年第 4 期。
② [法]弗朗索瓦·于连(François Jullien)《迂回与进入》,三联书店(香港)有限公司,1998年。

贬的问题。因此,对于汉学家对中国文化的研究,必得有我们自己的判断,然后做出公正的褒贬。我们说汉学是可以攻玉的"他山之石",但是这句箴言并非只适用于中国人,对外国人也是一样。汉学也像外国的本体文化一样,对我们来说有借鉴作用,对西方来说有启迪作用——西方学者以汉学为媒介来了解中国,汲取中国文化的精华,完善自己的文明。人类由于文化背景差异和文化语境的不同,思维方向和方式也会不同,因而就会得出不同的结论,讲出不同的道理。"西方学者接受近现代科学方法的训练,又由于他们置身局外,在庐山以外看庐山,有些问题国内学者司空见惯,习而不察,外国学者往往探骊得珠。如语言学、民俗学、考古学、人类学、社会学诸多领域,时时迸发出耀眼的火花。"①汉学的学术价值往往不被国人重视,并利用汉学家对于中国文化的一些误读而贬低汉学的价值。其实,这并不公平,有些汉学家对于中国文化确实有其独到的见解,能发中国人未发之音。法国汉学家马伯乐对中国上古文化和上古宗教的研究就有独到的贡献,中国学者称赞他对中国宗教研究有开"先河"之功。他研究中国宗教的宗教社会学之方法,促进和推动了中国学者采用宗教社会学来研究中国宗教,被称为"中国宗教社会学研究的真正创始人"。

踏着地理学家和探险家斯文·赫定(Sven Hedin,1865—1952)的足迹来到中国的瑞典地质学家、考古学家安特生(John Gunnar Andersson,1874—1960),他对中国的贡献足以说明他也是一位汉学家。1914年,他被中国北洋政府农商部聘任为矿政顾问,他先是从事地质调查,写出《中国的铁矿和铁矿工业》和《华北马兰台地》的调查报告,然后致力于古生物化石的收集和研究。1921年10月,在河南渑池发现仰韶文化,因此被誉为"仰韶文化之父"。他的研究揭开了中国田野考古工作的序幕,改变了中国近代考古的面貌。他有《甘肃考古记》、《中国远古之文化》(*An Early Chinese Culture*,1923)、《黄土的女儿:中国史前史研究》(*Children of the Yellow Earth:Studies in Prehistoric China*)等著作。

瑞典汉学家高本汉(Bernhard Karlgren,1889—1978)的最高成就是根据研究古代韵书、韵图和现代汉语方言、日朝越诸语言中汉语借词译音构拟汉语中古音,以及根据中古音和《诗经》用韵、谐声字构拟古音,写出著

---

① 季羡林《汉学研究·序》第七集,中华书局,2003年。

名的学术专著《中国音韵学研究》《汉语中古音与古音概要》《古汉语字典重订本》《中日汉字形声论》《论汉语》《诗经注释》《尚书注释》和《汉朝以前文献中的假借字》等。他对汉语音韵训诂的研究是不少中国学者所不及的,并深刻影响了对于中国音韵训诂的研究。20世纪日本学者津田左右吉(Tsuda Soukichi,1873—1961)关于中国文化的研究著述甚丰,他认为中国文化是一种"人事本位文化",其核心是"帝王文化",其他认识上尽管有偏颇,但也有其独异性和深刻之处。这就是"他山之石"的意义和价值。

当然,不可否认,汉学家对于中国文化的误读或歪曲也是常见的。美国现代汉学(中国学)的奠基人费正清对中国历史尤其近代史的研究独具风采,为美国人民认识中国搭建了一座桥梁;但他在研究上的所谓"冲击—回应"模式,却近乎荒谬,认为是西方给中国带来了文明,是西方的侵略拯救了中国。

综上所述,对于汉学成果的研究,只有冷静、公正、客观、全面,才能在沙中淘得真金,发现真正的"他山之石"。

在中国,汉学的接受与命运,诚实地说,在20世纪80年代初期之前,基本上是无视它的学术价值,更没人把它看作是中国文化的延伸。此外,由于民族心理上的历史"障碍",我们还曾视汉学为洪水猛兽,甚至觉得它是仇视中国、侮辱中国的一个境外的文化"孽种"。这种"观点",虽嫌偏颇,当然也不是空穴来风。因为自19世纪鸦片战争前后,直至20世纪40年代,偌大的中国曾经惨遭蹂躏,其间也不乏为列强殖民政策服务的少数传教士、"旅行家"和"学者"深入中国腹地,以旅行、探险、考古之名而实行社会情报的搜集、盗窃和骗取中国文物。

人类思想的飞翔,是受社会和历史禁锢的,山高水远的阻隔也使得人类互相寻找的岁月特别漫长。交流是人类文化选择的自然形态,汉学就发生在这种物质交流和文化交流之中。

人类在互相寻找的初级阶段,中国和西方试探性的商业交往还很原始,那时的人类,不同的国家、民族和族群处于相对落后和封闭的状态,人类各个角落的不同文化还处于相对不自觉或是相对蒙昧的历史时期。在人类最早的沟通中,中国人走在最前边。公元前139年,张骞奉汉武帝之命,越过葱岭,亲历大宛、康居、大月氏、大夏、乌孙、安息等地,直达地中海东岸,先后两次出使中亚各国,历时十多年,开创了古代和中世纪贯通欧亚非的陆路"丝绸之路",为人类交往开了先河,也为汉学的萌发洒下最初的雨露。

在文化史上,以孔孟儒家学说为核心的中国文化最先影响朝鲜半岛,然后才是日本和越南等周边国家。这些周边国家与中国的关系复杂,甚至被说成同种同文,因此可以说它们的文化与中国文化有着很深的"血缘"关系。公元522年,中国佛教渡海东传日本,从那时开始,中国典籍便大量传入日本;但这只是一种"输入",只是日本创建自己文化的借鉴,并没有形成对于中国文化的深层研究。及至唐代,由于文化上承接了汉朝的开放潮流,那时与异质文化的交流相对更加频繁,商贸往来和文化沟通有了发展,西方和中国周边国家或地域的人士通过陆路和水路进入中国腹地,有的经商,有的留学,长安(今西安)、洛阳、扬州、广州、泉州等城市,都是中外贸易和文化交汇的重要都会。尤其是长安(今西安),是当时世界最大的商业文化之都;而扬州、广州、泉州等,由于东南沿海经济崛起、人口增多、手工业发达、农田水利的改善,为海外贸易发展创造了条件,再由于唐代中期"安史之乱"切断了陆路"丝绸之路"的缘故,曾称为"鲤城""温陵""刺桐城"的泉州,便成为联结亚洲、欧洲和非洲的海上丝绸之路的"东方第一大港",是那时以丝绸、金银、铜器、铁器、瓷器为主的国际贸易之都。通过频繁的往来和交流,外国人对中国文化的认识越来越多、越来越深,汉学也便在这种交流中不知不觉慢慢衍生。

但是,源远流长的汉学,人们习惯地认为其洪流和网络在西方,西方是汉学的形象代表。这种看法,一是源自近代以来西方强势文化和中国人的崇洋心理;二是西方汉学的某些特征也确实有别于朝鲜半岛、日本和越南的汉学。其实,如果我们从世界汉学历史发展的角度看,日本、朝鲜半岛和越南的汉学要早于西方的汉学,比如日本在十四五世纪已经初步形成了汉学,而那时西方的传教士还没有进入中国。因此,对于汉学的研究,无论是西方还是东方(朝鲜半岛、日本和越南),我们都不能顾此失彼,要以同样的关注和努力而探讨之。当然,汉学的历史藏在文献里,而隐性源头却可能在文献之外。

文化往往伴随经济流动,其交流也会在不自觉或无意识状态下发生。到了明代初年,郑和于1405年,率200多艘舰船的庞大舰队出使西洋,前后7次,历经28年,到过30多个国家,最远抵达非洲东岸和红海口,真正拓展了海上"丝绸之路"。

在公元八九世纪至十六七八世纪期间,关于中国,多见于西方商人、外交使节、旅行家、探险家、传教士、文化人所写的游记、日记、札记、通信、报告之中,这些文字包含着重要的汉学资源,因此这些文献被称为"旅游汉学"。这些人的东来源于文艺复兴,因为思潮的开放影响了欧洲人的思想和生活,他们或通商,或传教,或猎奇,但了解和研究中国文化却是一致的,于是汉学便在葡萄牙、西班牙、意大利、法国、荷兰、英国、德国、俄罗斯等主要的西方国家逐步发展起来。

这类游记和著作较早的,有约在公元 851 年成书的描述大唐帝国繁荣富强的阿拉伯帝国(大食国)旅行家苏莱曼(Sulayman)的《中国印度见闻录》(又译《苏莱曼东游记》)、威廉·吕布吕基斯(1215—1219)的《远东游记》(1254)、意大利雅各布·德安克纳的《光明城》(The City of Light);这类"旅游汉学"著作中,最著名且影响至今的当属《马可·波罗游记》(The Travels of Marco Polo,又译《东方见闻录》)。马可·波罗(Marco Polo,1254—1324)于 1275 年随父亲和叔父来中国,觐见过元世祖忽必烈,1295 年回国后出版了这本书,它以美丽的语言和无穷的魅力翔实地记述了中国元朝的财富、人口、政治、物产、文化、社会与生活,第一次向西方细腻地展示了"唯一的文明国家""神秘中国"的方方面面。

大航海凯旋不久,欧洲传教士最初到世界各地传教,在美洲和日本等许多地方遭遇不顺。但是,他们唯独在中国这个以德仁待人的文明国度得到了善待。庞迪我(Diego de Pantoja,1571—1618)在 1602 年写给西班牙主教的信里说:"中国那么强大,为什么不去征服那些周边小的国家,甚至一任那些小国给它制造麻烦呢?因为中国不想用自己的威力征服别人。这一事实,对欧洲人来说是不可理解的;中国人与他们的皇上并不寻求或梦想超过他们目前的国土疆界来扩大他们的帝国。"利玛窦(Matteo Ricci,1552—1610)说:"在这样一个几乎具有无数人口和无限国土幅员辽阔、各种物产丰富的国家,虽然它有装备精良的陆军和海军,很容易征服临近的国家,但他们的皇上和人民却从来没想过要发动侵略战争,他们很满足于自己已有的东西,没有征服别人的野心。在这方面,他们与欧洲人很不相同,欧洲人常常不满意自己的政府,并贪婪祈求别人享有的东西……我仔细研究了中国四千多年的历史,我不得不承认,我从未见过这类征服的记载,我也没有听说过他们对外侵略、扩张国界。"

从16世纪到十八九世纪,在数以千计的散布在中国各地的传教士中,有不少人成为名载史册的汉学先驱,他们为汉学的发展做出了重大贡献。自1540年圣伊纳爵·罗耀拉(St. Ignatins de Loyola, 1491—1556)、圣方济各·沙勿略(St. Francisco Xavier, 1506—1552)等人来华,开始了以葡萄牙、西班牙、意大利传教士为主的第一波耶稣会的传教活动。接着,意大利的范礼安(Alexandre Valignani, 1539—1606)、罗明坚(Michel Ruggieri, 1543—1607)等著名传教士来华。明朝万历十一年(1583年),罗明坚又将利玛窦神甫带到中国,从此,耶稣会传教士在中国的宗教活动无论是对于西方还是东方,都开始了一个新的历史时期。

西方众多旅行家、探险家、商人和耶稣会士来华,他们笔下的许多记载和著译,催生了汉学。葡萄牙贝尔西奥(P. Belchior, 1519—1571)的《中华王国的风俗与法律》(1554)、葡萄牙多明我会传教士加斯帕尔·达·克鲁斯(Gaspar da Cruz, 1520—1570)全面介绍中国的《中国情况详介专著》,最著名的是1585年在罗马出版的西班牙胡安·冈萨雷斯·德·门多萨(Juan Gonsales de Mendoza, 1545—1618)编著的《中华大帝国史》(Dell'historia della China,又译《大中国志》)。这位没有来过中国的传教士汉学家,却根据自己所掌握的有关中国文献写出了第一部真正的汉学著作,名副其实地对中国的政治、历史、地理、文字、教育、科学、军事、矿产、物产、衣食住行、风俗习惯等做了百科全书式的介绍,具有相当的学术价值,以七种文字印行,风靡欧洲。

在这个一百多年的岁月里,前后出版的有金尼阁(Nicolas Trigault, 1577—1629)根据利玛窦日记的整理,加上自己的中国见闻合著为《利玛窦中国札记》(Regni Chinensis Descriptio,又译《基督教远征中国史》),亚历山大·德·罗德(Alexandre de Rhodes, 1591—1660)的《在中国的数次旅行》(1666),比利时南怀仁(Ferdinand Verbiest, 1623—1688)的《中国皇帝出游西鞑靼行记》(1684),葡萄牙费尔南·门德斯·托平的(Fernão Mendes Pinto, 1509—1583)的《远游记》,法国李明(Louis-Daniel Le Comte, 1655—1728)的《关于中国现状的新回忆录》(Nouveau mémoire sur l'état présent de la Chine, 1696,又译《中国近事报道》)和《中华帝国全志》(《中国通志》),等等。

这些包罗万象的文献，不仅记录了不同时代的中国，还以自己的文化视角开始了中西文化最初的碰撞。作为文献，这些游记、日记、札记、通信和报告，有赞美，有误读，也有批评，但因为其中包含大量中国物质文化及政治、经济、历史、地理、宗教、科举等多方面的文化记载，而成为汉学的重要组成部分，在学术史上有重要价值。

汉学的发生、发展与经济、政治、交通以及资讯分不开。有学者把汉学的历史分为"萌芽""初创""成熟""发展""繁荣"几个时期，也有的分为"游记汉学时期""传教士汉学时期"和"专业汉学时期"三个阶段。但汉学的真正形成是在明末清初兴起的"西学东渐"和"中学西传"的互动之中。

以利玛窦为核心的耶稣会士的历史意义在于他们开始了对中国文化的全面开垦，不仅著书立说，还把《大学》《中庸》《论语》《孟子》等中国文化经典译成西文，不仅开西学东渐之先河，也推动了中学西传，使中国文化对西方科学与哲学产生重要影响，因此这位思想家当仁不让地被视为西方汉学的鼻祖。与其先后到达中国的著名的传教士大都曾著书立说、传播中国文化，对推动西学东渐和中学西传做出了贡献。

在世界汉学史上，除了以上提及的，还有许多汉学家的名字十分响亮，如曾德照、柏应理、卫匡国、殷铎泽、南怀仁、汤若望、龙华民、罗如望、熊三拔、张诚、白晋、马若瑟、宋君荣、钱德明、翟理斯、安特生、雷慕沙、儒莲、德理文、安东尼·巴赞、蒙田、冯秉正、尼·雅·比丘林、巴拉第·卡法罗夫、瓦西里耶夫、沙畹、伯希和、马伯乐、葛兰言、马礼逊、斯坦因、理雅各、李约瑟、韦利、霍克斯、卫礼贤、福兰阁、孔拉迪、高本汉、卫三畏、费正清、拉铁摩尔、孔飞力、史景迁、狄百瑞、傅高义、齐赫文斯基、季塔连科、戴密微、谢和耐、石泰安、汪德迈、施寒瑞、施舟人、顾彬、宇文所安，等。他们对中国文化的独特理解，铸造成汉学史上的思想学术之碑，开垦了汉学成长的沃土。

"西方的汉学是由法国人创立的。"但是，在欧洲全面研究中国文明的问题上，"法国的先驱是葡萄牙、西班牙和意大利"①。戴密微把以上三个

---

① ［法］戴密微《法国汉学研究史》，耿昇译《法国当代中国学》，中国社会科学出版社，1998年。

国家誉为汉学的先锋,"他们于16世纪末叶,为法国的汉学家开辟了道路,而法国的汉学家稍后又在汉学中取代了他们",真正建立了作为学术的汉学传统。就传统汉学而言,法国是汉学家最多的国家之一,还有英国、俄罗斯、美国、日本等国,有许多汉学界的学术巨擘,不断为汉学大厦的崇高而添砖加瓦。

中外文化交流的结果不仅意味着中国文化"外化"的传播,也意味着异质文化对中国文化"内化"的接受。汉学家作为中外文化交流的桥梁和使者,在异质文化的交流中,也是人类和谐与进步的推动者。

汉学诞生在与异质文化碰撞、交流和相互浸淫之中。这个结果无异于一枚果子的成熟,只有"风调雨顺"才能生长得好。和谐、宽容、理解与尊重,是异质文化彼此借鉴的保证。作为文化形态的汉学,其生存和成长离不开良好的国际语境。就中国而言,历史上凡是开放的时代,文化交流就多,汉学就发展;反之,汉学就停滞,这似乎成为一种规律。

作为学术公器的汉学,文化上有其自己的成长过程。汉学是发展的,这一植根于中国文化土壤、生存于异国他乡的文化,同样深受不同时代语境的极大影响。这里所说的语境,既包括中国的历史演变,也包括异国和世界的历史变化;就是说,不同的历史时期,不同的社会、政治、经济、文化背景,在很大程度上左右着汉学的发展方向和内容;换句话说,汉学的形成和发展,不仅受制于中国历史的更迭,也受制于他者社会的变化。这就是以历史悠久的中国文化为研究对象的汉学发展的基本轨迹。

传统汉学以法国为中心,现代汉学兴显于美国。20世纪中期以来,在西方其他国家葆有传统汉学的同时,现代汉学也很繁荣。这个时期的"汉学"涂满了政治色彩,以法国为代表的汉学较多地保持着传统汉学的学术精神,而美国的"中国学"却成了充满政治意识的现代汉学的代表。

19世纪末至20世纪初,美国汉学悄然嬗变为中国学,并以自己独有的个性特点和极强的生命力出现在世人面前。美国的"中国学"所关心的不是中国文化,更不是中国的传统文化,而是中国的政治、经济、军事、教育和社会生活各个层面的问题。这种政治特征,是那个时期美国中国学的基础,这一特征也影响了其他国家汉学的研究方向和内容。

人类文化包含了物质文化和观念文化。物质文化表现在衣食住行生活方面,是一种看得见、摸得着又极易变化的"具象"文化,例如饮食、服饰、住房、音乐、舞蹈等;观念文化是一个民族精神的核心,表现在人的价值观、道德观、家庭观、宗教观等诸多方面,以及对自由、平等、民主的理解,观念文化是一个民族的思维经过高度抽象后形成的思想、观念和精神,它是通过文化的灵魂——哲学、文学、语言、宗教、历史等来表达的。① 观念文化,一俟进入汉学家的研究视野,他们的研究也就进入了对中国文化核心的深层研究。

汉学家从对中国物质文化到观念文化的研究,其研究领域越来越广阔,越来越深厚。现在,汉学不仅包括对中国的哲学、文学、宗教、历史领域的研究,还包括对社会学、政治学和自然科学的研究。传统汉学和现代汉学,它们已经亲密到"异名共体"的地步。二者的差异在于前者是以文献研究和古典研究为中心,包括哲学、宗教、历史、文学、语言等;而以美国为中心的现代汉学(中国学)则以现实为中心,以实用为原则,其兴趣根本不在那些负载着古典文化资源的"古典文献",而重视正在演进、发展着的信息资源。但是,汉学发展到 21 世纪,其研究内容和方式已经出现了融通这两种形态的特点。这种状况既出现在欧洲的汉学世界,也出现在美国的中国学研究之中,可以说世界各国汉学家的研究,都兼有以上两种汉学形态。

汉学(Sinology)对中国研究者来说,被尘封得太久,所以它的空白很多,浩如烟海的资源还有待于深入开掘。这种开掘,不仅可以收获汉学,还可以于无意中发现被历史"放逐"和"遗失"在异国他乡的中国文化。编撰"汉学研究大系"的目的和宗旨,不仅是为了梳理已有的汉学资源,在世界范围内追踪中国文化的传播与研究的历史状况、经验及影响,同时探究汉学的产生、成长、发展与繁荣,还要尽可能厘清这块"他山之石"对于中国文化的作用。当然,"汉学研究大系"还期望对推动中国文化与世界文化当下的交流有所裨益。

"汉学研究大系"包括"列国汉学史丛书""中国文化经典与名人传播与研究丛书""汉学家研究丛书""外国文学与中国丛书""西学中医丛书"等多个"丛书"。作为一个文化工程,其撰写的难度非一般学术著作所能比拟。严绍璗教授谈到 Sinology 的研究者的学识素养时提出四个"必须":

---

① 任继愈《汉学发展前景无限》,载《中华读书报》2001 年 9 月 19 日。

第一，必须具有本国的文化素养（尤其是相关的历史、哲学素养）；第二，必须具有特定对象国的文化素养（同样包括历史、哲学素养）；第三，必须具有关于文化史学的基本学理素养（特别是关于"文化本体"理论的修养）；第四，必须具有两种以上语文的素养（很好的中文素养和对象国的语文素养）。这几点确实都是汉学研究者必须具备的文化和语文素养，否则很难高效进入汉学研究的学术境界。

"列国汉学史书系"的启动始于20世纪90年代，但它的诞生经历了千难万险，如果稍微松懈，必定会死于胎中。2018年10月13日，在北京语言大学校长刘利教授和北京语言大学语言资源高精尖创新中心领导李宇明教授的支持下，开了一次"'汉学研究大系'专家咨询会"。来自北京、天津和南京的学者、在京的汉学家，以及多家新闻媒体的记者参加了本次咨询会。从那时开始，我们将"汉学史书系"裂变为多个"丛书"，如此变化，完全是为了能将书系编撰得更科学、更广阔。这个"大系"就像一个"汉学研究超市"，如此分法，就是为了便于更多的学者能将自己的作品加入这个"超市"之中，也便于更多的读者走进这个"超市"选购自己需要的精神食粮。

冬天到了之后是春天，接着便是收获的季节。这套富有创意和价值的书系工程几乎涵盖了汉学研究的一切领域，它将对中外文化交流和汉学的发展以及比较研究产生深远影响。

在人类的文化长廊里，无论是中国还是外国，各种书写异国文化的著作琳琅满目，这其中有外国人写中国各类历史的，也有中国人写外国的各类著作。历史，是往事，是记录，是选择，并有相对独立的评论和褒贬。但是，事实上任何一部历史都不是最后的历史，历史随着时光的流逝而演进，修史很难一步到位，它需要一代代的学者"积跬步"才能"至千里"，只有"积土成山，积水成渊"，才会有"风雨兴""蛟龙生"。学问之事非一夕之功，非得有前赴后继者敢于赴汤蹈火"流血牺牲"，才会达至光明顶峰。

开拓者也许会在某个时候将自己的真诚劳作化为欢乐，因为在以后的岁月里，定会有人踏着自己的肩膀攀上高峰，以鸟瞰美丽风光。21世纪是经济的大空间，对汉学来说也是一个"大空间"。但是，要探索这个"大空间"，需要有个和谐的"太空站"，需要大家联袂共建。当然，世界需要多元文化和谐相处的历史语境,共同创造彼此接近、认识、理解、尊重、沟通、借鉴与融合的机会,这个机会,就是汉学研究发展的机会。

时间在行走,历史在行走。人类创造过历史,书写过历史,但这尚不是最后的历史。汉学有历史,而且还正在创造新的历史,汉学及其研究将以自己的品格和个性在人类文化的世界里放出异彩。

阎纯德
2019 年 3 月 3 日
于北京半亩春秋

目　　录

前言 ……………………………………………………………（Ⅰ）

第一章　巅峰与期盼：大洋彼岸的热切中国情怀 …………（1）
一、纵横海外的华人移民与中国研究背景 ………………（2）
二、加拿大多元文化主义的形成与发展 …………………（5）
三、中国与加拿大国家关系史的曲折发展历程 …………（7）
四、加拿大的主流中国研究团队与政策智库 …………（11）

第二章　异域与洞见：中加两国文化的交流与发展 ………（17）
一、加拿大学者视儒学为重要学科研究领域 …………（18）
二、作为加拿大高校核心学科的中国文学 ……………（23）
三、加拿大政界与学界对毛泽东和中国共产党的研究 …（27）
四、加拿大的道教哲学和丹功知识研究 ………………（31）
五、汉传佛教在加拿大的传播与发展 …………………（35）
六、加拿大人对中国事物和文化的认同感 ……………（37）

第三章　加拿大传教士的基石与桥梁作用 …………………（40）
一、赫斐秋对华西地区社会和文化的考察 ……………（45）
二、在台湾播撒现代科学与文化种子的偕叡理牧师 …（47）
三、穿越于神坛与会众之间的古约翰 …………………（49）
四、在南京创办医院中学堂和义学馆的传教士马林 …（52）
五、广学会文字布道事业发展的关键人物季理斐 ……（53）
六、主张以中国化为传教最终目标的怀履光 …………（55）
七、从事传教与甲骨文研究的明义士父子 ……………（58）
八、加拿大联合会核心人物文焕章 ……………………（61）

九、集传教医生和社会工作者于一身的启尔德 …………… (63)
十、把一生最美好的时光奉献给傈僳人的杨宓贵灵 ………… (65)

第四章　加拿大汉学研究的阶段分析和价值定位 …………… (68)

第一节　加拿大友人和他们的中国故事(19世纪末至1949年) … (69)
一、吴哲夫与华西基督教教育事业的实践与发展 …………… (71)
二、投身于中国人民解放事业的加拿大医生夏理逊 ………… (74)
三、在战火硝烟中救助抗战伤员的白求恩大夫 ……………… (76)
四、为加拿大与中华人民共和国建交做出关键性贡献的朗宁 … (77)
五、长期珍藏着华西教友特殊缘分与情感的文幼章 ………… (79)
六、用结构主义语言学理论分析汉语变调格式的金守拙 …… (82)
七、亲身经历五四运动、北伐战争和抗日战争的文忠志 …… (84)
八、把学识技能和家族情感留在中国的云从龙父子 ………… (86)
九、白光华的《淮南子》研究与他的学科思维 ……………… (88)
十、研究中国宗教话语与世界宗教关联的欧大年 …………… (90)

第二节　加拿大学者和他们的专业领域(1950—2009) ……… (91)
一、对早期和晚期古汉语进行不懈研究的蒲立本 …………… (93)
二、主张从文化人类学角度考察中国宗教的裴玄德 ………… (95)
三、长期致力于元散曲作家作品翻译与研究的林理彰 ……… (97)
四、通过人文科学交叉手段来研究异质文化的王健 ………… (99)
五、关注清代文论现代性精神研究的施吉瑞 ………………… (101)
六、注重藏学研究客观性的谭·戈伦夫 ……………………… (104)
七、热爱儒学探求人生哲理的北美学者史罗一 ……………… (105)
八、对女性教育和文化变革持积极态度的傅佛果 …………… (106)
九、长期从事中国政治和法律研究的彭德 …………………… (109)
十、致力于庙宇会馆和坟墓地理信息库建设的丁荷生 ……… (110)

第三节　加拿大汉学家与他们的学术平台(2010年至今) …… (113)
一、对中国文学在国外译介做出贡献的杜迈可 ……………… (114)
二、历史研究与国际关系领域的领军人物莫美菱 …………… (116)
三、文佳兰的加拿大勋章荣誉与华西故友情怀 ……………… (118)
四、研究近现代亚洲历史和文化的卜正民 …………………… (120)
五、对中华帝制晚期的社会与文化有独到研究的单国钺 …… (123)

目 录

　　六、致力于明清近代社会史研究的宋怡明 …………………（125）
　　七、对道教与生态之间关系有深刻见解的苗建时 …………（128）
　　八、关注中西文学研究结构冲突的傅云博 …………………（130）
　　九、自认已经融入中国文化的石峻山 ………………………（131）
　　十、提倡撷取多元文化活力的高保罗 ………………………（133）
　　十一、东西方哲学宗教思想比较与认知科学专家森舸澜 …（134）
　　十二、研究六朝文学和唐诗宋词的孙广仁 …………………（137）
　　十三、在文学创作中不断革新和发掘的司徒祥文 …………（138）

第五章　加拿大华裔学者对汉学研究的贡献 …………………（140）

　　一、从事对外语言文化教育十余年的江亢虎 ………………（141）
　　二、研究汉语实用音转学的戴淮清 …………………………（144）
　　三、以非说教的方式为袁世凯写传的陈志让 ………………（145）
　　四、长期从事中加关系史研究的陈明生 ……………………（146）
　　五、研究中国佛学史和禅宗思想的冉云华 …………………（147）
　　六、中华古典诗词研究专家叶嘉莹 …………………………（149）
　　七、北美华裔宗教学家和哲学家秦家懿 ……………………（152）
　　八、加拿大中文教学学会发起人和首任会长陈山木 ………（154）
　　九、多年致力于中国当代文学研究与教学的梁丽芳 ………（155）
　　十、研究中国历史和小说中女性形象的陈凡平 ……………（157）
　　十一、对明清知识女性及其著作有独到研究的方秀洁 ……（159）
　　十二、研究明末至民国中西关系史的李晟文 ………………（160）
　　十三、研究两种语言对译中文化缺项的桑宜川 ……………（162）
　　十四、从独特视角沟通中西文化的吴大品 …………………（164）

第六章　加拿大"中国通"及其影响力 ………………………（167）

　　一、被公认为最出色的中国事务高参艾民信 ………………（168）
　　二、从事政府管理、外交政策和人权研究的包天民 ………（169）
　　三、有影响力的商人和"中国通"霍华德·贝祥 …………（171）
　　四、以传教士、汉学家和出版商跻身于上流社会的福开森 …（172）
　　五、努力深化中加贸易和文化领域合作的罗岚 ……………（175）

六、在加拿大和中国之间架起了解与沟通桥梁的大山 ……… (175)
　　七、为促进中加两国的合作与交流而努力的赵朴 …………… (177)
　　八、通晓中国国情有勇有谋的麦家廉 ……………………… (179)
　　九、对中加合作前景充满自信的柯杰 ……………………… (180)
　　十、促进加拿大多元文化族裔平等的利德蕙 ……………… (181)
　　十一、认为中国崛起对加拿大是机遇也是挑战的马大维 …… (182)
　　十二、主张通过政治磋商加强了解和信任的克雷蒂安 ……… (184)
　　十三、独具学者和外交官背景的"中国通"伯顿 …………… (185)
　　十四、勇于面对新挑战的"亚洲通"鲍达民 ………………… (188)

第七章　加拿大汉学的前沿学术理论 ………………………… (191)
　　一、意识形态外交与务实理性外交 ………………………… (193)
　　二、史学现代性与加拿大汉学研究的现代转型 …………… (195)
　　三、以异质文化血脉注入中华文化的加拿大传教士 ……… (198)
　　四、文本细读与文化细读 …………………………………… (200)

参考文献 …………………………………………………………… (203)

附录一　人名中外文对照表 ……………………………………… (207)

附录二　加拿大汉学发展史大事记 ……………………………… (213)

前　　言

　　1688年,蒙特利尔的法国皮毛商人在新法兰西政府的支持下,为拓展贸易开通了一条从蒙特利尔老港到蒙特利尔岛西南的水运航道。

　　1717年,具有商业和殖民管理职能的英国哈德逊湾公司曾在北美开展皮毛贸易,与中国商界来往频繁。1821年7月17日,英国人约翰·列帕斯(John Redpath)动工开凿运河,1824年工程结束后,将其命名为"中国运河"(Canal Lachine),并把蒙特利尔西南20千米处的一个小镇命名为"中国"(Lachine)。1803年,商人亚历山大·戈登(Alexander Gordon)在运河岸边修建了一个石块结构仓库,是当年加拿大与中国皮毛贸易的储运场所。据史书记载:英国商船通常将从北美买来的海豹皮运到广州,通过十三行在当地销售,然后换购瓷器、茶叶和丝绸返回北美。

　　加拿大东部法国殖民者建立的新法兰西,也与中国有密切的贸易往来,销售的主要商品为人参。1708年,法国耶稣会士杜德美(Petrus Jartoux,1668—1720)被恩准与中方人员一起对大清国版图进行测绘,共同完成了《皇清一统舆地全图》的制作。在东北考察期间,他在长白山区靠近中朝边境的一个村庄见到了边民采集到的野生人参。1711年4月12日,他在给法国耶稣会会长的报告中附上了一张手绘人参图,并对其性状、生长、采摘和加工方法做出了详细说明。他推测地球上与中国东北纬度相近的其他地方,大概也可以找到这类产品。

　　在新法兰西传教的耶稣会士拉菲托(Joseph Francois Lafitau,1681—1746)读到杜德美的函件后异常兴奋,因为新法兰西就是与中国东北纬度相近的地方。他随身携带着一张杜德美所画的人参图,在当地居民的帮助下终于找到了被称为"噶兰特区恩"(garantoquen)的草药,当即便向新法兰西殖民当局报告。不久,当地商人进行了大量收购,然后转销中国。1718年,第一批花旗参进入了广州市场,很快被抢购一空。后来发现,被同业行家称为"花旗参"的是与人参同属五加科的植物,但非同种。

法国殖民者为了垄断货源,对北美花旗参产地进行了消息封锁,将收购上来的花旗参装船运往法国后再转口销往广州。英国殖民者获悉后从法国商人手中大量收购北美参,然后直接运往中国。1784年2月,美国商船"中国皇后号"(the empress of China)来华,所载242箱共30吨西洋参换购了大约200吨中国茶叶返美。

1763年,新法兰西归属英国,在加拿大境内,英国成为唯一的殖民者。在1856—1860年发生的第二次鸦片战争中,加拿大军人以英军名义参战。18世纪80年代末,加拿大传教士获准进入中国,长老会古约翰(Jonathan Goforth)等7名牧师前往河南开堂礼拜。

1788年,有66名中国铁匠和木匠从澳门乘船到达温哥华。① 1858年加拿大西海岸菲沙河谷发现了金矿,中国商人卢卓凡和张祖乘美国船只抵达温哥华岛的维多利亚,置地盖房筹建淘金基地。1862年,维多利亚开埠,华裔在全市5000人口中占300名。1881年,加拿大全国人口普查显示:全加华裔共1213名,其中维多利亚和新西敏的华裔分别为693人和485人。

1867年,重要性被视为等同宪法的《英属北美法案》(British North America Act)正式颁布,该国东部四省组建为加拿大联邦。随后其他省份也在不同时期分别加入了联邦,最终形成十省和三地区的国家政区格局。1982年,特鲁多总理发起"宪法回家"运动,从英国掌控中争得了宪法的修改权。1867年,《英属北美法案》和《加拿大人权和自由宪章》共同成为加拿大1982年宪法的组成部分,加拿大成为完全独立的国家。

加拿大联邦政府建立后,中加贸易发展迅速。19世纪80年代,加拿大在香港、上海、天津、牛庄、青岛成立了贸易委员会,清政府还在加拿大建立了官方派出机构,以保护太平洋沿岸的新西敏和维多利亚等地华商的贸易权益。

1878年,加拿大联邦政府决定兴建蒙特利尔-穆迪港3800千米长的加拿大太平洋铁路(Canadian Pacific Railway)。从1880年起,李天沛、李枯芹、李奕德和李天宽组建了联昌公司,分别在维多利亚和香港设立了办事处,招募华工近1.7万人。

---

① Huang qihen, "Chinese Peoples in Canada", *Chinese Real Estate Weekly*, No.209-224.2009.

施工期间，加拿大政府对华工百般歧视限制，禁止华裔进入大埠（维多利亚）和二埠（新西敏）狭窄区域以外的加拿大地段，但是华工不畏艰难，辛勤劳作，1885年年底铁路终于按期完工。时任总理的麦克唐纳（John Alexander Macdonald, 1815—1891）在国会的一次发言称："没有华工的巨大努力，加拿大太平洋铁路就不能按计划完成，西部的资源就得不到开发。"耶鲁、温哥华、多伦多和温尼伯分别于1982年、1988年、1989年和1997年修建了4座华工铁路纪念碑。

虽然中国和加拿大相距遥远，两国关系经历了一个漫长的发展过程，但是查阅历史就会发现许多人长期致力于发展两国人民之间的友谊。1908年，中国驻加拿大公使馆落成。辛亥革命后，孙中山访问北美时受到了当地华人的热烈欢迎，当地华人建立了支持国民革命的组织，救助中国灾区同胞。1931年，加拿大又在大连和天津设立了办事处。

早先加拿大对华事务由英国驻华使馆代管，1931年，加拿大正式成为独立国家，内政外交都由民选机构主管。1941年12月7日，珍珠港事件爆发，加拿大政府也从对日本奉行绥靖政策转变为援助中国人民的抗日战争，中加两国成为反法西斯盟友。

第二次世界大战爆发前后，加拿大民间有不少人参与中国抗战事业。1932年"一·二八"事变发生后，马俭进等华裔飞行员返回祖国参加抗战。1937年卢沟桥事变后，不列颠哥伦比亚华裔发起"不供给运动"，呼吁加拿大船只拒绝将废旧钢铁运往日本，以防日本军火商用于制造杀人武器。虽然此事未获加拿大联邦政府的认可，但是得到了有正义感的民众的大力支持。

根据中加两国签订的有关协议，加拿大承担制造援助中国抗战的武器和军需物资，但是遭到美国政府的干扰。1941年5月6日，美国总统罗斯福公开反对加拿大向中国提供武器，主张由美国独家垄断这一特权。由于美国政府阻挠造成的时间拖延，加拿大为中国抗战生产的军火制造出来后，因滇缅公路被日军切断而滞留印度，仅有少量机枪、手枪通过驼峰空运才送到抗战中的中国内地军人手中。这些武器和装备包括：约翰·英格里斯公司生产的4万挺"勃然"轻机枪和数千支M1935布朗宁手枪，以及由朗·布朗奇公司生产的数十万支"斯登"MK-II冲锋枪。抗战期间，加拿大共向中国提供价值约2660万美元的军需品，战后又提供重建援助2000万美元。

1941年11月18日,国民政府任命刘师舜为首任驻加拿大特命全权公使。1942年11月4日,加拿大在重庆设立公使馆,欧德伦(Vieter Odlum)少将被任命为加拿大驻华首任公使。1945年4月4日,加拿大驻华大使欧德伦代表加拿大联邦政府,与中国国民政府签署了《中加平等新约》,声明废除从属英国期间继承的治外法权,澄清了加拿大是唯一未与中国签署过不平等条约的西方大国的历史事实。

1946年6月,加拿大驻华使馆从重庆迁至南京,中加两国签署了有关废除歧视华工法律、帮助培训中国工程师和科技人员,以及提供战后剩余物资的协定。中国内战发生后,加拿大停止了对国民政府的军售。1949年,加拿大联邦外交部召回了驻华大使戴维斯。1951年,朗宁代办从深圳罗湖口岸陆路出境。由于朝鲜战争爆发后中加两国成为对立的参战方,影响了两国外交关系的修复。

中加两国自20世纪50年代起就有民间贸易。1958年和1960年底,中国用现金购买了加拿大生产的部分小麦。1961年4月和1963年8月,中加签署了两项长期小麦贸易协定。美国基于本国利益的考虑,援引《美国与敌对国家贸易法》和《外资控制法案》的相关条款,就船用燃料仓和谷物装卸泵问题对加拿大计划销售到中国的粮食运输设置障碍,但是持务实性对外政策的加拿大政府坚持了自己的原则,为两国后来的国家关系正常化奠定了基础。

政治家皮埃尔·艾略特·特鲁多(Pierre Elliot Trudeau,1919—2000)20世纪60年代与作家雅克·埃贝尔(Jacques Hebert)到长春、北京、上海、杭州和广州等地参观。所见所闻使他深受感动,坚信世界事务没有中国的参与是不完整的,只有加强与中国的沟通才是西方国家与中国互相了解的途径。1968年,他在一次竞选讲话中表示:如果他当选总理,加拿大就承认中华人民共和国。

1969年1月,中国与加拿大关系正常化谈判在停顿了21年后重启,1970年10月13日,两国实现了关系正常化。为顺应形势潮流,加拿大的汉学研究规模逐渐扩大,国家关系的密切加速了其学术级别和品格。两国学者本着淡化意识形态、消除社会制度与文化传统差异在相互认知中的障碍的理念,以务实思维促进双边关系的发展,官方和民间文化交流由此得到加强,范围涉及文化、艺术、影视、出版、社科和体育等领域。

1994年,两国签署了《1995—1996年度中加文化交流备忘录》;1998年,双方还签署了《中华人民共和国国家文物局与加拿大保护中国文物基金会关于文化遗产保护的协议》;2005年,双方又签署了《中华人民共和国政府和加拿大政府文化协定》。两国文化往来呈现官民并举、以民为主、形式多样和多层次、多渠道、经常化的格局。此后两国友好关系进一步发展,双方高层领导多次互访。

1973年,两国就互设领事馆、互派留学生、商标注册互惠、简化签证手续等方面达成谅解。在20国集团峰会、联合国、亚太经合组织和世贸组织等方面双方工作关系积极活跃。2005年9月,时任国家主席胡锦涛在出访加拿大时宣布,双方领导人同意把两国关系提升到"战略伙伴"层级。

面对中国的崛起,加拿大修订了部分对华政策,务实和理性外交(pragmatic rationalist diplomacy)因此得以替代意识形态外交(ideological diplomacy)。中国和加拿大之间在维护世界和平、促进双方经济增长方面加快了速度。正式建交以来,各个级别的交往持续发展,在科技、教育、人才和文化交流方面进一步得到了强化,两国合作前景更为宽广。

在沐雨栉风跨世纪的友谊史话中,两国人民之间的友好感情为彼此带来利益福祉,加拿大中国研究团队的卓越贡献包含着一个个精彩的选题。历史的辉煌也许难免受到环境的阻隔,但是奉献的价值却可以超越时空约束。汉学家们的故事,在不同时期的社会背景、政治生态和人文关切的锣鼓声中演绎,正是不厌烦琐的作者录入本书的全部章节。

第一章
巅峰与期盼：大洋彼岸的热切中国情怀

中国在和平环境中崛起已是举世公认的事实。孕育中国崛起的语境，除了支持相关论点的"中国经济总量""国民生产总值"和"中国公民的平均收入"一类数据外，伴随而来的还有持续数百年的近代历史和一个个引人入胜的人文交流故事。

1891年加拿大英美会的教士启尔德（O. L. Kilborn）与何忠义（G. E. Hartwell）夫妇、赫斐秋（V. C. Hart）夫妇、斯蒂文森（D. W. Stevnson）与加拿大女差会让·布朗（Jean Brown）等8人远渡重洋，于翌年5月21日到达成都从事教育传教。后来陆续到达的志愿者还有文焕章（James Endicott）、启希贤（Retts Gifford Kilborn）、王雨春（W. E. Smith）、林则（A. W. Lindsay）、丁克生（Frank Dickinson）、唐茂森（J. E. Thompson）、杨济灵（A. E. Best）、吉士道（H. J. Wullett）等人。当年在华西协合大学工作过的200多名外籍教职员中，加拿大籍者有80多人。启尔德家族三代，文焕章和苏继贤（Walter Small）家族各两代，云从龙（L. E. Willmott）夫妇及饶和美（Homer G. Brown）一门五代，都曾长期在成都为当地民众服务。

他们以医药和教育联系民众，尽管有时处境艰难，但都设法克服过来了。启尔德在当时的成都四圣祠北街2号开设了一家西医诊所，标志着华西西医西药历史的开端。1894年，他们又在四圣祠北街和东校场附近增建仁济男科医院。1913年，经地方政府投资1500两黄金将其改建成了四层楼的四川红十字福音医院，设病床120张。1896年，启希贤又在医院中开设了女病房。1912年，在惜字宫南街将其扩建为仁济妇科医院，设病床52张。1908年，启尔德助建第一个口腔诊所。1902年，将其扩建为牙科医院。1921年，发展为牙科学院。40多年中培养出167位牙医博士。

1905年，加拿大女差会在成都兴办小学和中学各一所，后来将其扩建为华英女中与协合女子师范学校。1909年,为解决西籍职工子女的上学问题建立了加拿大子弟学校(Canadian School)。1910年,加拿大教会与其他教会联合建立了华西协合大学,把教学重点定位为科研、工业培训与医学教育相结合,以汉语为教学语言,课程计划和教学管理均参照当时英美标准,以西汇中。

加拿大传教士在奶牛改良、果树引进和蔬菜栽培等方面为当地的贡献也很突出。他们在引荐西方文化的同时,也把中华文化介绍到西方。1952年左右,他们都先后离开了中国,但是几十年在四川的生活留下的中国情缘却是无法淡忘的。多年来,那些在中国出生并度过了自己童年的几代人一次又一次重温自祖辈延续下来的中国梦。他们中一些自称"加拿大的四川娃",对中国人民的友情不受地理和意识形态差异的影响,一直热心于中加友好的工作。80多年来,每年10月的第二个星期六,创建于1936年的"华西俱乐部"的会员都要在多伦多市郊的一家中餐馆聚会,缅怀与亲人在中国度过的美好时光。

一、纵横海外的华人移民与中国研究背景

由于职业、家庭、政治或社会等方面的原因而变更户籍注册地,临时性的变化叫作"旅居"或者"移居",长期的跨境行为通常被称作"移民"或者"入籍他国"。加拿大历史上的华人移民情况千差万别,因人因地而异。"出口移民大国"是社会历史学家对华人移民人数较集中时期的国家形象描述,这一背景的烘托便是汉学家们横空出世的多元文化大舞台。

加拿大独立建国于1867年,由于横亘北美的洛基山脉的阻隔,西部的不列颠哥伦比亚省迟迟未正式加入版图。1869年美国太平洋铁路(The Pacific Railroad)建成后,该省希望另建一条穿越洛基山的铁路,否则族群就改名换姓入籍美国。加拿大首任首相麦克唐纳(John A. MacDonald)思虑再三同意与该省签订筑路协议。

由于集资、测量、绘图、备料和地势险峻等原因,筑路协议直到1878年才付诸实施。美国工程师安德东克(Andrew Onderdonk)承揽了太平洋铁路西段工程。出于对减少投资的考虑,工程主管把招募目光瞄准了广东台山、新会、开平和恩平等地的灾民。从1880年至1885年,共有15700多名契约华工(indentured Chinese workers)远涉重洋来到加拿大不列颠哥伦比亚省。他们日出而作、日落不息,备受歧视和辱骂,4000多名华工先后死于施工中的乱

石、滚木、哑炮和塌方。1885年11月,随着克莱拉奇(Craigellachie)最后一枚道钉的安装,不列颠哥伦比亚正式成为加拿大的第六省份。

筑路华工的贡献不仅仅是修建铁路,更重要的是帮助加拿大捍卫了国家领土完整和日后的繁荣昌盛。他们刻苦耐劳敢于拼搏的精神,生活习惯和质朴文化素养,以及在有限闲暇时光娱乐自己的乡间戏曲、小调、画册和手抄书稿,给所到之处添加了中华元素,也为后代精英跻身于加拿大的主流社会,成为国会议员、工程师、文化人、医生、律师、学者或者店员的前景准备了条件。

19世纪中叶,中国广东自然灾害频发,兵荒马乱,民不聊生,为了养家糊口许多人成为契约华工,远赴加拿大、美国和澳大利亚。位于加拿大温哥华以北800千米处的巴克维尔(Barkerville)的河流和矿井里发现金沙后便成为大批淘金华工的集结处。他们从家乡乘船穿越太平洋,两个多月后到达旧金山或温哥华岛再北上,目的地就是巴克维尔。

今日的过客对于当年巴克维尔的社会和生活已无从考察,但是从100多年前的街市废墟可以看出当年古色古香的木质建筑鳞次栉比,教堂、旅馆、剧场、杂货店、图书馆也依稀可辨。古老的唐人街加里布,当年数千名华人淘金工歇脚时常在这里喝茶、聊天、打牌,以慰辛苦劳作之后的思乡烦恼。20世纪40年代最后几位老人离世后,这里被改成了一座历史遗址公园。

在加拿大像巴克维尔这样的地方还有多处,人们认为:华人对加拿大的经济与社会发展做出了重要贡献,他们的功绩不容忽视。

1956—1965年,从中国移民加拿大者只有4890人。"文革"期间,有人通过投亲靠友设法移民加拿大。1967年,加拿大移民局修订了政策,用打分制代替国别和族群的审批办法,给东南亚国家移民申请者提供了方便。1966—1970年,中国移民加拿大人数增加了32534人。1971—1978年,中国对公民出国限制严格。1978年后,因实行改革开放政策,移居加拿大的中国人数开始攀升,在10年时间内共有35366中国居民移居加拿大。1989年,美国和加拿大等国政府特许中国留学生和访问学者移民。香港回归前后若干年,也有一些人成天对着加拿大地图扪心自问:走?还是留?1990—1991年,中国有22319人移民加拿大。1992—1993年,又有21998名中国人紧跟其后。此后,中国移民加拿大的人数每年都在增加,1994—2004年,总共有293680人从中国移民加拿大,定居点多半选择多伦多、温哥华、渥太华、蒙特利尔、卡尔加里和埃德蒙顿等大中城市。

所谓"移民"在法律上有严格的界定,有些人只不过是绿卡的持有者,有些却改变了国籍。由于语言、文化和职业的变化,他们的就业都在不同程度上碰到了困难。移居加拿大的华人中,有许多是受过高等教育或者具有良好职业背景的专业人士,在国际市场上属于重要人力资源范畴的对象。(表1)但是因为他们在加拿大碰到个人和社会的双重障碍,如果在境外的学历、资历以及工作经验得不到承认,就会遭遇到不平等的就业和薪酬对待。许多人对加拿大的国情缺乏了解,盲听盲从的情况常常发生。有些人在国内原本有一份很体面的工作,收入也相当可观,可来到加拿大后却靠打工度日。有人为了办出国手续借了很多钱,到处求亲托友,结果碰壁受气,甚至影响了正常的夫妻关系。

表1　1956—2004年中国移民加拿大人数(不包括港澳台地区)

年份(年)	人数(人)	年份(年)	人数(人)	年份(年)	人数(人)
1956	1516	1973	60	1990	8116
1957	856	1974	379	1991	14203
1958	894	1975	903	1992	10548
1959	519	1976	833	1993	9485
1960	183	1977	798	1994	12513
1961	118	1978	644	1995	13308
1962	244	1979	2058	1996	17532
1963	179	1980	4947	1997	18524
1964	184	1981	6552	1998	19781
1965	197	1982	3571	1999	29113
1966	9094	1983	2220	2000	36716
1967	6409	1984	2220	2001	40315
1968	8382	1985	1883	2002	33231
1969	8272	1986	1905	2003	36236
1970	5377	1987	2625	2004	36411
1971	47	1988	2770		
1972	25	1989	4415		

资料来源:宗力《中国大陆移民在加拿大面临的社会障碍》,载《西安交通大学学报》(社会科学版)2010年第30卷第6期(总104期)。

加拿大前驻华大使马大维(David Mulroney)在一次研讨会上说,现在加拿大对亚洲(主要是中国)研究的兴趣仍然有限。研究中国,传统的方式是研究政府及其机构,但还有另外一种方式,那就是研究人和人的交流,包括旅游、留学、移民,以及目前中国表现出的对世界各地房地产的胃口。不但研究这些事情的经济意义,而且了解过程中人们的具体感受……①

二、加拿大多元文化主义的形成与发展

欧洲殖民时期加拿大原住民包括早期民族(the First Nations)、因纽特人(Inuit)和梅蒂人(Métis)。1763年,英国和法国签署《巴黎条约》,法国放弃新法兰西以换取继续拥有西印度群岛的瓜德罗普,英国将加拿大(新法兰西一部分)改名为魁北克省。1774年,英国议会通过《魁北克法案》,以确保该地区的法语和法兰西文化。

1825—1846年,共有626628名欧洲移民进入加拿大,发展到现在该国主体民族为英裔和法裔。1898年的淘金热吸引了大批移民进入加拿大西北,其中华人是移民的主体。根据加拿大2001年人口统计,该国华裔族群人口为1029400,占全加人口总数的3.5%。这样的人文历史存在,使加拿大人口构成是文化传统不同的民族与族群的组合。

一般说来,多民族多文化地区都存在于地大物博人口众多的国家。魁北克省面积为166.7万平方千米,相当于法国总面积的3倍;人口823万,其中法裔居民占比超过80%。由于历史原因,魁北克成为多种文化交融之处,人们可以在这里体验到多种传统与文化,因此常被描述为欧洲和美洲的十字交汇处。加拿大的汉学研究特色与其独特的文化和地理位置有关。

作为一种政治理论、社会运动和国家政策的多元文化主义(multiculturalism)出现于20世纪下半叶的加拿大,由在阿尔伯塔大学的乌克兰群体发起,得到了包括英裔和法裔在内的广大群体支持。该主张强调民族之间相互尊重,反对性别歧视,共同享受教育、就业、选举、参政、婚姻和宗教信仰的自由,通过化解他族与异质社会之间的矛盾和隔阂,实现国家的和谐与统一。

加拿大最初将英语和法语定为官方语言,引起了许多人的不满,他们

---

① 马大维《加拿大对中国发展的认识不足》,载《明报》2014年10月9日。

提出按照自由和人权的原则应该允许公民使用本民族的语言,于是多元文化主义慢慢地演变成为一种社会潮流。但是反对者却把这一政策理解为把加拿大分解为不同群体、彼此相互敌对的主张。一些以自己族群文化优越者自居的英格兰人和苏格兰人反对多元文化政策,而另一些非欧洲裔却以自己的文化为耻。

尽管有人喜欢多元文化主义政策的实施,也有人曲解甚至否认对弱者保护的政治主张,政治潮流浩浩荡荡,无法阻挡。1885年加拿大太平洋铁路修建完后,在加拿大的一批华工既无回家盘缠,又找不到工作。原来签订契约时加方答应支付华工往返交通费用,工程结束后却食言。更有甚者,加拿大政府开始对不能入籍的华工征收人头税。初先入境每人征收50加元,1900年竟提高到100加元,1903年又增至500加元。

温哥华的唐人街有一条以"上海"命名的胡同,当年铁路竣工后,一些交不起人头税无法入籍的华工,因不能把妻儿接到加拿大团聚而被困在异国他乡,其中大部分是单身壮年男工。政府规定不可以雇佣他们,担心他们会跟当地白人工人抢饭碗。在白人眼中,华工言行低俗,衣着不整,有喝酒、打牌、吸毒、打架斗殴的恶习。白人妓女被禁止在华工中卖淫,白人女工不允许在华人餐馆打工。

如果说,早期持单一语言和文化的华工在海外所遭遇的千难万险令人惊叹的话,那么,在两种语言和文化的加拿大魁北克社会中发生的故事,却更使人对法裔和英裔族群表示同情。

在加拿大历史上的新法兰西时期(1603—1763),由于法国传统和北美环境的影响,法裔逐渐形成了自己的特性。到1700年约有1.5万名法国移民居住在魁北克,在长期发展变化过程中形成了精英(包括政府官员和高级牧师)和农民(乡镇居民)两个阶层。到英属殖民地时期(1763—1867),魁北克归属英国,但是仍然实施在1774年的《魁北克法案》和1867年的《英属北美法案》中得到承认的法国民法制度。由于反感英国的殖民统治和同化政策,法裔族群在继承天主教传统、法语文化和法律制度方面独特意识更为强烈。大批法裔商人、庄园主和政府官员先后外迁,天主教牧师成了魁北克法裔社会理所当然的头面人物,孤立和同质化现象突出。

在这样的情况下,是选择抛弃法语文化和传统,接受被英裔的同化,还是设法维护本民族的语言、宗教和生活方式,法裔最终决定选择第二种方式。他们相信法裔是一个以天主教信仰为核心的法语民族,也是一个依靠自然存在的农业民族,如果赞同发展工业,法裔的文化传统将可能丧失殆尽。

从第二次世界大战爆发到20世纪60年代,魁北克处于由传统的农业社会向现代城市工业社会过渡的阶段。法裔族群失去了恬静的庄园生活,工业化和城镇化改变了他们的社会和经济结构,传统价值观和文化结构不复存在。作为商业和科技语言的英语到处都是用武之地,魁北克以外地区的法裔越来越被同化,如果改学英语则可增加就业和晋级的优势。美国通俗文化通过大众传媒不断冲击魁北克的法语文化市场。学者们无可奈何地说:加拿大曾经是不列颠的殖民地,今天又成了美国的殖民地。

20世纪60年代以前,魁北克的民族主义主要表现在捍卫法语及其文化;60年代以后则开始要求经济和政治上更多的自主权,甚至公开要求独立。在北美地区走向一体化和现代化的进程中,魁北克法裔逐渐接受了外部世界的生活和价值观念。1967年7月,法国总统戴高乐借出席蒙特利尔国际出口博览会之便,考察一番之后无奈地感叹说:魁北克正在发展成为一个与众不同的民族与政治团体。

加拿大联邦政府为了给魁北克的民族主义潮流降温采取了一些折中措施,但效果并不理想。总理皮埃尔·艾略特·特鲁多(Pierre Elliott Trudeau)意识到真正的民主政府必须追求全民的利益,而不歧视其种族起源。在加拿大没有任何族裔群体优先于其他族裔群体,所有人都应该受到公平对待。①

魁北克的变化和民族主义的发展表明用英格兰文化同化法裔族群不是最佳选择。对魁北克的各项政策无原则地让步只能加速国家分裂。为了维护国家的统一,促进民族和谐,加拿大政府于1971年确立并公布实施多元文化主义政策。特鲁多认为双语言和双文化是不可分离的。这一地区和族群特征,像是斑斓异常的色彩,反映在加拿大的中国研究中。

三、中国与加拿大国家关系史的曲折发展历程

1856—1860年的第二次鸦片战争后,根据中英《天津条约》和中英《北

---

① Leo Driedger. *Multi-Ethnic Canada: Identities and Inequalities*. Ontario: Oxford University Press, 1996.

京条约》规定，中国允许加拿大传教士入境传教。1889年，加拿大长老会古约翰等7名牧师来到中国河南。

1867年，加拿大成立联邦政府，虽然中加两国的贸易有所增加，但业务上却由英属东印度公司广州代表处管理。从19世纪80年代起，加拿大联邦政府先后在香港、上海、天津、牛庄和青岛成立贸易委员会，负责管理中加贸易和加拿大驻华商务。这是加拿大联邦政府首次在中国设置的准官方机构，与此同时，清政府也在加拿大建立了类似的代表处，先后派员进驻太平洋沿岸的新西敏和维多利亚。

由于历史关系，加拿大联邦与中国之间的外交事务均归口驻伦敦公使馆操办，但是法国殖民当局对北美殖民地却实行严格的控制，不允许他们直接与远东做生意。新法兰西与中国的西洋参买卖规模虽然大，却属于间接贸易。新法兰西不能向澳门派驻商务代表，也不能直接与中国官方往来，直到1763年新法兰西归属英国后情况才有所改观。

虽然第一次世界大战的爆发使中国和加拿大成为盟友，但是没能改变联邦政府对中国政府和华人的态度。伤害华人移民感情最深的政策接二连三出台，例如将对华人征收的"人头税"（head tax）从每人50加元增加到500加元，在1923年的排华法案中规定女性华人不得入境，这些规定竟持续了25年之久。

1908年，加拿大联邦政府与中华人民共和国正式建交，中国在加拿大设立了公使馆，改变了两国外交事务都必须通过驻伦敦公使馆向英国外交部报批的做法。但是加拿大没有在北京设立驻华公使馆，重要问题仍然不能直接办理。

1927年，国民政府在南京成立，部分加拿大传教士致函渥太华建议承认国民政府并互派公使，但未得到回应，加方仍然沿袭由驻日大使转呈中加外交函件的规定。

1941年12月7日，珍珠港事件爆发，次日加拿大联邦对日本宣战，中加两国正式成为反法西斯盟友。1942年11月4日，加拿大在重庆陕西路设立了公使馆，欧德伦少将被任命为加拿大首任驻华公使。1944年3月15日，晋升为加拿大驻华特命全权大使，同日向中国国民政府主席呈递国书。同年11月10日，欧德伦因病辞职，大使职务由戴维斯（Thomas Clayton Davis）代理。1945年3月29日，欧德伦返华续职。

1945年4月4日，欧德伦大使代表加拿大联邦政府与国民政府签署

《中加平等新约》，这是中加两国在平等互利基础上正式签署的第一个条约，涵盖了废除治外法权、人员培训与交流以及经贸合作等项目，加拿大以未与中国官方签署不平等条约的大国称雄于西方。

抗战胜利后，国民政府还都南京，1946年6月，加拿大驻华使馆从重庆迁宁。1947年5月21日，加拿大政府驻华特命全权大使戴维斯赴任，成为第一位由加拿大政府直接派遣的驻华大使。他在任期内代表本国政府和国民政府先后签署了多项合作计划，包括由加方帮助培训战后中国工程技术人员并提供战后剩余物资，还准备在战后修改排斥华工的相干法案。但是不久中国内战打响，合作计划逐渐被搁置。

1949年解放军百万雄师下江南前夕，蒋介石悄然退出了政治舞台，由李宗仁代理总统。蒋夫人宋美龄一度以"私人名义"访问美国，游说美国政府追加对国民党政权的军事援助，但是情况比预料的复杂。身边人士觉察到美国政界已对蒋介石不满，有人主张"换马"，为此宋美龄曾向蒋介石建议去外国暂避一时，静观时局之变。这个"外国"就是加拿大。从情理上讲，加拿大对日宣战的时间早于美国，曾向中国提供价值2660万美元的军需品，战后又提供重建援助2000万美元，而且首任大使欧德伦与蒋介石夫妇的私交甚笃。

加拿大与国民政府的官方联系晚于其他欧美大国，国民政府首任驻加拿大特命全权公使刘师舜直到1941年11月18日才被正式任命，到任时间为次年2月18日。1944年2月17日，两国关系正式升格为大使级，1947年3月28日，刘师舜离职。

1949年1月18日，南京国民政府行政院通知各国驻华使馆国民政府将于3天后迁往广州，要求各国使馆随同南迁。加拿大驻华使馆所租用的南京天竺路3号，租期为1946年4月1日至1949年10月1日，到期那天正是中华人民共和国成立的日子。1949年11月16日加拿大内阁做出决定：原则上承认新成立的中华人民共和国，但是不打算在英国之前正式宣布。

1951年，加拿大使馆朗宁代办从深圳罗湖口岸离境。此后加拿大联邦虽然没有终止与"台湾当局"的官方关系，但也并未向台北派遣行使大使职务的外交官和其他常驻外交人员，只是默许"台湾当局"的前任大使和外交官留守渥太华。

从1951年到1970年，加拿大多次试图与中华人民共和国建立外交关系,但是美国利用其对加拿大的影响迫使加拿大放弃承认中华人民共和国。加拿大在这个问题上只好决定不作为,阻力显然来自美国、英国和北约。

从20世纪50年代到60年代,加拿大开始向中国出口小麦,使得许多农场主直接受益,有些还富裕了起来,但是美国却向加拿大施加压力,以此干涉中加贸易。60年代,加拿大各派对中国的看法产生了分歧。西部小麦农场主认为:既然可以与中国开展贸易,就可以与中国建立长期的国家关系。但是加拿大东部与中部的居民,尤其是蒙特利尔地区的天主教徒反对与中国建立外交关系。一些天主教牧师和神父的看法是:既然教皇不喜欢中国,我们也不能持反对立场。

国民党派驻加拿大大使刘师舜的继任者刘锴就任后遭到加方冷落,对于加拿大留守中国的临时代办切斯特·朗宁(Chester Ronning, 1894—1984)当时秘密联络中共新政权的动向一无所知。朗宁是一位有身份的左翼政治活动家,来华赴任途中见到中共元老董必武和时为《新华日报》主编的张汉夫,交谈一番之后,情同知己。到达重庆后,朗宁被任命为驻华使馆一等秘书,经常出席各类社交活动。

1949年4月23日南京解放,在欢迎解放军入城的人群中出现了朗宁的女婿、美联社采访记者西摩·托平(Seymour Topping)的身影,西方主流媒体报道解放军占领南京的第一条消息即由他发出。1949年10月3日,朗宁致电加拿大联邦外交部,报告获悉有关与中华人民共和国建交原则,建议联邦政府尽早承认中华人民共和国,与中华人民共和国建立外交关系,并断绝与国民党政权的往来。

但是,在解放军占领南京前19天,加拿大却加入了以美国为主导的反共北大西洋公约组织。美国政府发表公告正式宣布不承认中华人民共和国,并先后照会包括加拿大在内的各国政府和外交部,要求与美国保持一致立场。为了兼顾本国利益和美国的态度,加拿大外交部长皮尔逊在10月中旬回复朗宁的电文中表示加拿大内阁原则上不反对承认中华人民共和国政府,但鉴于历史原因,不希望在英国之前宣布对中华人民共和国政府的承认。

朗宁和黄华曾多次接触,探讨有关中加建交事宜,以及如何效仿英国通过香港中间商与中国发展有限的贸易往来。1950年1月6日,英国政府宣布承认中华人民共和国政府,成为第一个承认中华人民共和国的西方大国。有鉴于此,加拿大联邦外交部授权朗宁加快与中华人民共和国代表进行外交接触。中加双方通过沟通和协商在很多重要问题上达成共识,1950年夏,双方已接近就相互承认问题达成协议。

1950年6月25日,朝鲜战争爆发,随后美国第七舰队进驻台湾海峡,并表示要协防台、澎、金、马。同年7月7日,联合国安理会通过第84号决议,组建包括加拿大在内由17国组成的联合国部队进入朝鲜半岛。

加拿大联邦政府在安理会投票支持第84号决议,随后同意派兵参加联合国军在朝鲜半岛的军事行动。1950年10月19日,中国人民志愿军赴朝参战。中加两国在朝鲜半岛的兵戎相见使此前进行的外交谈判变得毫无意义,到当年年底双方谈判破裂,中方要求加拿大政府关闭驻华外交机构,并撤回在华的前外交人员。

1969年,加拿大就两国建交事宜与中国进行接触,经过14轮谈判,中加于1970年最终建交。1973年,加拿大总理特鲁多访华,与周恩来总理签署了《加中学生交换协议》。20世纪80年代,中加关系呈现出新动态,一些在华的加拿大机构开始执行研究项目,双方都重视建立友好城市关系,许多学者被安排到对方国家去学习研究。1989年中期,中国和加拿大的官方关系略有冷却,但民间往来却很活跃。

在克雷蒂安当选之后,中国和加拿大省市之间的交流大规模展开。加拿大政府支持中国对加拿大的研究。中国已组建30多个加拿大研究中心,每年都举行年会。克雷蒂安担任总理的十年间,为强化加中关系做了许多工作。

虽然目前加拿大和中国的关系还存在一些问题,但是加拿大企业界人士却十分看重与中国的关系,先后向本国政府提出了许多切实可行的建议,希望将现有水平提到更高层次。

四、加拿大的主流中国研究团队与政策智库

加拿大早期的中国研究主要是传教士、观光客、商人和学者有关中国语言文化和国情随感式的记述,著作分散,数量少,译介内容偏多,长期未形成理论系统。该国专业意义上的中国研究可以上溯到20世纪20年代,但是直到20世纪60年代中期麦卡锡主义肆虐美国学术界,一些学者移民加拿大后专业的中国研究才真正大规模发展起来。

加拿大早期的中国研究在一定程度上受到美国学术潮流的影响,这一情况与加拿大的历史传统和美加政治定位有关。此外,部分学者缺乏传统的中国研究训练,对于第一手资料的掌握仍然滞后。有些学者在访问中国时利用机会搜集数据,只要可能就与行政当局或业务部门建立联系,形成互动机制。多年来加拿大学者注意到存在的问题,力图运用自己的独立思路改变局面。在研究学者人数增加的同时,他们注意到研究方式、素材选择、分析手段以及理论运用方面也需要更新。中国改革开放为两国学者互访交流创造了前所未有的便利条件,更多的选题先后进入期待者的视域之中。

1970年,中加两国建交后学术交流得到强劲推动。1973年,双方开始互派留学生。1980年,加拿大社会人文科学研究理事会与中国社会科学院签订了学术合作的谅解备忘录,中加两国历史学家的交往日渐加强,先后在高等院校和专业团体中组建了多个研究机构和团体,大批具有高等学历和专业背景的中国和世界各地的学者都加盟加拿大的中国研究。20世纪80至90年代是加拿大中国研究的大发展时期,成立了许多研究机构和团队,学术活动频繁,人才辈出,成果卓著。

加拿大当代中国研究的专家主要集中在多伦多和温哥华等城市的高校,教授和副教授占加拿大中国问题研究学者的半数以上。在30多所大学设有中国问题教学和研究中心,最早纳入讲授和研究的学科为中国近现代史,多伦多大学和不列颠哥伦比亚大学的教学和研究团队名列前茅。

(一)多伦多大学亚洲研究学院

多伦多大学有两个系设置了中国研究课程:一是东亚系,二是社会学系。东亚系设有历史教研室,主要对20世纪的中国历史和中国外交政策进行探讨,除了研究中国的史学、政治学和外交政策外,也研究中国对外关系。该校社会学系的研究则聚焦于中国社会结构、政党、民政和军事制度。

1968年以前,安大略省皇家博物馆远东部(Royal Ontario Museum Far Eastern Department)隶属于多伦多大学,后更名为多伦多大学东亚研究系。1934年,曾在中国河南省任加拿大中华圣公会主教的怀履光回国后出任博物馆远东部的主管。1935年,多伦多大学开设了中国艺术与考古课程,由怀履光兼任教授,招收了9名学生。1968年,多伦多大学评议会授权成立中国研究学院(School of Chinese Studies),怀履光出任院长。

2001年,多伦多大学将分散在东亚研究系等处的有关部门组合成立亚洲研究学院,从各人文科学和社会科学院系聘任专家学者,开展跨学科和跨文化的教学与研究活动。全院的113位研究人员中,从事中国研究的专家有22名,研究领域包括中国政治、历史、社会、经济、文学、环境与宗教,雄厚实力广为人知。

(二)不列颠哥伦比亚大学

不列颠哥伦比亚大学以中国研究作为其亚洲研究的第一领域。1948年该校开设了有关亚洲的第一门课程"1644年以来的中国历史"。1957年设立了汉语课程,并开始制订北美最具综合性的中国研究计划。该校亚洲研究系开设了若干个有关中国文化、历史和汉语言的本科生课程,以及中国语言、文学、历史、宗教的硕士和博士课程,支持并协调对中国、海外华人社区的研究以及加拿大同上述地区关系的研究。强化中国研究教师、研究生和访问学者之间的交流,深化本科生、汉学家与亚洲学者之间的联系,增加加拿大人对中国的了解,也是他们的专业宗旨之一。

该校中国研究中心有40多位研究人员,研究领域包括:20世纪的中国教育与社会,改革开放以后中国农村的非农业发展,中国台湾的市民社会,关于中国香港远程教育意义的后现代观点,中国的民法、仲裁与市民社会,中国的技术转让,中国南方的农村改革,等等。

该校在关注当代中国问题研究的同时,也兼顾传统意义上的汉学研究,但是中国研究中心近年所组织的各类学术会议和研讨会的主题主要涉及当代中国问题。

亚洲研究所是不列颠哥伦比亚大学规模最大的东方学建制,所设汉学图书馆藏书量相当可观。所长彭德(Pitman B. Potter)教授是国际著名汉学家,他长期研究中国的法律和政策,已出版5本关于中国的专著,发表了一系列中国研究文章。近年来他聚焦于西藏研究。

不列颠哥伦比亚大学在中国研究领域中的地位还表现在维真学院中国研究部的设立。该学院的中国研究部成立于1985年,为基督教硕士研究生提供了跨学科的中国研究课程,并开展了多种多样的活动促进基督教与中国文化的沟通。该学院与中国内地的大学共同设立教育项目,并通过专门团体开展有关中国问题的研究。其宗旨在于关注基督教与中国文化在各个层面的交流,以独特的课程、讲座、研讨会、论文和学生培养方式,帮助学生理解中国文化的传统意识、当今问题及未来走向,并确立基督教与中国文化交流的研究方向。

该校的主要出版物有《太平洋事务》(*Pacific Affairs*,季刊)和《维真学刊》(*Regent Chinese Journal*,附属维真学院,半年刊)。

(三)麦吉尔大学东亚研究中心

东亚研究中心是加拿大麦吉尔大学东亚研究系的一个建制,研究领域主要是当代中国。该中心有教师21人,其中有9位学者从事中国问题研究。中国文学领域的选项包含当代中国文学、中国古典文学、中国电影、汉语、道教和历史。当代中国政论的选项有:中国性别问题、中国发展、中国社会主义经验等。

(四)加拿大亚太基金会

加拿大联邦议会于1984年设立的加拿大亚太基金会(The Asia Pacific Foundation of Canada)是非营利的国家独立智囊机构,主要从事当代中国研究。《近代中国》是其资助的有影响的刊物,刊登过许多有关中共党史的研究论文和书评。

该基金会总部设在温哥华,在其他地区也设有办公室。资助来自联邦和私人机构,包括加拿大外交部、加拿大国际开发署和加西经济多元发展署(Western Economic Diversification Canada)。该会关注加拿大在亚太地区的贸易活动并与学术界有着密切的联系。中国问题是亚太基金会的研究领域。与高等院校和其他中国研究机构的有所不同的是,加拿大亚太基金会所从事的完全是关于当代中国的政治、经济和文化等方面的研究。目前,加拿大亚太基金会的专家学者数据库中收录了大约400名专家学者的资料,其中从事与中国经济、政策和文化有关的研究者约174位。

20世纪90年代以后,加拿大高校的经费逐渐减少,中国研究的学术活动受到不同程度的限制。但是因为大部分近代中国研究得到了联邦政府的支持,包括经费和学术活动安排,有关专家还直接参与了研究工作,因此受到的影响较少。他们把一些直接有关中国学术问题组织成项目。加拿大政府直接参与了与中国有关的研究,给予经费支持,派员参加学术活动,一次研究工作开展得稳定,也比较适度。政府介入的现代中国研究主动性发挥着重要作用,提出了一些淡化意识形态但也注重实用性的研究课题。

加拿大亚太基金会的出版物有《加拿大亚洲述评》(*Canada Asia Commentary*,双月刊);《加拿大亚洲评论》(*Canada Asia Review*,年刊);《加拿大亚太基金会年鉴》(*APF Canada Annual Review*,年刊);《亚洲展望》

(*Asian Outlook*,季刊)和《亚太公告》(*Asia Pacific Bulletin*,周刊)。

(五)加拿大亚洲研究协会

成立于1968年10月的加拿大亚洲研究协会(Canadian Asian Studies Association)是加拿大最大的东方研究机构。

加拿大亚洲研究协会一半会员从事中国近现代文史研究。协会期刊有《新闻通信》,定期刊发简讯,吸收学者个人和单位集体入会,每年举行一次年会。1977年的年会宣读和研讨的题目之一是"毛泽东以后的中国"。代表性的学者有:麦克尔·盛(《毛与斯大林——对手还是同志?》)、维克托里·福尔肯海姆(《中国的地区发展——趋势与含义》,1994年)、迈克尔·弗罗利克(《中国的第二次发展浪潮——长江地区》,1994年)、林达·赫什科维茨(《中国的地区变化——多维城市》,1995年)。

(六)蒙特利尔大学东亚研究中心

蒙特利尔大学(University of Montreal)的东亚研究中心(CETASE)以研究中国史为主,同时还研究中国社会和思想体系、中国共产主义运动的发生和发展问题。1976年该校成立了东亚研究中心(Center for East Asian Studies,现隶属于东亚研究系),有学者20多名,主要从事东亚各国的语言学、文学、历史、哲学、地理学、人类学和信息学研究。通过举办会议、教学、科研项目并提供图书资料查阅等活动,帮助学员对东亚进行深入研究。目前蒙特利尔大学已成为加拿大法语地区中国研究的中心。学生和工作人员以及图书资料和研究经费都有显著增长,并成为能够与多伦多和温哥华的中国研究中心相媲美的研究机构。代表性的学者有安德烈·拉里伯蒂教授。

(七)广义的外交政策智库

加拿大亚太基金会、加拿大亚洲研究协会、多伦多蒙克全球事务学院(Munk School of Global Affairs)和国际治理创新中心(Centre for International Governance Innovation),均属于加拿大广义的政策智库。有关中国研究或中加战略合作的加拿大大学智库还有:蒙特利尔大学的东亚研究中心、约克大学的亚洲商务管理项目,以及阿尔伯塔大学的中国学院等。

加拿大最早的智库是1928年成立的国际事务学院,为一家非营利、非党派、非政府形式承接政府和企业委托项目,吸纳大学研究人员担任特聘研究员,或以大学为基地,发挥智库作用。1960年,在加拿大外交部高级职业外加官约翰·霍姆斯加盟并担任院长后,研究院致力于与大学合作,研究、讨论和分析国际事务。决策者、商业领袖和学者之间保持着良好的互动关系,发挥了"二轨外交"和"思想掮客"的作用。

学界认为,成立于1831年的英国皇家联合军种国防研究所(Royal United Services Institute for Defence and Security Studies)是全球首家智库。据《2015年全球智库索引报告》载,全球智库数目为6846家,加拿大占有其中99家。智库在加拿大的国防、贸易、金融和气候领域中发挥了巨大作用,从这点意义上来说智库是国家软实力的重要组成部分,但不是所有的研究都是智库。①

多伦多大学教授肖恩(Shaun Young)把加拿大智库的发展过程划分为四个阶段:1940—1944年为创始阶段,加拿大尚未形成成熟的智库;1945—1970年加拿大智库规模扩大,联邦各级开始重视智库的功效,但是多半仍止步于国际关系和外部世界问题;1971—1989年加拿大的智库研究把范围扩展到国内选题,对政治和倾向性观点以予充分重视;1990年至今,加拿大智库研究向专业化和实质化方向发展,重视领域的重点和特色,不断提升影响力。②

加拿大既重视智库与政府之间的关系,也重视智库与媒体的关系。对于智库而言,媒体可以影响政府,可以影响公众,也可以架设联系政府和公众之间的桥梁。一些政策和法规通过媒体的传播可以引起行政部门的重视,智库的研究导向也可以直接通过媒体进行传播。

---

① 钱皓《加拿大智库与加对华政策研究》,载《国际观察》2016年第6期。
② 许宝健《加拿大智库的特点及启示》,载《中国经济时报》2015年1月30日。

第二章
异域与洞见：中加两国文化的交流与发展

中国与加拿大建交后两国文化交流不断加强，官方和民间合作的项目逐年增加，范围广及教育、艺术、影视、出版、社科、体育等领域，互派学术会议代表和表演展览艺术团组与年递增。

1983年，中加两国政府达成了加拿大对华发展援助协议。1994年，两国签署了《1995—1996年度中加文化交流备忘录》。1998年，双方签署了《中加政府文化交流与合作谅解备忘录》，以及《中华人民共和国国家文物局与加拿大保护中国文物基金会关于文化遗产保护协议》。

两国文化往来呈现出官民并举、形式多样的局面。在教育方面的合作交流也得到了全面发展，高等院校之间建立了多种形式的交流与合作关系。双方通过学术团体互访，教师、留学生和信息交换，开展合作研究，联合举办学术研讨会和培训班，增进相互了解，提高彼此的学术、科研和管理水平。

中国实行改革开放政策以来，经济和文化实力不断增长，人均收入大幅度提升，吸引外资的能力超过了以往，发展势头十分强劲。加拿大许多高瞻远瞩的政治家、商家和学者都对中国和平崛起持欢迎的立场，在努力促进中加贸易和文化交流的同时，分别以亲身经历和个人感受化解影响两国友好的隔阂和误解。

学术界的共同看法是：研究加拿大汉学在各个历史时期的发展情况，必须首先考察该国对应阶段的文化和社会的主流倾向，只有这样才能正确解读相关文献、政策和媒体报道，通过思想和方向的把握创造出符合两国长远利益的跨文化语境。在文本细读(textual close reading)与文化细读(cultural close reading)问题上不可顾此失彼。

一、加拿大学者视儒学为重要学科研究领域

儒家学说是孔子(前551—前479)创立、孟子(前371—前289)发扬光大、荀子(前313—前238)等先贤集其大成所延续下来的观念系统。时至今日,儒学仍然为中国、东方乃至与中国有密切交往的各国学术界所看重,是具有强大生命力的学术流派。儒家原是先秦时期学术地位平等的诸子百家之一,但是在汉代董仲舒提出"废黜百家,独尊儒术"的主张为当朝皇帝采纳,儒学在经历"焚书坑儒"的悲惨遭遇之后得到了振兴。在当代学术界,研读儒家学说被视为汉学研究中的一门重要学问。

汉学家安乐哲(Roger T. Ames, 1947—)曾就读于加拿大哥伦比亚大学、美国加州雷德兰斯大学、英国伦敦大学、剑桥大学和中国台湾大学。1964年在中国香港学习期间,他师从新亚书院的唐君毅和崇基学院的劳思光,同时学习了中国哲学和西方哲学课程,先后获中文硕士、中国哲学硕士和中文博士、中国哲学博士学位,经刘殿爵推荐他受聘担任夏威夷大学教席。

安乐哲赞赏孔子有关孝道和积极入世的思想。《论语·学而》中说:好人特别注意做好要紧的事,把原则性的问题做好,如何治国做人的道理就明白了。孝顺父母,顺从兄长,是儒家特别提倡的道德规范("君子务本,本立而道生。孝悌也者,其为仁之本与")。安乐哲指出许多宗教告诫世人要相信上帝关注来世,而孔子却主张首先关注现实社会,做君子不做小人,以"人"为中心,恪守仁义,解决全球性人类危机的办法就是共建伦理。

安乐哲认为学习中国哲学必须阅读原典,必须置身于中国文化语境以获得亲身体验。由于儒家文献通过翻译被西方哲学异化后在一定程度上失去了原汁原味的精华,因而脱离了现实生活。在"西方中心"观念泛滥的哲学界,儒家学术还受到过基督教化,为摆脱西方思想的干扰,安乐哲决心重新翻译部分儒家经典。

1993年,他根据1972年山东银雀山西汉墓发掘出土的竹简本翻译的《孙子兵法》(The Art of Warfare),在美国销售量高达20余万册。

安乐哲认为当代需要批评性的儒学和开放的儒学。从历史上看,从孔子的儒学到孟子的儒学都聚焦于人道。道家形成以后才有关于人和宇宙

关系的《中庸》理论问世。荀子的儒学容纳了先秦时期各家的学问，宋明理学在佛学影响下有别于先秦和汉代儒学。牟三宗引介康德，李泽厚研究马克思，唐君毅论述黑格尔和怀特海，儒学与东西方哲学人文理论相互兼容，今日的儒学在学术界处于开放互通状态。

安乐哲对儒家学说的理解直接受益于中国古代思想家，也通过融会贯通，全面把握中国传统思想及其原则。在翻译先秦诸子著作时他不拘于字典的释义，而是注重儒学词汇在语境中的实际含义，回避可能导致误解的相关哲学用语。例如"上不怨天，下不尤人"（《中庸》）中的"天"，是译为"God""heaven""paradise""all under heaven""worlding"还是"world-making"，这里的学问大有讲究。他提倡现代的儒学、批评性的儒学和开放性的儒学，并为此进行了探讨，做出了自己的贡献，因此被誉为中国文化的阐释者和传播者。

2016年，安乐哲从夏威夷大学哲学系教授任上退休时，还身兼北京大学讲席教授和国际儒学联合会副主席，并荣获第二届会林文化奖。在过去的50多年中，他独立撰写或与他人合作完成的著述有《孙膑兵法》（*Sunbing*：*The Art of War*，与刘殿爵合译，1996年）、《汉人的思维：中西文化中的自我、真实与超然》（与郝大维合著，纽约州立大学出版社，1997年）、《论语》（*The Analects of Confucius*：*A Philosophical Translation*，与罗思文合译，1998年）、《淮南子·原道训》（*Yuan Dao*：*Tracing Dao to Its Source*，与刘殿爵合译，1998年）、《汉哲学思维的文化探源》（*Thinking from the Han*：*Self, Truth and Transcendence in Chinese and Western Culture*，江苏人民出版社，1999年）、《中庸》（*Focusing the Familiar, A Translation and Philosophical Interpretation of Zhongyong*，与郝大维合译，2001年）、《道德经》（*Daodejing*：*Making This Life Significant*，与郝大维合译，2003年）、《自我的园成：中西互镜下的古典儒学与道家》（中文版，彭国翔译，河北人民出版社，2006年）、《孝经》（*The Classic of Family Reverence*：*A Philosophical Translation of the Xiaojing*，与罗思文合译，2009年）、《孔子哲学思维》（*Thinking Through Confucius*，江苏人民出版社，2010年）、《儒家角色伦理学——一套特色伦理学词汇》（*Confucian Role Ethics*：*A Vocabulary*，山东人民出版社，2017年）、《李泽厚与儒学哲学》（*Li Zehou and Confucian Philosophy*，Co-written with Jia Jinhua，上海人民出版社，2017年）。

安乐哲是中西比较哲学的领军人物，2013年荣获第六届世界儒学大会颁发的孔子文化奖,先后担任夏威夷大学和美国东西方中心亚洲发展项目主任、尼山圣源书院顾问、世界儒学文化研究联合会会长等职务,主编《东西方哲学》和《国际中国书评》等期刊。他的主要学术贡献就是向西方介绍中国古代经典和文化,推动儒学走向世界。

许美德(Ruth Hayhoe,1945—)出生于加拿大不列颠哥伦比亚省,成长于多伦多,父亲曾服役于海军。她就读的本科是多伦多大学古典文学系,对汉语和中国文化有浓厚的兴趣。1967年本科毕业后,到香港九龙一所圣公会女子学校任英语、历史和宗教课教师,课余时间学习粤语。1974—1975年,在中文大学学习汉语。1978年,她到伦敦大学教育学院深造,师从布赖恩·霍姆斯(Brian Holmes)攻读比较教育学,获得硕士学位后继续读博士学位。1980—1982年,任教于上海复旦大学。1984年,她回到加拿大在多伦多的教育研究院研读博士后课程。1989—1991年,她担任加拿大驻华使馆教育、科学与文化参赞。

许美德是著名的汉学家和国际比较教育学著名学者,长期研究中国教育和文化,积极向西方宣传中国教育的文化价值。她年轻时客居香港,受到中国文化的熏陶,并投身香港公共福利事业,后转至上海,曾任教于复旦大学,又任加拿大驻华使馆文化参赞。香港回归后她受聘担任香港教育学院院长,还担任多伦多大学安大略教育研究院院长、香港教育学院名誉校长、华东师范大学紫江学者讲座教授、国际与比较教育协会会长等职。

许美德超越西方中心主义的立场,以其学者的独立人格,洞察到最近几十年中国大学在世界发展中的变化和作用,蕴含着深厚儒家教育思想的中国高等教育符合中国传统文化中"仁""义""礼""智""信"的思想。中华文明的核心教育价值观遵循"和而不同"的原则,为国家服务,也为社会服务。而西方的教育观是排他性的人权与学术自由观。她期待中国的高等院校能立足于儒家文明,为明日的社会发展创建新的教育模式。

在回忆录《在中国内地和香港的生活》中许美德谈到了儒学传统与中国发生的一切所具有的深刻含义。从1997年至2002年,她先后与11位有影响的中国教育家交谈过,了解到格言"家和万事兴"和"国家兴亡,匹夫有责"对个人、家庭和国家的儒家价值。一位资深教育家在内战时期没有听从父母意见去美国求学而是选择投身革命,1949年后她满腔热情投入教育事业,看到了现代化的前景。作者说教育既要培养世界公民,又要深深扎根于自己文化之中,中国为能丰富世界文化教育宝库而感到自豪。①

许美德希望扎根于儒家文明的中国大学能从传统中获得精神资源,在世界知识体系中独占一席之地,承担起促进文明对话间的使命。她对杜维明(Tu Weiming,1940—)既有群体性又有批判性的"儒学研究"(Confucianism Study)十分推崇,认为其与欧洲的"启蒙计划"(the Enlightenment Project)相比较,在多元文化的背景中更显其现代生命力。

她先后在香港工作17年(1988—1991),访问过200多所中国大学,是一位中加友好使者。除英语外,她还通晓法语、汉语、拉丁语和希腊语,她的主要著述有《德国、法国、苏联和美国大学模式以及对1911年以来中国高等教育政策的评价》(German, French, Soviet and American University Models and the Evaluation of Chinese Higher Education Policy since 1911)、《思想肖像:中国知名教育家的故事》(Portraits of Influential Chinese Education)、《21世纪中国大学的肖像:向大众化高等教育的转型》(Portraits of 21st Century Chinese Universities: In the Move to Mass Higher Education)、《中外比较教育史》(China's Education and the Industrialized Worlds: Studies in Cultural Transfer)、《理想类型在比较教育中的应用:个人反思》(The Use of Ideal Types in Comparative Education: A Personal Reflection)、《中国大学1895—1995:一个文化冲突的世纪》(China's Universities 1895—1995: A Century of Cultural Conflict, 2000)、《圆满:一个加拿大学者的中国情愫》(Full Circle: A Life with Hong Kong and China, Toronto: Women's Press, 2004)、《国际比较教育:教师的问题》(Comparative and International Education: Issues for Teachers, 2007)。

贝淡宁(Daniel A. Bell, 1964—)1985年毕业于加拿大麦吉尔大学,1991年获牛津大学哲学博士学位,1991—1994年任教于新加坡国立大学政治学系,1996—2000年任香港大学副教授,2003—2004年任美国斯坦福大学高等研究中心访问学者,2006—2016年任清华大学苏世民学院与哲学系教授兼博导,2016年9月起任山东大学政治学与公共管理学院院长。在中国工作生活20余年。

贝淡宁的研究领域为社群主义与政治哲学,研究中国儒学后他认识到

---

① 许美德《向中国教师与教育家学习》(邵迎生译),加中新闻网,2014年。

儒家思想所提倡的政治制度正是他所研究的政治制度。他与妻子宋冰结婚后开始学习中文。他的《中国新儒家》保存了自己在中国的生活记录片段。他通读过多遍《孟子》和《中庸》，经常把孔子与洛克（Locke John, 1632—1704），孟子与奥古斯丁（Saint Aurelius Augustin, 354—430）进行比较。在《东方遇到西方》《超越自由民主》和《中国新儒家》3部政治学著作中，他认为"仁""义""礼""智""信"是中国以及东亚传统哲学的核心价值观。中国过去30年崛起之基础就是现代化的中国模式。中国现行的政治制度无疑比西方鼓吹的制度更符合中国国情。①

他的《贤能政治》是一部原创性的著作，通过传统的思考来理解中国人认可的理想施政治国，挑战了西方学术界的"民主与专制"教条框架，出版后在读者中引起广泛的反响。

贝淡宁对儒家思想文化的研究，改变了部分西方人对中国文化的误读和偏见。他认为家庭成员之间、公民之间、国家之间以及人与自然之间的关系与人类幸福密切相关，可以视为评判社会和谐程度的指数。

贝淡宁是国际知名的哲学家和社会学家，也是第一位在中央党校开设讲座课的外国学者。他在中国顺利开展了社群主义和政治哲学研究，获得了理论上的突破。西方一些人认为他被蛊惑、被蒙蔽，因此受到排挤。他至今仍然在研究儒家思想，思考"谁是中国人"的问题。

他与普林斯顿大学出版社合作出版了数册有关东亚政治与哲学的著作，也包括与他人合写的著述《社群主义及其批评者》（Communitarianism and Its Critics, Oxford University Press, 1993）、《迈向亚太自由民主》（Towards Liberal Democracy in Pacific Asia, co-authored with David Brown, Kanishka Jayasuriya, and David Martin Jones, Palgrave Macmillan, 1995）、《东方遇到西方》（East Meets West: Human Rights and Democracy in East Asia, Princeton University Press, 2000）、《超越自由民主》（Beyond Liberal Democracy: Political Thinking for an East Asian Context, Princeton University Press, 2006）、《中国新儒家》（China's New Confucianism: Politics and Everyday Life in a Changing Society, Princeton University Press, 2010）、《城市的精神》（The Spirit of Cities: Why the Identity of a City Matters in a Global

---

① 郭立伟《加拿大学者贝淡宁受聘为山东大学政管学院院长》，载《齐鲁晚报》2016年9月27日。

Age, co-authored with Avner de-Shalit, Princeton University Press, 2011)、《当代贤能政治是中国的大进步》(载《环球时报》, 2013 年)、《另一种精英治国》(载《南风窗》, 2013 年)、《贤能政治》(The China Model: Political Meritocracy and the Limits of Democracy, Princeton University Press, 2015)。

二、作为加拿大高校核心学科的中国文学

文学研究领域通常包括对不同时期、不同作者和不同体裁作品的创作或译介代表性、语言与艺术技巧运用、人物塑造和景物描写的特点、文本的社会历史意义与艺术价值等方面的研究。许多加拿大大学设有东亚系或汉学系,如:多伦多大学、麦吉尔大学、哥伦比亚大学、约克大学、蒙特利尔大学、阿尔伯塔大学,由若干名中国文学教师,对数十名本科生和研究生进行教学与研究工作。由于对文史哲的区分不严格,因此涉及范围比较宽泛,但是文言文却是必修科目。过去加拿大的汉语教学侧重阅读和翻译,口语能力一般不做具体要求,但是近年来情况逐渐有所变化。

虽然加拿大对中国文学研究的历史不长,专家团队人数也不多,但是在高等院校却是一门主课,授课教师必须有广博的业务知识,从甲骨文到当代文学,几乎涉及整个中国文化。

20 世纪 70 年代以前,加拿大的中国文学研究侧重于古典文学,其中有多方面的原因:一是中国古典文学典籍丰富,从诗经、乐府、诸子散文、唐诗、宋词、杂剧到明清白话小说,文档类别齐备,采集收藏方便。二是文本的解读和注释歧见少,教职人员充实,涉及政治敏感问题不多,无需担心由学术问题卷入观点立场之争,不同学派均可自由发表意见,特别是师生同门的传统便于找到共同语言。三是不使用统一教材的情况普遍,选讲的作品由授课教师决定,并辅之以案例、背景知识和体裁比较,符合各类学者的要求。1970 年中加正式建交后,加拿大华裔和非华裔汉学家大批到中国大陆深造和考察,打开了中国文学研究新局面,学术领域进一步得到扩大。

随着中西学术交流增加,人文社会学科的应用水平获得提升,应用于加拿大中国文学研究的学术流派和语言学理论有:文化人类学(cultural anthropology)、女权主义(Feminism)、布拉格学派理论(Theory of Prague School)、结构主义符号学(Structuralism Semiology)和叙事学(Narratology)等。

加拿大的中国文学研究方法可以分为纯学术研究和应用性研究两大类,后者属于跨学科的综合性研究。有些学者认为中国的文学评论社会历史成分多于对作品外在因素的关注,而文学批评的焦点通常被理解为叙事方式、艺术结构与写作技巧。

卢伯米尔·多勒泽尔(Lubomir Dolezel,1922—)出生于捷克,早年就读于布拉格大学,深受布拉格学派史学和美学思想的熏陶,是享誉欧美文学界的理论家,也是文学"可能世界理论"(Possible World Theory)的创立者之一。他的博士论文《论当代捷克虚构散文的文体》就是立论于布拉格学派观点的论著。后来他在理查大学执教期间,曾运用数学、统计学、信息论和控制理论对文学和语言进行研究,先后出版过《数理语言学中的布拉格理论研究》和《统计学与文体学》。1965年,他在美国密歇根大学做访问学者。1968年,应邀在加拿大多伦多大学进行学术访问,后获聘为该校比较文学中心教授。1997年,他出版了专著《异质世界:小说虚构和可能世界》,体现了英美分析哲学对他的文学理论叙事学研究的影响。

最早使用结构主义理论对中国文学进行解读的汉学家米列娜(Milena Dolezelova-Velingerova,1932—)认为,结构主义不是教条,而是一种方法。她在1980年主持完成的《从传统到现代——19至20世纪转折时期的中国小说》一书中,从结构主义和叙事学的角度对晚清6部长篇小说进行了逐一解读,突破了以往文学史专家有关"谴责小说"的思路。

原籍南斯拉夫的麦吉尔大学科幻文学研究专家达科·苏恩文(Darko Suvin)对中国文化十分崇拜,喜欢杜甫、李白、白居易、陆游、苏东坡、王维、李清照和毛泽东的诗,以及《水浒传》《红楼梦》《儒林外史》等小说。20世纪80年代,他在麦吉尔大学博士研究生班讲授比较文学时把吴敬梓的《儒林外史》纳入了授课内容。在1985年香港召开"文学与人类学"研讨会时,他撰写的文章《叙述媒介分析——类型与中国古典小说》探讨了《儒林外史》的叙述媒介,被收入大会文集。①

史恺悌(Catherine Crutchfield Swatek)是夏志清(Hsia Chi-tsing,1921—2013)的高足,不列颠哥伦比亚大学亚洲研究系硕士和博士,研究领域为明清白话小说与戏剧。她的博士论文为《冯梦龙的"浪漫之梦":〈牡丹亭〉的改编里抑遏策略》(*Feng Menglong's Romantic Dream: Strategies of*

---

① 苏恩文《想象与期望:我与中国》,原载《文艺报》2012年4月5日。

Containment in His Revision of the Peony Pavilion)。她的《〈牡丹亭〉与昆曲戏剧文化》(1990年)考察了《牡丹亭》在不同历史时期的版本变化,剧本文本内容和形式的变化体现了编演不同的思想旨趣和曲学主张。2002年,她在《场上〈牡丹亭〉:一部中国戏曲四个世纪的生涯》(Peony Pavilion Onstage:Four Centuries in the Career of a Chinese Drama)一书中探讨了400来年中国文化、社会、观众的变化,但《牡丹亭》艺术魅力却经久不衰的奥秘。

施吉瑞(Jerry Schmidt,1946—)于加州大学伯克利分校攻读本科专业期间,师从陈世骧(1912—1971)学习《唐诗三百首》,两次访问中国台湾,在于大成(1934—)的指导下学习曹植、陶渊明和谢灵运诗集。从伯克利毕业后,施吉瑞北上加拿大学习中文硕士课程,硕士学位论文为《韩愈及其古诗》(Han Yu and His Kushi Poetry),博士学位论文为《杨万里的诗》(Poetry of Yang Wanli)。他长期从事中国古典诗词研究,对袁牧和黄遵宪的研究知名度很高,被誉为北美晚清研究之泰斗。此后还研究明末清初梅村体诗人吴伟业(1609—1672)和清代翰林院编修查慎行(1650—1727)的作品。他的新作《郑珍:中国现代性的起源》(2013年),通过对贵州诗人郑珍的介绍分析,揭示了郑珍的思想高度及其作品的文学价值。

贝丽(Alison Bailey)是不列颠哥伦比亚大学硕士,博士论文导师米列娜,论文题目是《介入的目光:毛伦、毛宗岗与〈三国志演义〉之解读》(The Mediating Eye:Mao Lun,Mao Zonggang and the Reading of Sanguozhi Yanyi,1991)。她主要研究中国古典小说和法律,以及明清小说中有关暴乱的描写。2008年,主编香港中文大学翻译刊物《译丛》。

穆思礼(Stanley Munro)曾服役于美国空军,就读于夏威夷大学时获硕士学位。1970年,应聘担任阿尔伯塔大学教职。他的主要译著有1955年翻译张恨水的《梁山伯与祝英台》以及《革命的起源:中国现代小说选本》。他参与策划与中国黑龙江大学建立中加学生汉语交换计划。

胡可丽(Claire Huot),法裔汉学家,曾就读于卡加利大学。她的博士论文涉及中国古代的书法理论,专门研究中国当代文学、文化和电影,写过两本有关中国当代文化的书《小文化革命》(1994年,法文著作)、《中国的新文化景观》(2000年)。1980年起,多次在中国长期居住。2000—2002年,任加拿大驻华使馆文化参赞,后任加拿大卡尔加里大学副教授。胡可丽与翼波(Robert Majzels)自2006年起合作研究中国"八五"计划。

杜森（W. A. C. H. Dobson，1913—1982）1952年毕业于英国剑桥大学，后执教于加拿大多伦多大学。1953年，主持中国研究学院。1979年，退休。他先后出版了《东方文明书籍选》（1955年）、《晚期古汉语：文法研究》（1959年）、《早期古汉语：叙述文法》（1962年）、《孟子新译注》（1963年）、《晚期汉语：古汉语转变之研究》（1964年）、《诗经的语言》（1968年）和《中文虚词字典并序》（*Mencius: A New Translation Arranged and Annotated for the General Reader*），被收入《联合国教科文组织代表作品——中国系列1974年》。专著《诗经的语言》，通过对《诗经》用词和语法结构的研究来论证《风》《雅》《颂》的不同创作年代和风格形成的脉络。这是运用现代语言学中的比较理论来分析文学作品的一种新方法，令人耳目一新。例如，他考察了古汉语一些同义字词的意义和用法的变化及其分布，推定"颂""大雅""小雅"和"风"产生的时代顺序应为西周初叶→西周中叶→西周末叶→东周初叶，由此可以确定对作品风格和翻译的选择。

施文林（Wayne Schlepp，1931— ）出生于南达科他州（South Dakota）。1955年，在空军接受汉语培训，后就读于伦敦大学亚非学院。1964年，以论文《元散曲的技巧与意象》（*The Technique and Imagery of Yuan Sanch'ü*）获该校博士学位。1964—1973年，担任威斯康星大学系主任。1973年，在多伦多大学东亚系教授中国诗词和散曲。1980年和1982年，先后两次访问中国内蒙古大学。1998年5月，主编中亚与内蒙古学术研讨会的论文集。1995年，退休。

施文林是当代诗人，也是最早研究散曲的外国学者之一，曾积极投身20世纪70年代西方学术界对元散曲翻译和研究的热潮。他在散曲韵律形式多变与基本模式不变的对应关系中对元代散曲进行了考察。虽然衬字和增句是诗行变化的原因之一，但是散曲是用于吟唱的，韵律节奏、元辅音协调、四声平仄的韵律模式以及舞台声音效果，与实际文本分析之间是有差异的。他根据周德清《中原音韵》中的19韵部对元散曲的押韵规则和效果进行了探讨，并做出了"词家用韵宽泛"的解读。他先后出版的专著有《翻译中文：崔颢的诗》（1963年）、《散曲的技巧和意象》（*San-ch'ü: Its Technique and Imagery*，1970）、《天空幽暗的边缘》（个人诗集，*The Darker Edges of the Sky*，2009）。

三、加拿大政界与学界对毛泽东和中国共产党的研究

海内外把对中国共产党的研究称为"中共学"（CCPology 或 CPCology）研究，包括理论的与非理论的、学术的与非学术的、系统的与非系统的，学科范围涉及中共党史、中共党建方针、纲领、原则、纪律和制度，以及对国家体制方面领导的研究与论述。

由于毛泽东对中国革命和社会主义建设的卓越贡献，对现代中国的思想、制度和社会的影响，以及他革命家和政治家的人格魅力，东亚和欧美先后建立对他的思想体系和历史著述的研究机构盈百，参与研究的学者多达千名。毛泽东研究是具有丰富内涵和重大现实意义的学术领域。

1924 年，中共一大代表陈公博（1892—1956）在美国哥伦比亚大学提交的硕士论文《共产主义运动在中国》（The Communist Movement in China）是一篇具有文献价值的中共党史文献。苏联作家葛萨廖夫（Kisseleff）1926 年撰写的《中国共产党简史》（A Brief Sketch of the History of Chinese Communist Party）以及美国媒体人伊罗生（Harold R. Isaacs，1910—1986）1938 年在英国伦敦出版的《中国革命的悲剧》（The Tragedy of the Chinese Revolution），都是早期中共学论著。1937 年，美国记者埃德加·斯诺（Edgar Snow，1905—1972）出版的《西行漫记》（Red Star Over China），书中有关毛泽东生平的记述，引起了美国政界和学界对毛泽东思想和中国革命事业的关注，随后掀起的共产国际研究浪潮逐渐扩大到北美、西欧和东南亚。

加拿大前总理皮埃尔·艾略特·特鲁多曾于 1960 年、1973 年和 1979 年三次来华访问。1976 年，他就毛泽东去世发表声明说："毛泽东是 20 世纪最伟大的领袖之一。"1993 年，他接受中国中央电视台的记者采访追忆往事时表示：毛泽东是一位伟人，无论是战争年代还是和平时期，毛泽东都能把自己的理想付诸行动，并且明白中国人民需要鼓舞，需要领导，这就是伟人的特征。从前，由于冷战的原因，加拿大人对毛泽东的看法可分为两种：一种认为毛泽东是共产主义的领导人，所以他不是加拿大人的朋友；另一种（包括特鲁多本人）认为毛泽东自信能领导中国人民，就该尊重这一事实。现在冷战结束了，加拿大人领会到，毛泽东是 20 世纪最伟大的领袖之一。

加拿大友人伊莎白·柯鲁克(Isabel Crook,1915—)1915年出生于四川成都,她的父亲是加拿大传教士。她从小生长在中国,经历了军阀混战时期,目睹了中国贫困的过去,劳苦大众饱受了战争的摧残和不平等的对待。她虽然在国际学校上学,但也不能幸免战火岁月的苦难,给她童年记忆中留下了沉重的阴影。她说:中国共产党最伟大的成就是给中国人民带来了和平与稳定。中华人民共和国成立后,老百姓终于结束了水深火热的生活。回顾中国共产党20世纪40年代在中国农村的社会实践经验,今天仍然很有意义。伊莎白认为中国共产党有很多优秀的传统,这些丰富的政治遗产正是其魅力所在。① 她信仰共产主义并追随一生,是中国革命和建设的参与者和见证人。

以毛泽东与当代中国问题研究专家著称于西方汉学界的齐慕实(Timothy Cheek),曾在澳大利亚国立大学攻读汉学本科专业课程,后进入弗吉尼亚大学历史系硕士专业,学习文言文、白话和亚洲文化。在哈佛大学师从汉学家孔飞力(Philip Alden Kuhn,1933—2016)研究中共党内知识分子问题,1986年以论文《邓拓评传》获博士学位,后任加拿大不列颠哥伦比亚大学(UBC)亚洲研究所中国研究中心主任兼历史系讲座教授。

1973年,齐慕实对毛泽东思想和中国革命问题产生兴趣,原因之一是对当时中国的"批林批孔"运动不理解,对于"文革"的实质感到迷茫和困惑。他的本科导师皮埃尔·李克曼斯(Pierre Ryckmans)1971年曾以西蒙·莱斯(Simon Leys)的笔名在巴黎出版《主席的新衣——毛与"文化大革命"》(The Chairman's New Clothes:Mao and the Cultural Revolution)一书,齐慕实对其导师以及当时西方理论界对中国"文革"的批判观点不理解,这也是他以邓拓为选题撰写博士论文的原因之一。

齐慕实认为毛泽东是中国近代史乃至人类历史上的重要人物,在中国2000多年的历史上其历史地位与影响很少人可以与他相比较。不能简单地判断毛泽东是否重要,而是要认识他在何种意义上重要。通过他一生中的三个基本历史时期贡献的研究就可以回答上述问题:1935年以前,尽管他不是中国共产党党内的主要领导人,但是他对于农民运动的洞察力深刻而尖锐;1935—1956年,他作为党的代表领导人民反抗日本帝国主义侵

---

① 李盛明《中国共产党:在反思中不断进步——访加拿大伊莎白·柯鲁克》,《光明日报》2011年7月1日。

略,巩固中国共产党的社会、经济和军事基础并最终取得全国胜利;1956年后,"大跃进"的激进政策和"文革"时期的大动乱。毛泽东在国际上的影响主要表现在20世纪60年代的无产阶级革命以及反对霸权的理论和实践方面。中国反帝反封建的新民主主义革命胜利为第三世界国家的革命运动提供了信心与借鉴,在发达资本主义国家内部毛泽东的反霸权主义、官僚主义和不断革命的思想为他们提供了借鉴和参考。在20世纪60年代的西方学生革命运动中,毛泽东被尊崇为"左派"的理论象征经常出现在当时的媒体报道中。总之,毛泽东在各个历史时期的理论和实践是理解20世纪中国的一个窗口,从而能在更广阔意义上理解中国近代以来的历史。①

齐慕实在《毛泽东与"毛主义"》一文中写道:

> 在哲学方面,毛泽东基于马克思主义社会理论分析范式,将实践置于主要地位。他的这种理解是对物质生活领域矛盾的求解,即在"毛主义"辩证法看来物质生活是由个体经验所组成的。直至20世纪60年代,毛泽东清晰阐明了他早期著作中所隐含的内容,即对立统一规律优于否定之否定、质量互变规律,后二者是由前者派生出来的子集。尽管如此,"毛主义"实践辩证法却是主体的意志——个人与集体。因此,毛泽东横跨马克思主义理论的人道主义与理想主义之双翼,他将上层建筑置于经济基础之上,并将其视为推动人类社会历史发展的动力(他首先在1937年写作的《矛盾论》中阐述了这一观点,很明显这领先于斯大林在1938年做出的相似阐释)。②

齐慕实是《太平洋事务》(*Pacific Affairs*)的主编,英文版、权威版、多卷本毛泽东系列文集《通往权利之路》第8卷的副主编,《问题与研究》、《中国研究》(*Study of China*)和《加拿大历史学会杂志》(*Canadian Journal of History*)等英文杂志的编委。他的研究和教学主要聚焦于中国现代史和中国知识分子问题,先后出版的专著专论以及与他人合著合译的著述有《中

---

① 张明《毛泽东与毛泽东研究的当代境遇及其展望》,载《湖南科技大学学报(社会科学版)》2014年9月第17卷第5期。
② 齐慕实《毛泽东与"毛主义"》,载《毛泽东研究》(长沙)2015年第4期。

国行政机关的知识分子》(Co-edited with Carol Lee Harrin, *China's Establishment Intellectuals*, 1986)、《秘密报告》(Co-written with Roderick MacFarquhar and others, *The Secret Speeches of Chairman Mao*, 1989)、《中国国家社会主义新视觉》(Co-written with Tony Saich, *New Perspectives on State Socialism in China*, 1997)、《毛泽东中国的宣传和文化——邓拓评传》(*Propaganda and Culture in Mao's China:Deng Tuo and Intelligentsia*, Oxford: Oxford University Press, 1997)、《毛泽东与中国革命——文献简史》(*Mao Zedong and China's Revolution:A Brief History with Documents*, 2002)、《1989年后的生活与改革》(*Living with Reform:China Since 1989*, 2006)、《党内头号反革命》(The Number One Counter-Revolutionary Inside the Party: Academic Biography as Mass Criticism. *The China Journal*, No. 55, Jan., 2006)、《毛泽东——批判性导读》(*A Critical Introduction to Mao*, 2010)、《现代历史中的知识分子》(*The Intellectual in Modern Chinese History*, 2015)。

保罗·埃文斯(Paul Evens)是不列颠哥伦比亚大学亚洲研究所前所长。2005—2008年,任加拿大亚太基金会执委会主席,在全球六所大学和研究所任客座教授,是中加关系和加拿大亚洲政策方面的知名学者。1976年他第一次来华,此后差不多每年都到中国访问。他亲眼看到改革开放以后中国的发展和变化,印象十分深刻。在他看来,40年前中国基本上还是一个农业国家,实行的是内向型经济,现在已经由毛泽东主义-列宁主义的政体转向为全球化国家,比1976年所能想象的更强大、更重要,在经济、政治和安全方面更多地融入了世界。

埃文斯认为中国现在正在重新定义世界秩序,考察中国已经成为乐趣无穷的事情。中国人民的人身自由有保障,摆脱了贫困,从地区国家一跃而为全球大国,很了不起。他感觉到,一种强大的文明与成为全球化世界中的一个现代化国家正发生交叉,是对政治机构的挑战,对经济组织的挑战,也是对人民的挑战。中国在过去几十年的变化速度是惊人的,从根本上来说,是压缩了一场工业革命,并接近了现代世界的生活。这个过程英国人用了200年,美国人用了100年,而中国人却只用了大约一代人的时间。

埃文斯说,中国共产党领导的历史是一个不寻常的时期,战争、"大跃进"、"文化大革命",但是确保了中国在世界上的权威地位,实现了200年从未有过的稳定。像任何重要的政治运动或政党一样,它有成功,也有失败和弱点,但最重要的一点是它领导了中国取得巨大经济成就的进程,使中国对世界的影响扩大,大多数人民的生活得到了改善。

埃文斯诚恳地告诫学术界,不但要研究中国,更要把对中国的了解传递给与中国打交道的外部世界,以便消除误解和隔阂。一个全球化的中国并不遥远,它就在我们中间。①

加拿大华裔史学家陈志让早年曾就读于昆明西南联大,他撰写的《毛泽东与中国革命》,以丰富的文献资料系统地介绍了中国新民主主义革命的背景、过程和毛泽东的经历与思想,对西方学术界的毛泽东研究产生了深远的影响。

四、加拿大的道教哲学和丹功知识研究

道教是中国本土宗教,其前身为黄老道,东汉顺帝汉安元年(142)由张道陵倡导于鹤鸣山(位于今重庆),经过千百年的发展正式分为"全真"和"正一"两大教派。全真道主张儒、释、道三教合一,道徒出家,蓄发留须,不娶妻室,不食荤腥,宗教生活以修炼养生为主。正一道派除斋醮仪式外,居家过日子如同一般人,可有妻室子女,不忌荤腥。

道教文化在加拿大的传承始于早年华工淘金、修建太平洋铁路时期,随着中加两国文化交流的深入,逐渐在加拿大各地扩大发展,增进了两国人民之间的交往和沟通。早期加拿大学术界和宗教界对道教评介不多,总体上持负面立场,认为道教中有不少迷信成分,特别是在民间信仰层次混杂着迷信与偶像崇拜。中国文化传播的深入改变了部分加拿大人的中国观。

加拿大的道教研究主要集中于大学,与美国的汉学关系密切,跟香港学术界往来频繁。学者们的研究多聚焦于道教的历史与现状,到20世纪70年代形成了一定规模,1975年完成了研究会的组织工作。开始阶段,会员只有6人,一年后扩展为44人,到1987年会员人数超过200名,不久多达300余人。他们主办的《中国宗教》杂志对西方的道教研究发展状况常

---

① 马丹、黄晓南《加拿大中国问题专家:中共实现中国200年来未有过的稳定》,新华网,2011年6月2日。

有报道。

1988年6月1日至27日，应加拿大多伦多市道家太极拳社和蓬莱阁道观的邀请，中国道教协会的闵智亭和谢宗信道长前往讲授道教哲学和丹功知识，由蓬莱阁负责人梅连羡和张丽珊接待。两位道长上午讲课，下午念经，早晚打太极拳或静坐。念经时由四个经生奏乐，其余几十人手持英文经本合诵经文。

加拿大人承认道教文化博大精深是20世纪晚期的事情。他们的道教研究大致聚焦于道教教义、道教典籍、道教科仪和道教传播等方面。学者们的研究方法最初多半采用历史研究法和文献分析法，然后逐渐扩展到田野调查法、比较研究法，其学科构成包括历史学、宗教学、人类学和社会学。

加拿大人对道教教义的研究涵盖了价值观、神学、哲学、音乐和养生等方面。欧大年（Daniel Lee Overmyer）在他的《中国民间宗教教派研究》一书中对道教的起源、派别和特征进行了这样的归纳：其宗教倾向通过吟诵《老子》或尊奉老子为教宗来表现；以政教合一的方式来标识乌托邦的主张；视疾病为一种需要清算的罪孽；并列天、地和水为神圣；符祝和符水则用于治病镇宅。

安大略省麦克马斯特大学（McMaster University）教授冉云华（Jan Yün-hua, 1924—）撰写的《道源或道的起源》①详尽阐述了"道"的本质和起源。《道德经》开篇中说"道可道，不可道"，虽然"道"无形无名，却是可化生宇宙万物的永恒本源。从老子、庄子到历朝历代哲人，都对道与神灵、道与万物、道与哲理、道与信仰、道与病灾做出种种解读。从这一意义上看，"道"是道教教义的基石，也是道教教理的最高典范，"得道"被信徒们理解为道教的理想境界。道教信奉的经典就是《道德经》。

萨斯喀彻温大学宗教系教授包士廉（Julian F. Pas, 1929—）1957年获比利时卢万大学天启神学硕士学位，1959年在台湾新竹学习汉语，1973年获麦克马斯特大学博士。后执教于东海大学，拜台中道士林正祺为师，研究道教经典和科仪。1978年，他在台中城隍庙授"三五都功"奏职仪式，成为正式授职授箓的洋道士。他曾访问中国，参加香港中文大学举办的国际道教仪轨和音乐研讨会，被推选为中国宗教研究会副主席和《中国宗教》

---

① 冉云华《道源或道的起源》，载《中国哲学杂志》（Journal of Chinese Philosophy）1980年第7卷第3期。

主编,对加拿大道教研究的贡献突出。包士廉有关道教仪式研究的专著有《新光的象征》(《皇家亚洲研究会香港分会杂志》1980年第20期)和《消灾仪式》(《国际道教科仪及音乐研讨会论文集》,香港中文大学,1989年)。他采用比较研究法将道教分灯科仪和基督教复活节烛光晚会进行对比,认为在二元系统论中光明象征着神圣、纯洁和生命,而黑暗是罪恶、妖魔和死亡的代表。

道教文献典籍记载了道教教义和发展历史,还保存了诸如炼丹术和道教医书之类的大量古代科技资料。随着加拿大道教的发展,道人学者的研究论文和著作日渐丰富,影响力不断扩大。道家思想和经典不再单纯从宗教学的角度在加拿大传播和研究。许多人文学者和高校师生从生态文明、自然哲学和环境保护的语境中来解读道教和《道德经》,并把它提升到非营利的生态管理高度。导读性和纲领性的著述有《道教著作目录选》(世界宗教研究所,1988年)、《趋势的转向:今日中国的宗教》(牛津大学,1989年)。冉云华的《道的问题和〈道德经〉》以及《关于道教的帛书抄本》,阿尔伯塔大学人类学系教授白玡(Jean Elizabeth DeBernardi)的论文《〈道德经〉与和谐文化的全球化》,都对道教的一些重要课题进行研讨或提供思路。

道教科仪是道徒表达宗教感情信仰和思想的方式,包括阳事科仪和阴事科仪两类:前者表达的内容是酬神谢愿、消灾解厄、祝寿贺岁、却病延年;后者表达的内容为炼度施舍和超荐先灵。唱颂与鼓乐结合,弹奏与舞蹈交融,别具一格。

道教信仰很早就随着福建、温州和广东移民从中国大陆带到台湾,村寨和城镇先后建起了道观。在中外文化和经济相互交流的过程,中华人海外移民逐年增加,道教也跨越国门,通过广东、福建、台湾向越南、泰国、新加坡、菲律宾、马来西亚等东南亚国家传播。由于历史上华东华南远离中原文化,福建道教形成了自己的特色。丁荷生(Kenneth Dean,1956—)的专著《华东南的道教礼仪与民间宗教》通过田野调查收集到大量第一手资料,包括福建道教的历史、分布、典籍和礼仪特点,引起了西方汉学界的重视。

加拿大麦吉尔大学教授夏瑞春(Andrian Hsia Rue Chun,1938—2010)的专著《道:东方和西方的传承》(1994年)论述了道家思想对东西方的影响以及对有关国家的哲学、小说和戏剧等方面不可估量的潜移默化作用,范围广及欧洲和美洲。

加拿大道教协会秘书长林存默（Thomas Lin）祖籍福建，作为加拿大华人实业家，在取得商业成功之后联合一批有识之士，向加拿大联邦政府注册创办了加拿大道教协会。2015年4月13日，他联合加拿大华夏祠堂执事克里斯丁娜（Christina Shi）和世界华文大众传播媒体协会秘书长勾芍人访问四川青城山。客人表示希望中华传统的道教文化能造福广大华人，青城山道教协会会长张明心代表接待单位希望加拿大道教协会传承并发扬中华传统文化，把加拿大道教协会建设成加国华人可信赖的心灵归宿地。

2018年9月25—29日，加拿大武当道家文化发展中心与大多伦多文化中心联合举办首届中加道文化节，中国道教协会会长李光富率领包括武当道士、道医和养生专家30人的交流团参访，当地民众500多人观看了祈福道场。

2016年6月，加拿大女王大学组团赴中国江苏镇江句容茅山道院，以"从道教文化看气候变化：运用道家思想应对中国环境挑战"为题开展学术交流。道院主人向访问学者介绍了当地环境保护和生态建设的有关情况，访问学者高度认可道教在保护自然环境构建和谐生态方面所发挥的作用，认识到相关课题对于当代社会环境保护工作具有现实意义和研究价值。

加拿大女王大学博士詹妮弗·兰彻（Jennifer Lemche）在2015年第三届中国乡村文明发展论坛（The Third China Forum on Rural Civilization）的一次发言中说：

> 我一开始了解道家就觉得其生态意义重大，认为它可以解决很多的生态问题，我们现在西方有很多研究道家的人都认为它有一个生态的核心，道家在北美于20世纪60年代就已经得到了传播，大家认为它是以和谐为中心思想的，很多的环境主义者都很支持道家，他们认为道家的内心是热爱自然，我们的很多环境主义者都从《道德经》和庄子中汲取灵感，或者说将其经典进行引用。特别是我们认为，他们提到要顺天道，以及顺应内心的要求，都是符合当代的生态思路。①

---

① 詹妮弗·兰彻《西方环保者与道家思想》，吾谷网，2015年11月5日。

五、汉传佛教在加拿大的传播与发展

加拿大佛教有汉传佛教、藏传佛教、南传佛教，分别来自中国、日本、韩国、蒙古、斯里兰卡、泰国和缅甸。

加拿大的宗教历史悠久，与其政治、法律和教育制度紧密相关。19世纪末期前往加拿大淘金和修建太平洋铁路的华工大部分是中国广东开平和中山等地信佛平民，是他们最先将佛教带到了加拿大。从他们后代的文字追述中，可以了解到加拿大华人先辈中有在家供奉神龛、焚香拜佛保佑家人平安的习俗，不过其中很多人并没有把自己看作佛教徒，也没有接受行使传播佛教的使命。

大批佛教徒进入加拿大的时间是该国颁布新《移民法》之后。1967年为纪念建国100周年，加拿大在蒙特利尔举办世界博览会。当时在香港的性空和诚祥法师应美国佛教会大觉寺住持乐渡法师的邀请，到美国纽约参访，顺便到加拿大参观世博会。他们结识了美东佛教总会创办人应金玉堂及其丈夫应行久居士。应他们的邀请，性空和诚祥两位法师由已经入籍多伦多的郑景涛与陶道因夫妇同陈佛慧居士安排食宿，经多次搬迁最后由应金玉堂、姜黄能靖居士各出资1.5万加元，购得一处民房作为弘法道场，取名为南山寺，至此加拿大开始有中国汉传佛教进驻。

从南山寺的建立至今，加拿大创建的佛教团体已超过百个，在东部省份较大的汉传佛教团体有：湛山精舍、正觉寺、佛光山、文殊讲堂、净化莲舍、莲航寺、安省法相学会、般若讲堂、净土讲堂、无量光净宗学会、普陀寺、佛圣堂、慈济基金会、佛学明月居士林；在中部草原省份创建的有：华心寺、妙觉寺、观音寺、普陀寺、华光佛堂、净宗学会、爱民顿佛光山、莲因精舍、华严圣寺、卡加利慈济基金会、卡城明月居士林等等；在西部省份的有：灵岩山寺、国际佛光会、国际佛教观音寺、法鼓山温哥华分会、东方佛教文物中心、菩提法门协会、圆融禅寺、正德佛堂、金佛寺、华光功德会、护国观音寺、福慧寺、东莲觉苑、宏光佛堂。

尽管汉传佛教信徒在加拿大佛教团体中居多数，其他教派如南传佛教和藏传佛教也有众多信徒，但信众人数不如汉传佛教的信众人数多。早期的加拿大佛教信徒随着越南华裔"船民"及香港回归前的移民大潮而增多，20世纪90年代中期以后，又有中国移民加入。据2004年该国人口普查资料显示,加拿大全国自称佛教徒(包括白人佛教徒)的人数为30万。现在加拿大华人已逾120万,其中大多伦多地区约50万,大温哥华地区近40万,各地区的佛教徒人数显然也相应增加。

加拿大的汉传佛教出家僧人包括藏传喇嘛、华人和南传佛教出家师,大部分法师都通晓英文。2015年11月,加拿大佛教会会长达义法师在参加第四届世界佛教论坛期间接受媒体采访时说:他们已经买了9000亩(6平方千米)地,准备创建加拿大佛教四大名山,借用这一平台把传统文化与佛教的慈悲精神发扬光大。

加拿大的僧伽教育方式多样,有的跟大师学,有的在佛学院研习,有的在大学自学。汉传佛教诵经用汉语,早晚课诵,做法会。按照加拿大的人文习惯,很多活动安排在周末,也过佛教节日。虽然加拿大佛教发展时间短,僧众不多,但是加拿大佛教已经发展成都市化的寺庙,弘法可以通过电视、网站、微信和杂志等方式,互动交流深入社会。

按照汉传佛教的方式,出家人要单身、吃素、剃光头、穿法衣,诵经要懂文言文,敬佛要焚香跪拜叩首,加拿大白人信徒容易对此发生抵触,特别是"跪拜叩首"对于他们来说是奴隶封建社会对尊者的礼节。即使少数人出于好奇心出家了,还有可能哪天还俗。但是也有一些加拿大人从积极善意的角度来理解佛教哲学,认为平等、智慧、慈悲、缘分、因果是普世的人生哲理,佛教是积极的、入世的宗教。

1997年成立的多伦多佛光山寺是加拿大规模较大的佛教寺院之一,占地两英亩,建筑面积5万平方英尺,是一座融合传统与现代设计的寺院,充分展现了中国寺庙的社会功能。除定期举办法会活动外,该道场还举办佛学班、禅坐班、太极班、善童学园,都是汉语和英语教学。宝藏文物馆除展示从中国和印度收集来的佛像与法器外,并不定期举办国画、书法、奇石、摄影等文艺特展,促进信众与佛教文化接轨。般若堂内收藏中文和英文佛教书籍和社科书籍1.8万余册,以及影视数千种,堪称多伦多佛教图书馆收藏之最。佛光山寺不仅是佛家弟子长养慧命之家,更是宣扬中华文化,促进东西方文化交流的桥梁。

加拿大的汉传佛教组织以志愿参加为原则,成立的组织为非营利非政府社团,以和平方式进行佛教文化传播是合法的。随着加拿大移民政策的开放,佛教团体参加国家社会慈善公益事业成为一种潮流。按照联邦法律规定,在"非营利经营"和"账目公开"的前提下民间成立注册慈善组织可以享受免税。但是民间慈善活动并不强求免费,有些慈善演出和慈善晚宴收取的门票可能高出普通上演和商业晚宴门票50多倍。

加拿大佛教界经常接待来访的天主教、犹太教和印度教等不同宗教领袖,或者邀请佛法修养高超的法师及居士到其他宗教团体介绍佛法,进行彼此友好交流。加拿大佛教界与中国佛教协会净慧长老、本焕长老、明哲长老均保持交往。台湾的星云长老、证严法师、真华长老,已故的乐果老法师、圣严法师、印顺导师、忏云法师、妙莲长老、晓云法师,以及香港的觉光长老、畅怀法师、永惺长老、智慧法师,都与加拿大佛教界进行过良好的互动和交往。

中加两国佛教界交流频繁。加拿大佛教会与江苏省佛教会结成友好寺院,交流项目包括水陆法会、书画展和佛教艺术展。加拿大佛学会的会刊名为《加国佛教》。

六、加拿大人对中国事物和文化的认同感

所谓"中国观",是指对所有关于中国人、中国事物和中国文化的一种认同感。

中华民族与各国各族人民共同生活在一个地球村,相互帮助,患难与共。对于各国的政治、文化和习俗,从认知、了解到评述是一个漫长的历史过程,舍此不能建构积极的认同感。

中国观是以动态形式存在的一种意识形态。随着对事物了解的深入以及科学的发达,人们对于历史和现实世界的判断与分辨就会不断得到深化和科学化,因此,不同的历史阶段和不同的个体对于同一认知对象可能有不同的评判和结论。特别是在西方国家,几乎都同时存在着不同来源的两种甚至多种版本的中国观。

正确的天下观就是责任与义务共享的义利观。虚心向他人学习时不自卑,慷慨援助他人时不傲慢。当代加拿大的中国观主要表现在以下几个方面:多元文化国际背景中展示的正面中国形象;全球化时代对政治和经济大国的期待;以"国家安全"为借口诋毁他国违反互利共赢原则;近期与远景视域中所打造的魅力华夏。

1938年,加拿大胸科大夫白求恩加入了由国际援华委员会组建的加美医疗队来华,在晋察冀担任卫生顾问,全面负责前线伤员的抢救工作。

1939年4月22日,日军800余人由河间北三十里铺向齐会发起进攻,八路军第120师和独立第二旅经过3天拼搏毙伤日军700人,胜利结束战斗。白求恩大夫在手术台旁连续工作69小时,争分夺秒地给伤员做手术。他以无私奉献的精神,挽救了一个又一个八路军战士的生命。他的英雄事迹在中国广为流传,赢得了根据地军民的尊敬和爱戴。当代加拿大来华访问团所到之处几乎都会从中国人的言谈中听到有关他的故事,政治家和学者们都认识到"白求恩"是连接中加友谊的纽带,是国际主义的楷模。

国际比较教育界的知名学者许美德1967年来到香港,投身于教育与公共福利事业,积极向西方介绍中国的教育文化价值。她认为中国人友善勤奋,有这样的国民,这样的文化积淀,中国的快速发展必定震撼人心。她曾任教于复旦大学,广交中国教育界学者,在担任加拿大驻华使馆文化参赞期间热情推动中加文化交流。香港回归之后她受聘担任香港教育学院院长,努力推动中西方教育对话,表现出对中国文教事业的真诚关切和友好信念。

加拿大哲学博士贝淡宁现任山东大学政治与公共管理学院院长,夫人是中国人,结婚后他开始学习汉语,在中国安了家。因为对中国哲学、政治、文化和历史都感兴趣,认同以"和谐""贤能""正直"和"孝顺"为核心的中国主流价值观,自认为已经是一个不折不扣的中国人。通过对儒家文化和中国国情的多年考察与研究,他撰写了《城市的精神》《中国新儒家》和《东方遇到西方》等著作。他觉得很多西方人常以自己的"民主"标准来判断中国的政治制度,是非颠倒的情况因而时有发生。①

在纪实文献《红色中国的两位天真汉》②中,皮埃尔·艾略特·特鲁多(Pierre Elliott Trudeau,1919—2000)和杰克·赫贝尔(Jacques Herbert)记述了半个世纪前他们从长春到广州等地的观感。他们认为过去中国经历了太多的起起伏伏、风风雨雨,应该受到世界的重视,然而情况并非如此。其实沟通和理解都是打开中国国门的钥匙,如果加拿大做了一些美国不认可或不喜欢的事情又怎样?1969年初,中国与加拿大两国驻瑞典使馆开始就建交问题进行了对话。1970年10月10日,两国大使代表各自政府签

---

① 郑心仪(编辑)《外眼看中国——洋教授贝淡宁的中国观》,央视网,2017年10月17日。
② 皮埃尔·艾略特·特鲁多、杰克·赫贝尔著,袁筱一、夏灵译《红色中国的两位天真汉》(Two Innocents in Red China),上海人民出版社,2005年。

署的公报声明:"加拿大政府承认中华人民共和国政府为中国唯一合法政府。"

格尔·扎林(Zarrin Gull)是来自加拿大米尔顿的观察家,他在《加拿大人眼中的中国改革开放政策》(*China's Reform and Opening-up Policy: Canadian Perspective*)一文中写道:"中国灿烂的古代文明和博大精深的文化一直让我为之神往。

第三章
加拿大传教士的基石与桥梁作用

中国与加拿大国家关系的建立始于两国的民间交往。加拿大自治领的诞生,与来华传教士的派遣,华工"淘金热"的掀起以及加拿大太平洋铁路(Canadian Pacific Railway)的修建,都是彼此关联相互铺垫的重大历史事件。

1867年,英国议会通过了《英属北美法案》(*The British North America Act*),批准了魁北克省、安大略省、诺瓦斯科舍省和新不伦瑞克省联合成立英帝国联邦内的加拿大自治领,保守党和自由党轮流执政的脉搏开始随之跳动。1870年,自治领以30万英镑和部分土地为代价从英国人手中购得西北部土地所有权,组建了由马尼托巴省、萨斯喀彻温省、艾伯塔省、西北地区与育空地区组成的行政实体。1871年和1873年,不列颠哥伦比亚和爱德华王子岛先后加入了联邦,至此,加拿大自治领的范围从大西洋向北美大陆延伸。国家主权形式的存在明确了与中国关系研究的学术定位,为加拿大汉学研究的进一步发展创造了条件。

据史料记载,1788年,首批50名华工受雇前往加拿大西部的努卡桑湾建房和造船。1858年4月,不列颠哥伦比亚省弗雷泽(Fraser)河谷发现了金矿,美国加州华工2000人先后北上淘金。不久之后更多华工从美国、中国广东的三邑、四邑和中国香港涌入加拿大。仅在1860年,抵达维多利亚的华人就激增至4000余人。

1871年,大不列颠哥伦比亚省提出修建连接各省的太平洋铁路作为加入加拿大联邦的必要条件,否则将并入美国版图或者自行独立。1878年,加拿大议会决定动工修建一条东起蒙特利尔西至温哥华市穆迪港全长3800千米的铁路。

1877年,随着太平洋铁路的开工,加拿大招募了近1.7万名华工。到

1885年,华工人数再增万人。据记载,当年有4艘船共载2523名华工赴加,途中死亡人数竟多达1620人。工地地势险峻,气候恶劣,工人每人每日工资只有1.5加元,仅够伙食和日常零用。许多路段都是用炸药在悬崖峭壁上炸出来的,艰难程度不可名状。工人们主要使用铁锤和钢钎,在最艰险的地方以每一英尺(1英尺≈0.3米)的铁轨下埋葬着一名华工躯体的代价,打通了不列颠哥伦比亚山脉,建成了贯通加拿大全境的太平洋铁路,为当地的经济发展并完成联邦国家的重任做出了历史性的贡献。

但是修建铁路工程结束后,太平洋沿岸省份经济萧条,数以千计的华工失业。许多人沿着自己修建的铁路流浪,少部分人涌入维多利亚和温哥华等省市。

1872年,加拿大卑诗省通过了禁止华人参与所在省份选举投票的《选民资格及登记法》。1885年7月20日,加拿大又出台了《华人入境法案》(The Chinese Immigration Act),在想方设法吸引欧洲移民的同时限制华人入境。19世纪80年代,每年入境华工数千降至1886年的212名,1887年更减至124名。同时,还向每名华工征收50加元的人头税,1823年,人头税增至每人500加元,相当于当时一名华工两年的工薪收入,使他们失去了回国与亲人团聚的经济积蓄。据统计,从1885年至1923年,大约有8.1万华工被迫缴纳了2300多万加元的人头税。

加拿大来华传教士是历史上一个人数众多的群体,活动范围广泛。他们的传教活动是早期中加关系史的一个重要组成部分,许多人把自己的精力献给了中国医疗卫生事业、社会进步和中加人民之间的友谊。

早在19世纪中叶加拿大传教士就开始来华传教,"虔诚的19世纪80年代"运动席卷加拿大各地。1888年秋天,有1000多名青年学生举着火把在多伦多大街上游行,送别第一批传教士来华。在"基督徒要勇于承担拯救世界责任"口号的鼓动下,一批批热血青年决心参与奉献。当时的宗教领袖赫德森·泰勒(Hudson Taylor,)挑选了15名加拿大青年(其中一些是圣经学校的学生)随他一起来华。

据统计,加拿大基督教会从19世纪末到20世纪50年代,先后向中国派出了各类传教士多达千人,他们的足迹遍及东北、山东、河南、江苏、华南等地。在中加正式建立外交关系以前,传教士是在华加拿大人的主要群体。加拿大教会有组织大规模派遣传教士来华始于19世纪80年代末。在此之前来华的加拿大传教士大部分受雇于英、美和法等国的在华传教组织,被视为个人行为。20世纪初,加拿大经济迅速发展,教会的财源除了来自教徒捐献外,许多社会组织和财团对宗教事业的投资也相当可观。在对外扩张逐渐成为垄断资本主义发展观念范畴的年代,热心海外传教运动的年轻学生纷纷响应。1886年,仅多伦多诺克斯神学院就先后有30多名学生报名。加拿大自治领建立后,卫理宗(The Wesleyans)、浸礼宗(The Baptists)、公理宗(The Congregationalists)等各大教派开始联合,并先后设立海外传教事务机构。

英国中国内地会(China Inland Mission)创办人戴德生(James Hudson Taylor,1832—1905)1854年在上海、汕头和宁波等地以中国宣教会(Chinese Evangelization Society,CES)牧师身份传教。1860年,返英休假后他应美国和加拿大教会的邀请,取道北美重返中国。在美国和加拿大逗留期间他在各地多次发表了关于到中国传教的鼓动性演讲,后来加拿大教会派员来华传教跟他的影响和策划分不开。

长老会(Presbyterian Mission)是加拿大最早派遣传教士来华的教会之一,先后在台湾北部、河南北部和华南建立了教区。1872年,牧师偕叡理(George Leslie Mackay,1844—1901)以淡水为中心建立教区,到1879年吸纳教徒255名,建教堂15座,医院和学校各一所。1888年,古约翰(Jonathan Goforth)到豫北教区传教,先后在彰德、卫辉和怀庆建立了传教总站,并建医院、护士学校、教会中小学等配套设置,吸纳教徒3300人。华南教区是应长老会蒙特利尔广东籍华人教徒的要求创建的,1920年,牧师祈威林(William R. Mckay)前往华南教区传教,先后建江门、广州和石歧总站3个,布道区13个,小学15所,医院2所。

卫理公会(The Methodist Mission)是派遣来华传教士的另一个加拿大教派。他们开辟的范围主要是四川华西教区。开创者赫斐秋(Virgill C. Hart,1840—1904)夫妇1865年来华,在福州任美以美会(The Methodist Episcopal Church)华中负责人18年,创建芜湖、南京和镇江教站,1885年回国。1891年,应加拿大美以美会邀请,他率教士再度来华,拟在四川设立教会,后因教案发生滞留上海数月,直至1892年春才应加拿大卫理工会邀请,带领传教士8人在成都开堂礼拜。1920年,华西教会有各类人员200人,最初建立了成都和嘉定两个总站,后又建立容县、仁寿县、自流井、泸州、彭寿、重庆、忠州和培州等传教总站。卫理公会向教区投入了大量人力、物力和财力,是加拿大对华传教规模最大的一个基地。1895年,教堂和房屋被当地群众捣毁,从清政府获得赔款后又在成都恢复活动。

加拿大圣公会(Anglican Church of Canada)来华传教始于19世纪末,相继派出博伊德(John Richard Boyd)和怀履光(William Charles White, 1873—1960)等传教士来华,在莆田、建瓯和福州等地传教。1909年,加拿大圣公会在河南开封建立教区,怀履光被提升为河南主教。经过多年努力,他们在开封城内外建起了三一大教堂、真理堂、圣安德烈男中、圣玛丽亚女中和保生堂孤儿院,并在商丘和郑州建起传教总站。1934年,怀履光回国,中国牧师郑和甫与曾友山相继晋升为主教。1958年,基督教各教派联合为开封基督教协会(Kaifeng Branch of China Christian Council),圣公会河南教区的历史至此结束。

加拿大天主教(Canadian Catholic Church)的基地在魁北克省,该教派对华传教历史始于20世纪20年代,传教士绝大部分为法裔天主教徒。1931年,徐州传教区划归加拿大法语耶稣会主管。徐州被日军占领时期,传教士因为对中国难民进行保护,遭到了日本侵略者的敌视与残杀。抗战结束后,传教士又返回到徐州。据1941年统计,当时在中国传教的446名加拿大天主教徒中的389人为法裔修会的成员。参加对华传教的法裔修会共12个,相继接管了原法国传教士建立的3个教区,分别为山东方济各会教区、苏州耶稣会教区和中满外方传教会教区。据1936年资料记载,苏州教区有神父32人,主教堂1座,小教区18个,中小学校550所,规模最大。中满教区以四平为中心,在铁路沿线共建传教总站10个,1941年有传教士124人,规模排行第二。

加拿大英裔天主教会也曾派员来华传教。1924年,神甫约翰·弗雷泽(John Fraser)在多伦多创建四卡巴罗外方传教会,1925年,率领第一批传教士来华,在宁波天主教区建立了传教基地。

据1906年英美会报告先后共建成都、嘉定、荣县和仁寿4个总站36个支站,传教士35人,教堂及小礼拜堂43所,主日学校9所,日校7所,寄宿学校和中学3所,神学院1所,出版社1个,医院4所。1907年成都四个差会联合创办华西协合大学。至1913年英美会先后在成都、嘉定、自流井、重庆、涪陵等地建立10个区会。1934年该会又报告有传教士137人,教会64处,主日学校87所,大学1所(合办),高中2所,初中10所,医院10个。除传播福音外该会还创办教育、医疗、慈善和文字出版机构,为华西社会近代化做出了贡献。

加拿大传教士除了在上述区域活动外,也有一些人以个人身份传教,或者参加英国、美国和法国教会组织来华传教。他们的活动内容主要是建立基督教会,吸收当地群众入会,教堂布道讲经,或利用集市和庙会讲道,举办识字班和训练班,编写并散发宣传教义的小册子,为教徒会众诊病治疗,救灾赈灾,举办社会福利事业,推广西方先进科学技术。据统计,1875—1951年之间曾经有120名加拿大医生来华,其中60多人受雇于教会。1920年前后,在四川省传教的11个外国教会共建大小医院26所。他们创办或参建的著名医院和大学有华西大学医学院、协合大学和齐鲁大学等,影响深远,成果卓著。

　　一批对中国历史和文化了解较多的传教士及其头面人物,在中国宣传教义和西学的同时也注意学习汉语、汉语方言和少数民族的语言,考察中国历史、文化和社会,从西方学术界的视角,以自己特有的身份和对所处社会的认知著书立说,完成了许多开创性的工作。他们向西方介绍中国文化和历史,在宗教界和学术领域产生了持久的影响。从这一意义上说,研究加拿大汉学的历史也必须研究加拿大来华传教士对于中国文化的研究。

　　加拿大传教士来华的目的是为了引导中国人认同西方人的宗教信仰,本质上是一种文化殖民主义。他们来到中国以后,通过家书、述职报告、见闻录和专书专著,把自己在中国的所见所闻向国内亲友、派遣部门、大众媒体报告,客观上起到了促进中加文化交流的作用。与此同时,他们也向所到之处的中国人介绍西方文化。除了讲经布道外,教会学校、医院和刊物也是他们传播西方知识的重要途径。他们在当地创办的学校开设算术、地理、历史、音乐、美术、外语等课程,以及现代化的图书馆和实验室,都是直接传播西方文化的手段。

　　加拿大基督教传教士对中国社会和文化的研究是近现代基督教事业发展的重要方面。他们的早期研究为华西教区基督教文字机构的创建提供了素材和理论依据,而传教领域和文字机构的开拓又有助于当地反鸦片和反缠足运动的开展。为了让本国教众了解中国文化和国情,以便募集到更多的捐赠,传教士在加拿大专门创办了各种报纸和杂志,内容涉及中国社会与文化的各个方面,充分体现了基督教、社会发展以及近代科学之间互相影响的关系。

　　加拿大传教士还在中国大量发掘和收购古董文物,建立博物馆,藏品有清末至民国各个历史时期的玉器、牙雕、瓷器、青铜器、甲骨文、家具和服饰,并将其中部分文物运回国内。

欧美宗教势力在东亚和拉美的扩张,一些具有科学思维的传教士在传教和先进科学的传播方面发挥了重要作用,但是他们也经历了非基督教运动、反殖民主义以及文化教育政治民族化与中国化的挑战,为适应风云变幻的新环境他们不得不从思想意识方面做出回应。华西边疆研究学会(West China Border Research Society)是民国初期成立的一个独立的基督教学术团体,吸纳了一大批各具特长的传教士学者,定期组织实地考察、研究和演讲,发行学会会刊《华西研究学会杂志》(Journal of the West China Border Research Society),在宗教界和汉学界都产生了重要影响。

一、赫斐秋对华西地区社会和文化的考察

赫斐秋(Virgil Chittenden Hart, 1840—1904)出生于美国纽约州洛林镇,父亲奥古斯塔斯(Augustus Hart),母亲乔安娜(Joanna Horr Hart)。在家兄弟姐妹中郝斐秋排行第五,曾就读于西北大学(Northwestern University)和加略特圣经学院(Garrett Biblical Institute),获神学学士学位。

赫斐秋曾经服务于美国美以美会(The Methodist Episcopal Church)和加拿大英美会(The Canadian Methodist Mission)。1865 年,以美国美以美会牧师身份来华,先后在福州、九江、芜湖、镇江和南京等地传教,开辟了江西和华中教区,在华 34 年。他创办了九江同文中学、镇江崇实女子中学。1887—1888 年在南京筹办教务期间,多次出面与清政府斡旋教案赔款事宜,并游历了重庆、自流井、成都、嘉定,又去了佛教圣地峨眉山考察。

1888 年,赫斐秋撰写《自流井考察记》一文,记载了作者前一年从汉口乘船进入重庆,经荣昌、黄家场、牛伏头和自流井一路巡视,再从成都乘船到嘉定,在峨眉山考察 30 天后经宜宾、重庆返回宜昌的历程。作者详细记述了四川盐场钻井、采卤、制盐、驮运、销售与赋税等环节,向读者展示了一幅清代盐场的民俗风情画。在骄阳似火的炎夏,沿着起伏山峦之间的羊肠小径,徐徐江风伴随民工号子传来,与奶茶妹的清唱在高耸入云的木制井架之间共鸣回荡,分不清船工脸上汗水和脚下卤水孰咸孰美。与其说这是当年洋人好奇的目光,不如说是汉学家笔下一篇有关清代盐业历史的散文特写。①

---

① 赫斐秋著,梁鹰译《自流井考察记》,载《盐业史研究》1991 年第 4 期。

1888年，郝斐秋因为健康原因与美以美会解除合同回美国安大略休养。经过两年的治疗他的身体得到了康复，心中仍时时思念在中国的传教生活。

1890年，加拿大英美会决定组织海外布道团开辟中国教区，激起了赫斐秋重返华西的热情，他主动向该会建议开拓华西教区，同时递交了愿意为差会服务的申请书。加拿大英美会董事会接受了他的建议和申请，成都被选定为布道团总部所在地。

1891年，赫斐秋以加拿大英美会医学传道团传教士身份来华，中途因长江流域发生教案被迫滞留上海。同行的人员还有何忠义夫妇、孙绍鸿（D. W. Stevenson）夫妇、启尔德夫妇和赫尔（H. M. Hare）等人。1892年5月21日到达四川成都，他们采用"三步计划"（布道、医务和教育）宣传教会信息和基督教会使命，开启了加拿大基督教在华传教的历史。他们积极学习当地方言，穿本地款式的服装，学习本地礼仪。为了让更多外国人学习四川话，启尔德还编写了一本《华西初级汉语教材》。

1892年，郝斐秋与德国传教士花之安（Ernst Faber, 1839—1899）深入佛教圣地峨眉山采集标本，游览了许多名胜古迹。后来他出版了《华西——佛教圣地峨眉山游记》（Western China: A Journey to the Great Buddhist Centre of Mount Emei）。在他的笔下四川自然资源丰富，亚热带植物繁茂，丰富的商品可以通过公路快捷运送到甘肃和西藏。中国1/8的人口就生活在这里，人们过着忙碌、平静、文明的生活，关注着自己的现在和未来，广袤的旷野向世界挑战，以检验现代基督教的英雄主义。该书不仅记述了当时几乎不为外人所知的华西，字里行间还透露出传教士开拓华西布道领域的雄心壮志。

他们在成都郊外买下一片菜地，1894年在四圣祠街建成仁济医院。但是仅启尔德一人是医生，设备简陋，后有余安（R. B. Even）、赫尔和王春雨（W. E. Smith）等人加入，医务才逐渐扩大。第二年医院毁于反教风波。1896年秋，在原址复建，扩大了25张病床。1905年，得到地方政府补助1584.43两黄金。1907年，开工扩建四层医院大楼。截至1910年，英美会在四川共开办了包括妇孺和牙科医院在内的5所医院，设病床260张，每年可接纳3.2万名患者。

1900年义和团事起，礼拜堂再次被毁。1920年，加拿大英美会为纪念赫斐秋发起"百万砖运动"，新建哥特式钟楼礼拜堂。在华西协合大学还捐建了赫斐院(The Hart College,又名"合德堂"),该院可容300患者,周边还建起男女仁济医院、华英女中、协合女师等医院和学校。1933年,赫斐院改名为四圣祠礼拜堂。

赫斐秋的儿子赫怀仁(Edgerton Hasell Hart,1868—1913)生于九江,先后就读于多伦多大学和纽约大学。1893年,获医学博士学位。1894年,返回中国,在扬州、苏州、芜湖和九江等地行医。1895年,在芜湖戈矶山挂牌行医,曾做过许多高难度的手术。1913年,因斑疹伤寒病逝。

早期来到峡谷以西的传教士通过巡回布道加深了对华西社会经济和人文地理的认知,对中国悠久的历史及华西人民勤劳勇敢的品质有了更多的了解。赫斐秋从传教士视角去思考在华西创建一所基督教印刷所的可能性。1895年,他因健康恶化再度回国疗养,但是精神状态好时仍执着地追寻求圆梦印刷所的一天。赫斐秋期盼运用西方的印刷技术,将代表基督教思想文化的书刊传播到华西。1897年,加拿大监理会印书馆(Canadian Methodist Mission Press)在嘉定创建,中文名为"嘉定教文馆"。开工以后馆务繁忙,美国圣经会、英国圣书公会、华西圣教书会、基督教华西教育联合会都跟它建立了业务关系。

1900年,因义和团运动和四川本省不断发生的教案,大批传教士逃往东部沿海口岸城市或者回国,教文馆不得不关门修业。赫斐秋回国治病无法再渡重洋。1902年春,遵照赫斐秋的建议,教会聘任文焕章负责印刷所的工作。文焕章是一位有能力的传教士,1895年到乐山布道行医参与了教文馆筹备和首次印刷活动。在他主持下,教文馆再度开工,根据新的管理模式,由经验丰富的华工从事印刷业务,由西人职员负责技术指导和经费管理,在很短时间内开展了全盘业务。

二、在台湾播撒现代科学与文化种子的偕叡理牧师

偕叡理(George Leslie Mackay,又译"马偕",1844—1901)祖籍苏格兰,父母都是虔诚的基督徒,1830年移居加拿大。偕叡理出生于加拿大安大略省,有三个哥哥、两个姐姐。他7岁时在伍德斯托克(Wood Stock)上小学。1866年,就读于多伦多大学诺克斯神学院(Knox College)。1867年,转学至美国普林斯顿大学神学部。1870年,在美国普林斯顿大学神学部毕业后返回加拿大。同年年底,前往英国爱丁堡大学研究院深造。

偕叡理幼年时常听父母亲谈论英国威廉牧师（William C. Burns）在厦门传教的故事，很受感动，立志将来成为一名宣教师。1871年，偕叡理向加拿大长老会海外宣道会申请到海外传教，获得批准来华时年27岁。同年10月19日，他辞别了亲友，先后经过香港、广州和汕头，到达台湾高雄。他拜访了英国长老会宣教师李庥（Hugh Ritchie），从谈话中获悉许多关于台湾的知识，又从其他牧师处学会了闽南语的8个声调。1872年3月7日，在李庥牧师陪同下登上了"海龙号"轮船，启程前往台湾北部。途中德马太医生（Dr.Mathew Dickson）加入了他们的行列，3月9日进入淡水河口，在基隆、松山、大道埕、五股、新竹、苗栗、宜兰和花莲等地，他一边传教一边学习闽南语，不懂之处便向身边的人请教，甚至把牧童和杂役都看作自己的老师。

传教之余，偕叡理经常宣讲公共卫生知识，免费助人拔牙，治疗脚气病，发放治疟疾的奎宁（quinine），还从境外购买萝卜、西红柿、甘蓝菜、菜花、胡萝卜和三角梅种子，并介绍种植方法。1879年，他在一位加拿大人的资助下创建了沪尾偕医馆。他经常率领门徒到附近城镇讲经治病，因此信教的人数与日俱增。

1882年，他从加拿大募集到一笔基金，在淡水创建了牛津学堂（Oxford College）。1884年，又建女子学堂一所。第一届就招收学生34名，不但学费全免，还提供餐饮和校服，补助交通费，深受欢迎。1887年，苏澳教会成立。由于中国传统礼教的束缚，汉人妇女通常不面对面接受宣教。为了更好吸纳女教徒，偕叡理在台北五股乡与张聪明女士结婚成家。妻子熟悉当地风俗习惯，成为身边的传教助手。

1884年，中法战争（Sino-French War）爆发，法军轰炸淡水，封锁台湾各海口，当地民众仇视西方人和基督教，多次拆毁教堂。医馆内挤满伤兵，偕睿理尽力照顾他们，受到清政府的嘉奖。1894年甲午战争（Sino-Japanese War）后，中国与日本签订"马关条约"，把台湾和澎湖列岛割让给日本，包括基督徒在内的台湾民众受到种种迫害，苦不堪言。1895年，偕睿理从加拿大第二次述职休假后回到台湾，见社会现状惨不忍睹，便谒见乃木希典总督，直言教众遭受的迫害和损失，此后情况有所改善。

1890年，偕叡理开始前往花莲地区传教时健康情况尚可。1900年5月巡视宜兰教会回到淡水时，却发现自己声音嘶哑无法授课。1901年6月2日，确诊罹患喉癌病逝家中。他在台湾传教29年，创建教会60余处。

他在台湾创办的第一所西式学校是牛津学堂(又称"理学堂大书院"),第一所女子学校是女学堂,第一所西式医院是偕医馆(马偕医院)。他在台湾播撒的现代化文化的种子为后人所称道。他的主要著述有:《中西字典》(*Chinese-Romanized Dictionary of Formosa Vernacular*,1892)、《台湾遥寄:福摩萨岛的人民与传教活动》(*From Far Formosa:the Island,Its People and Missions*,1896)、《福摩萨纪事:马偕台湾回忆录》(2007年)、《马偕日记》(2012年)。

三、穿越于神坛与会众之间的古约翰

加拿大长老会宣教士古约翰(Jonathan Goforth,1859—1936)出生于安大略省一个农民家庭。他的祖父是英国约克郡人,中年丧偶,带着3个儿子移民加拿大安大略省。古约翰的母亲珍妮·贝特丝(Jane Bates)祖籍爱尔兰,一家以拓荒垦殖为业。古约翰在兄弟姐妹11人中行七,幼年时家庭生活艰难。古约翰15岁时,父亲买下了离家20里远的单斯福农场,3年后交给他和弟弟约瑟(Joseph)打理。虽然他用心除草、撒种和浇灌,父母都高兴,但是他却更喜欢学习法律和圣经,希望长大后成为律师、法官或政治家。他常到周边乡镇参加政治集会,或者在清净的地方练习演说。

有一天,他听到从台湾传教回国的长老会牧师偕叡理的演讲,号召年轻人跟他去台湾开荒布道,使他深受感动,产生了到海外传道的念头。

中学毕业后,古约翰进入多伦多长老会诺克斯神学院(Knox College)攻读学位。为了积累宣传福音的经验,他利用课余时间探访了多伦多周边的960户人家,寻找机会到监狱中向囚犯宣讲福音,劝他们弃恶从善,悔过自新。他还节衣缩食,用省下来的钱购买中国内地会创建人戴德生(James Hudson Tayler,1832—1905)的布道手册《中国的精神需求》(*China's Spiritual Need and Claims*)分送他人。

1887年10月,古约翰被加拿大长老会按立为牧师,并决定派遣他与京斯顿皇后学院的医生史美德(James Fraser Smith)来华传教。同年10月25日,他与英国罗瑟琳·贝尔·史密斯小姐(Rosalind Bell-Smith,1864—1942)结婚成家。启程来华那天,诺克斯校长、教授和学生共数百人在火车站高唱圣诗作家巴龄古牧师(Rev. Sabin Baring-Gould)的《信徒出征歌》(*Onward Christian Soldiers*)为他们送行,气氛欢快热烈。

1888年年初,古约翰夫妇来到山东烟台学习了半年的汉语,还先后拜访了在当地传教的美国牧师郭显德(Hunter Corbett,1835—1920)和基督教北长老会传教士倪维思(John Livingstone Nevius,1829—1893),向他们学习如何传教,倾听他们的忠告和诫勉。这次会见对他们来说很重要,因为在此之前倪维思的好友高第丕(Tarleton Perry Crawford,1821—1902)牧师在山东传教时执行了错误的宣教政策,未曾得到国内总部批准和拨款,便通过引进苹果获利在烟台买地建教堂,导致被北美浸信会总部开除。

1889年,古约翰夫妇移居山东西北的临清县城,后来又辗转到达河南安阳安顿了下来。当地民众对他们不了解,冲突时有发生。同年年底,加拿大长老会又派出8名传教士到临清,成立了豫北第一个长老会。1890年2月20日,宣教团分成两队出外布道行医:第一队由古约翰和史美德医生合作;第二队由季理斐(Donald McGillivray,1862—1931)和罗维灵(William McClure)医生搭配,受到当地民众的欢迎。

1894年春天,长老宗批准古约翰和季理斐在安阳城北建立第三个宣教站。他们几经策划,在城北铸钟街附近买下了11.5亩土地兴建耶稣堂。不久古约翰陪伴妻子儿女回加拿大度假,把购地手续交由季理斐办理,几个月后又独自返回安阳筹建第三宣教站。尽管平日宣教工作忙乱,但总是按部就班,每天清晨6点起床,学习12个汉字后读经,日复一日,教理与中文相互促进。

1895年春天,安阳耶稣堂的施工还没有结束,古约翰就写信给妻子,希望她尽早带着孩子从加拿大回安阳团聚。秋天,他期待的日子终于来了,他带着妻子和孩子们从楚旺出发来到安阳,期待在彰德府这样重要的地方建立宣教中心。

1900年夏天,山东、河北和河南爆发义和团起义,矛头指向欧美传教士,古约翰全家四处逃亡,20多天后才回到豫北宣教场。对义和团运动的起因,古约翰的评述是:"义和团产生最主要的原因,是德、俄、英、法、日等国想瓜分中国;然而中国人民知道,除一小撮害群之马外,纯正的基督教宣教士与这些侵略行为不发生关系。中国老百姓觉得,这些标榜是基督教国家的政府,丧失了良心,侵犯了中国的主权。中国一些人误以为,拯救中国的办法,是不分青红皂白地把一切外国人赶出去。"[1]古约翰注意到,不少

---

[1] 陈福中(编译)《古约翰小传》第七章,香港:基督徒出版社,2002年。

西方教会已日渐世俗化,产生了许多自满和冷漠的基督教型法利赛人。

古约翰的每天生活都按部就班,有节奏,有安排。只要可能,每到一处都要租用两个房间,一间用于诊病,另一间用于布道。他喜欢从史书中寻找有关基督教复兴的信息,特别是19世纪上半叶芬尼(Charles Finney)的言论,对他来说总有一种获得感。这就是他作为一位虔诚的加拿大来华传教士的生活。

1907年,古约翰乘船前往朝鲜,逗留了大约3个星期,返回中国时顺道在中国东北教会中报告自己的所见所闻。当时教会得到较大发展,受洗人数从1907年的1500人增至1908年的3500人。他的母校诺克斯神学院授予他名誉博士学位,以表彰他事业上的成就。

1919和1922年,冯玉祥邀请古约翰到军中传播福音。他每天两次向1000多名官兵讲道,其中多半为长官级,最后一天为960名军人洗礼,还为4000名官兵主持圣餐。

1926年春天,古约翰转入东北四平。那儿的条件艰苦,他的健康情况每况愈下,但是仍坚持工作8年之久。1930年年初回到加拿大。因为右眼视网膜脱落手术失败,住院期间,他口述在华宣教回忆录,由护士盖小姐(Miss Margaret Gay)笔录后交给他的妻子罗瑟琳整理成书,书名为《在中国多彩多姿的日子》(Miracle Lives of China)。回国时古约翰已是76岁高龄。1936年10月7日,在安大略怀俄明市的圣安德列教堂讲完最后一个道场后去世。

古约翰与妻子罗瑟琳在中国传教前后长达48年。他们为加拿大长老会开辟了河南北部传教区,并成为该教会在吉林省四平差会的创始人。1920年,罗瑟琳根据记忆,以第一人称写了《万王之王的中国钻石》,记述她和古约翰的传教生活,文笔亲切,充满人道关怀。1931年,出版了《在中国多彩多姿的日子》(多伦多大学出版社)。1937年,出版了《古约翰的中国》,多次重印。1940年,她又出版了《攀援——一位传教士之妻的传记》。

古约翰夫妇的《在中国多彩多姿的日子》,用15章篇幅描述了几十个乡间人物接受基督教义的经过。其中有县警、农民、教师、说书人,也有抽鸦片者和泥塑工,人物个性鲜明。作者在描述传教经历时展示了19世纪末中国北方农村的社会图像:到寺庙求子的农民,背着弟弟去割草的农家少年,以及来往村镇说唱的民间艺人。他们入教的过程都极富于戏剧性,堪称近现代中国文学研究的有价值读物。

古约翰妻子罗瑟琳生于英国伦敦,后随父母移居加拿大满地可。她的父亲是一位艺术家,在他的影响下曾进入多伦多艺术学校学习,因成绩优异获颁金钥匙奖。1908年因学习需要,她伴随孩子回到加拿大。

四、在南京创办医院中学堂和义学馆的传教士马林

马林(William Edward Macklin,1860—1947)出生于加拿大渥太华近郊,祖父是一位牧师,父亲经商,母亲是虔诚的基督徒。1880年,马林毕业于加拿大多伦多大学医学院,经过3年的医疗实践后成为产外科会员,加入了赴非洲教会服务团。1886年1月,奉基督教海外传教会(The Foreign Christian Missionary Society)的派遣,与沙光亮(A. F. H. Shaw)和路光邦(E. P. Hearnden)来华开教。他们从上海入境,同年4月移居南京,住在鼓楼坡下菜子庵。1889年1月,马林与美国底特律未婚妻多萝西·德莱妮(Dorothy Delany)在英国使馆举行婚礼。

为了开展工作,马林头留长辫,身着唐装,潜心学习中文。他经常进出茶楼酒肆,听《三国演义》《西游记》《封神榜》和《山海经》的弹唱故事,随身携带传教小册子,免费为贫民和乞丐治病,同时宣讲福音,以此拉近与当地居民的感情。

美国基督教会牧师美在中(F. A. Meigs)与马林交情深厚,平时见他施药慷慨,生活简朴,担心他日后难以为继。在一次美国教会召开年会期间美在中为他募捐集资,获助巨金。1890年,当地信徒景观察夫妇和下关庄效贤君向传教士捐赠鼓楼岗下一块地皮,供兴建四层医院大楼,1892年竣工后命名为"基督医院"(Nanking Christian Hospital),人称"马林医院"。这是南京第一所正规西式医院,马林自任院长。病家不分贫富贵贱,均享优待。1899年,院部对花市大街义学馆进行扩充,在中华路西侧开办了基督中学堂。

几年之后,马林在鼓楼建起了一座医院和一座礼拜堂,在城南花市大街建起了一座礼拜堂、一个小医院和一所义学馆,又在下关惠民桥附近修建了一座礼拜堂和一所义学馆。此外他还不时到周边的安徽滁县(今滁州)和庐州(今合肥)等地巡回布道施医。在那些教务和医务扩展的日子,开始时只有医生1人,助理4名。后来马林的妹妹马芳(Daisy Macklin)帮助他分管女病室,莫兰特夫人(Mrs. Molland)也参与院务管理多年。1894

年,马林回国述职,为更好胜任自己的工作提升业务水平,他利用假期到美国医学院进修,获得博士学位。

为了通过开办农场帮助贫苦市民解决生计和健康问题,马林曾专程去美国加利福尼亚大学学习农艺技术,返回南京后在农场指导就业人员培养良种奶牛,改进蔬菜栽培和蜜蜂繁殖的方法,并在鼓楼山坡工地上植树绿化。

辛亥革命期间,南京遭受北洋总兵张勋部属的围攻和洗劫,社会秩序动荡。马林主动参与红十字会的救护工作,为受伤的市民和伤兵消毒包扎,甚至参与斡旋调停事宜,减轻灾害。

业余时间马林经常撰写稿件在南京和上海报刊上发表。他曾担任上海一家英文报刊的通讯员长达10余年之久。他的著述内容广泛,涉及医疗、经济、历史和农业等方面。他编译的培肯(Bacon)和杰弗生(Jefferson)等名人传记多部,还编译格林(Green)的《英国人民史》、乔治(George)的《进步与贫困》等著述数十部。1911年,金陵大学开设医科专业,马林除兼任卫生防护教授外还负责医科学生的实习。

1914年,金陵大学把基督医院收购为该校的附属医院,更名为"金陵大学鼓楼医院"(University Hospital)。马林从此转至花市大街教堂诊所继续施医布道,同时兼任鼓楼医院的外科顾问。1927年马林退休,携眷属离开南京赴美定居。马林晚年仍惦念着中国,记挂着南京的经年往事和教友。1947年,他在加拿大渥太华去世,享年87岁。

五、广学会文字布道事业发展的关键人物季理斐

季理斐(Donald MacGillivray,1862—1931)少年时虽然喜欢阅读,无奈家境清寒,一度失学。1885年,他进入诺克斯神学院就读,时值海外宣教的热潮在英国各高等学府起伏涌动并席卷北美,受到感召的季理斐立志做一名来华传教士。1888年,他被加拿大长老会派遣到豫北传教。

季理斐具有语言天赋,平日学习刻苦。1878年,他在安大略省大学的入学考试中古典文学的成绩在数百名考生中名列第二。他主攻的拉丁文和希腊文在大学毕业时曾获金奖。据说他半天能记住50个汉字,《约翰福音》中使用的1230个汉字他在一个月内就能认读。1888年,他提前一年通过了学位考试。

想当初刚到上海时季理斐曾购买了一本乔治·斯特登（George Carter Stent, 1833—1884）编写的《汉英普通话词汇》（*Chinese and English Vocabulary in the Pekinese Dialect*），使用不久他就发现其中有些错误，有些新词也未辑录，就打算学习使用过程中加以修正和补遗。1898 年，他居然把该辞典的修订稿送交上海华美书馆出版。至 1930 年，他共对该辞典修订了 9 次，并改名为《英华成语合璧字集》，在正文之后还添加了"中国农历与公历对照表""中国朝代纪年"和"中国省份别称"。有些学习英语的中国家庭，子孙几代人使用不同版本的《英华成语合璧字集》竟然能拼凑为一个系列，季理斐在最早编撰汉英对照辞典的西方人名单榜上有名已被传为佳话。

1899 年，季理斐转到上海广学会（The Christian Literature for China）从事基督教文字出版工作，这是他期待已久的"一人向百万人布道"愿望的最终实现。加拿大长老会海外传道部批准了这一调动，并支付他的每月工薪。季理斐乐于保留着豫北长老会成员的资格，因此该差会也把上海视为其分站之一。

广学会是 1887 年英美基督教新教传教士和外交人员及商人在上海创立的出版机构，会名含义为"以西国之新学广中国之旧学"。其前身为 1834 年英美传教士在广州创立的"实用知识传播会"和 1884 年在上海创建的"同文书会"。当时任中国海关总税务司的英国人赫德（Robert Hart, 1835—1911）为第一任董事长，韦廉臣（Alexander Williamson, 1829—1890）和李提摩太（Timothy Richard, 1845—1919）等先后任总干事。广学会曾在北京、沈阳、天津、西安、南京和烟台等地设立分支机构，编译出版了大量书籍报刊，历年所有有关神学、历史、科学、政治、法律、文学和商业的图书多达 2000 种，还出版《万国公报》《中西教会报》《大同报》《女铎报》和《女星》等报刊。一般人认为晚清时期广学会已经逐渐走向衰落，其实直到抗日战争时广学会的出版物仍然见诸书刊市场，可见思想理论与时代潮流的合拍对其生命力之影响。

季理斐翻译《圣经》的过程需要与华人助手合作，由他口译英文原文，然后华人助手笔录，认真校核后转述为风格庄重、言辞严谨的文言文，确定无误后即拍板定稿。有经验的译者都知道这种译法可以避免文字疏漏，还可以融合主译与助手的智慧，工作效率高。初先季理斐搭配两名助译，后来增至四名。这样的翻译程序原来为翻译《圣经》而安排，后来扩大到宗教图书、人文典籍和科技著述的翻译。译著打开销路后,季理斐对于一般图书不再逐字逐句翻译,译述和编译的方法逐渐扩大了使用范围。对于急于了解外部世界的政治、社会和科技情况的读者来说,这类译作备受欢迎。

随着基督教各教派在中国传播的深入,出版物的数量和方式也大幅度增加。面对多民族多文化的中国市场,广学会作为各教派都可加入的出版机构,并没有统一的编撰和口译标准以及权威的监管机构。季理斐在1908年第7期《教务杂志》(Chinese Recorder and Missionary Journal)发表的《近年基督教文献编译之进步》(Recent Progress in the Preparation of Christian Literature)一文中指出:目前市场上多数出版物的编译原文是出自洋人之笔或洋人之口,洋泾浜风格在所难免;媒体读物的读者对象既然定位为信徒,却没有提供平民所需要的读物;教会出版物缺乏对非神学学问的研究。这些评述可谓一针见血,是季理斐到广学会任职之后经过长期考察和探索后的肺腑之言。

1919年,季理斐接任广学会总干事一职时自觉责任重大,中国化、世俗化、物质主义和国家主义都是当时西方传教士面临的挑战。有些地方只是从一般道德层面上来进行传教宣传,有些宣教人员把共产主义的信念与基督教教义等同起来宣传,或者只把目光对准上层知识分子。① 为此,他提出了各种改进措施,例如增加广学会出版物的多样化,关注包括妇女、老人、学生、官吏和苦力在内的各个社会群体,大量吸收华人信徒入教,促进广学会内的中外合作。

六、主张以中国化为传教最终目标的怀履光

怀履光(William Charles White,1873—1960)出生于英格兰德文郡,父亲亨利·詹姆斯·怀特(Henry Charles White)是一位石匠和建筑承包商,母亲安妮·沃尔克(Ann Walke)是虔诚的圣公会教徒,对子女教育严格。1881年,举家移居加拿大安大略省。

1891年中学毕业后,怀履光一度离家到外地基督教青年会从事神职工作。1894年,就读于圣公会主办的维克里夫神学院。他的兴趣广泛,除

---

① Donald MacGillivray, *Effect of the Chinese Environment on Imported Faiths*, *Chinese Recorder and Missionary Journal*, Vol. 60, 1929.

了神学课程外还学习医学、体育、音乐和艺术，经常到多伦多大学医学院听课，到诊所观摩治疗，研究典型病例，掌握了拔牙、割痈和排脓等医术，为日后医疗宣教打下了基础。

1896年，怀履光被按立为副牧师，第二年年初受加拿大圣公会的派遣到福建建宁传教。他穿中式服装，说闽方言，后来与未婚妻雷安妮（Annie Ray）在上海三一教堂举行了婚礼。不久受加拿大长老会指派到河南开封主持传教事务。

怀履光对中华古代文明有浓厚兴趣。受安大略省皇家博物馆馆长、人类学家查尔斯·柯雷利（Charles T. Currelly）之托，1924—1934年大批收购甲骨文和各种文物，先后寄回加拿大数千件。据传记撰写人路易斯·瓦安斯利（Lewis Walmsley，1897—1968）透露，怀履光收集这些文物主要目的是向加拿大人介绍中华文明，但也不排除他趁中国局势混乱收购中国文物。

除了传教之外，怀履光对教育也很重视。20世纪20年代，他设法获得部分庚款拨款用于资助赴加拿大求学的中国留学生。1934年，他培养了河北教会的中国接班人之后，便返回加拿大任职于多伦多大学，并兼任安大略省皇家博物馆远东部的主持。1941年，胡适（1891—1962）担任中国驻美大使，曾到多伦多大学接受怀履光颁授的荣誉博士学位。

福建是一个方言复杂的省份，闽南话、福州话和客家话都是该省的方言。怀履光对于语言学习很重视，他用心学习当地方言，随时记录有用词语并应用于讲道和诊病中。几年后他还编写了一本《建宁方言中英字典》（Chinese-English Dictionary of Kien-Ning Dialect）。1901年，他被派往闽侯传教，在教区大院建起了一所男生寄宿小学，又为当地麻风病人聚居地开办了一所子弟学校，还帮助吸食鸦片者戒毒。他在当地建立了第一所麻风病院，为教众治牙病或者做小手术不收费。

1907年，怀履光的工作重心转到省城福州，工作对象中有政府要员、学者名流和精英阶层。从平日与有身份的人士言谈话语中，他非常关注南方的悠久历史和丰富的人文资源，儒家典籍和哲学思辨都是他们经常的谈话内容。当年外国来华传教士在上海召开中华百年传教大会，怀履光代表福建圣公会赴会，结识了不少欧美神职人员。大会结束之后，中华圣公会邀请加拿大圣公会增派传教士到无差会的区域传教，他受聘之后思考再三，选中了华北的河南。1909年11月30日，怀履光在多伦多市圣詹姆斯大教堂被按立为主教，时年36岁。

1910年5月,怀履光携夫人来到开封,在城内行宫角租赁房舍住下,不久建起设施齐备的三一大教堂,由福建基督教徒魏亦亨主持教务。他选用了几位在河南工作的外国人,组成了差会委员会,统管整个教区的行政事务。开始时为了打开局面,他采用官府仪仗,乘坐四人抬的绿呢大轿,左右兵丁举着写有"怀"字的大灯笼,前呼后拥出入官府衙门,尽显威风,辛亥革命后才改乘四轮马车。他的车夫马凤祥,原是开封西后街杨家木匠铺的学徒,后来跟随他20多年,成了他的心腹。他还把四名孤儿收编为门房和厨师。

怀履光在开封西关外购置了2000亩土地作为教会的财产,后又并购了教经胡同宋朝时的犹太教会堂。他先后开办了圣安德烈中学、圣玛丽亚女中、保生堂孤儿院和圣保罗医院(后迁往商丘)。为了便于在郑州、开封、商丘、永城等地设立教堂,他把从国外募集来的部分款项用于修建公路,博得了袁世凯和黎元洪的青睐。

怀履光注重培养当地神职人员,把中国化作为传教的最终目标。1929年,他按立华人牧师郑和甫(P. Lindel Tsen,1885—1954)为副主教。1934年后,又将他晋升为主教。1932年,他向各差会建议由华人主教掌控教会的有关资金和财产。他关心并支持中国教会和信徒,使河南圣公会在短期内得到快速发展。

怀履光积极参加各类社会活动。1911年5月,他出任华洋义赈会会长,利用从境外募集的钱财购买食品向灾区分发。他还兼任河南公共卫生协会会长、开封红十字会会长(1922—1934)、国际反鸦片协会河南分会会长,配合政府开展戒毒运动。1924年,怀履光回国休假时结识了考古学家查尔斯·柯雷利(Charles Trick Currelly,1876—1957),与之谈到了多伦多大学正筹建博物馆的打算。1928年,洛阳金村发现东周王陵和贵族墓地,怀履光与美国人华纳(Warner)等传教士勾结古玩奸商雇佣民工盗墓。1928—1932年,对8座王陵进行掠夺性挖掘,出土文物数千件,用马车运往洛阳,相当部分被运往加拿大。怀履光在自己的专著《洛阳故城古墓考》一书中透露那次洛阳8座古墓共出土青铜器、食器、编钟和酒器500余件。

1934年,怀履光退休离开河南时,圣公会已经发展成为拥有17个教区、一家医院、几十所中小学和1000多教徒的省份。回国后,因为他在中国收购了大量文物,对考古学有深入研究,被加拿大多伦多大学聘任为中国考古学教授兼安大略省皇家博物馆亚洲部主任。他在课堂上讲授中国文化,办夜校,为此他先后荣获 15 枚奖章和勋章。1942 年,他晋升为中国考古学教授,后创办中国研究系,并担任系主任。他以"壮观的中国生活和文化"为题举办了系列讲座,受到欢迎。

怀履光是对传播中华古文明有贡献的一位加拿大传教士,也是加拿大汉学的重要奠基者之一。他曾发表 30 多篇论文和书评,出版了多种有关中国古代文明、语言、文学的著作以及欧阳修(1007—1072)诗作的翻译,其中包括:《建宁方言中英字典》(1901 年)、《洛阳故城古墓考》(*Tombs of Old Lo-yang*,Shanghai:Kelly & Walsh Limited,1934)、《中国墨竹画册》(*An Album of Chinese Bamboos*,*A Study of a Set Ink Bamboo Drawings*,A. D. 1785,1939)、《中国[洛阳]古墓砖图考》(*Tomb Tile Pictures of Ancient China*,The University of Toronto Press,1939)、《中国庙宇壁画——十三世纪三幅壁画的研究》(*Chinese Temple Frescoes*,1940)、《开封犹太人——开封府犹太人事典》(*Chinese Jews:A Compilation of Matters Relating to the Jews of Kai-feng Fu*,1942)、《一千汉字基础词汇》(1944 年)、《中国古代甲骨文化》(*Bone Culture of Ancient China*,The University of Toronto Press,1945)、《中国青铜文化》(*Bronze Culture of Ancient China*,The University of Toronto Press,1956)。

七、从事传教与甲骨文研究的明义士父子

明义士(James Mellon Menzies,1885—1957)出生于加拿大安大略省休伦湖(Lake Huron)畔的克林顿镇(Clinton)一个基督新教家庭,自小受洗入教。他的父亲是管风琴制造商。

1903 年,明义士进入多伦多大学应用科技学院攻读土木工程专业学位课程,但是却把大量精力投入到教会活动中。1907 年毕业实习时,他负责加拿大西部萨克斯彻万和阿尔伯塔两省省界的勘探工作,实习结束后,他以优异成绩完成学业并获土木工程学士学位。此后,他进入诺克斯神学院学习神学专业。1910 年毕业后,被派往位于中国河南的加拿大长老会豫北差会。初先他被分配到武安传教总站,后转入安阳传教总站,被按立为牧师。

第一次世界大战期间,他带领中国劳工团到欧洲服役 4 年(1916—1920),期间他趁休假机会到英国各大博物馆参观,观赏所收藏的中国文

物。1914年,他被调往安阳担任教会学校教员,教余时间自修中国古典文学和中国古代史,对于史书上所说的历史文物产生了浓厚兴趣。

一天,明义士在河边漫步,一个小孩问他买不买龙骨,然后把他带到一座山岩前。只见满地都是兽骨碎片,原来那儿就是文献中记载的"殷墟"。此后他花钱买下了约5万片刻了字的碎片,从此研究甲骨文便成为他一生的学术情结。1917年,他完成了第一部甲骨学研究著作《殷墟卜辞》,书中选刊了2390片甲骨。

1917—1920年,明义士返回加拿大参军,被派到法国服役,在中国派往欧战前线的华工中工作。1921年春夏之交,他回到安阳,在教会学校教学之余又继续收购研究甲骨。1924年,小屯村民筑墙取土时发现一坑甲骨,全部卖给了明义士。1926年,村民张献学家菜园里又发现一坑甲骨,也被明义士收购。

1927年,明义士在北京华北联合语言学校任教。1928年9月,休假离开中国。1929—1931年,他回到安阳继续传教、办学和考古。1932—1936年,他在齐鲁大学以"考古学教授"的头衔授课,还雇了几辆马车将自己收藏的甲骨运往济南。那几年虽然他远离北京,但是甲骨文的研究没有影响与北京学界的联系,共同的学术兴趣通过一封封书信铸就了他的生平奇迹。

1936年6月20日,他带着6000片甲骨返回加拿大多伦多市。1937—1942年,他在多伦多大学任考古研究员。他将所收藏甲骨存放在多伦多皇家博物馆,多伦多大学专设明义士基金,供整理和研究所收藏的甲骨和中国历史。安大略省皇家博物馆的华裔学者许进雄在馆藏资料基础上用10年时间编著《殷墟卜辞续编》,分别于1971年和1977年在安大略省皇家博物馆出版。

1937年,中国抗日战争全面爆发,明义士最后一次回国,在多伦多大学学习和研究中国历史。1942—1946年,他在旧金山美国新闻处任职。1943年,明义士获多伦多大学博士学位,博士论文就是关于商代青铜器"戈"的研究。

1952年,齐鲁大学校园内发现当年明义士收藏的140多箱29457件文物,其中甲骨8080片,后经多方协调分别为山东博物馆、南京博物院和故宫博物院所收藏。

明义士对甲骨文的研究,除了出于对中华古文化好奇之外,还出于"传教士应该了解中国文化"的观点。他认为中国古人所说的"上帝",跟《圣经》中的上帝(God)是相通的。他离开齐鲁大学回国时没有带走甲骨文收藏,希望以后有机会回到中国继续研究。在传教士外交家朗宁的协助下,他留在齐鲁大学的甲骨文后来辗转收藏于南京博物院。

明义士治学严谨,是率先使用科学方法研究甲骨文的西方学者之一,1917年他出版的《殷墟卜辞》是西方学者第一本关于甲骨文研究的著作。后来他又编撰了《殷墟卜辞后编》和《柏根氏旧藏甲骨文字》。通过这三部专著他深入开展了甲骨文的基础研究,包括辨伪、断代、校重和分析。他利用自己的收藏,直接临摹,悉心考究,一丝不苟。他之所以能胜任此项判读,与他在华生活20多年长期与作伪者打交道的经验分不开。由于甲骨长期掩埋地下,风吹雨打,腐蚀变质在所难免。加上发掘时用力和角度不当都可能招致对甲骨的损坏,给文物辨读增加困难,因此缀合也是一项费时费力的环节。

明义士是最早提出安阳为商代故都的外国人,对卜辞中的"商祖名甲者之次序"也有独特的研究。学术界对于商代甲骨的分期与断代曾经出现不同观点,在考古学界多采用"五期说":盘庚、小辛、小乙、武丁为第一期;祖庚、祖甲为第二期;廪辛、康丁为第三期;武乙、文丁为第四期;帝乙、帝辛为第五期。作为一位研究甲骨文的外国学者,明义士能直接面对判例,其水平之高下显然与众不同,读者对于他的历史和语言修养的评价很高。

1957年,他在多伦多大学获得博士学位,在修读学位期间整理了安大略省皇家博物馆甲骨文的时序排列,贡献很大。

明义士在研究甲骨文领域取得开创性成就被认为比怀履光更胜一筹。他们的研究工作使安大略省皇家博物馆成为研究中国古代文化的重要基地,多伦多大学的声誉因此获得提高。

明义士四个孩子中有三个出生在安阳。大女儿玛丽·安娜(Mary Anna)第二次世界大战期间曾以联合国战时救济署代表的身份访问华北解放区。次子明明德(Arthur Menzies,1916—2010)15岁时从中国前往日本留学;1940年获得博士学位后任职于外交部门,先后在加拿大驻古巴、日本、马来西亚、缅甸和斐济使馆任职;1976—1980年任加拿大驻华大使;1999年他重访济南,将他父亲过去收藏的三箱有关中国考古学的研究资料和图书捐赠给山东大学。

加拿大安大略省皇家博物馆收藏中国文物3.5万件,约有2200件精品被陈列展出,其余的在库房供专业人员研究。由明义士家庭赞助设立的安大略省皇家博物馆奖学金,迄今已培养了数十位汉学研究人才。

1957年3月16日,明义士在多伦多去世。1965年,安大略省皇家博物馆出版了他的博士论文《商戈——公元前1311—1039中国铜器时期武器特征的研究》。1972年,该馆又出版了他的《明义士商代甲骨藏品》。1996年,齐鲁大学正式为他出版了《甲骨文研究》,以表扬他对上古中国文化研究的重要贡献。他的主要著述有《殷墟卜辞》(*Oracle Records from the Waste of Yin*,1917)、《商代文化——殷墟甲骨》(*The Culture of the Shang Dynasty*,*Oracle Bones from The Waste of Yin*,1917)、《柏根氏旧藏甲骨文字》(刊于《齐大季刊》1935年第6—7期)、《商代的美术》、《商代的文化与宗教思想》、《马可·波罗时代基督教在中国的传播》、《表校新旧版〈殷墟书契前编〉并记所得之新出材料》、《论汇印聂克逊先生所收藏青铜十字押》、《中国早期的上帝观》、《甲骨研究》(齐鲁书社,1996年)等。

八、加拿大联合会核心人物文焕章

1892年春天,赫斐秋(V. C. Hart)率领由启尔德、孙绍鸿与何忠义等人组成的加拿大基督教卫理公会青年运动海外差会(The Methodist Young People's Forward Movement for Missions)抵达成都,开启了加拿大基督教卫理公会(Canadian Methodist Mission)在中国传教的历史。之后,文焕章(James Endicott,1865—1954)和赫尔夫妇到了成都。

文焕章祖籍英国德文郡,父亲是种植牧草的庄稼汉,共生育11个子女,生活艰难。文焕章17岁时投奔在加拿大打拼的大哥,一度靠油漆工技艺谋生。他有一副好嗓子,他的爱尔兰女友就是被他的歌声吸引后认识的一名卫理公会唱诗班歌手。1893年,他与女友结婚两周后来到中国,妻子的中文名字为文萨拉。

早先他们来到上海,然后移居四川嘉定,在当地西医诊所行医的传教士大夫启尔德把他们安顿在白塔街。当时四川社会动荡,农民失地与手工业者失业的现象很普遍,官府把教案赔款的负担转嫁到百姓头上激发了一个又一个社会矛盾。文焕章夫妇决定带着出生不久的女儿前往上海。在码头登船那天发现已有不少人在那儿准备跟他们纠缠,于是赶紧开船。当他们乘坐的木船行驶到江中时,只见白塔街上的教堂、诊所和住宅中冒出一股股浓烟。

1890年,加拿大英美会商定组织海外布道团开辟中国教区,赫斐秋等人被选派为该会派驻中国的第一批传教士,并计划创建一所基督教印书馆,用西方的先进印刷技术,以"西学东渐"的方式将代表基督教思想文化的书刊投送到华西的每一个角落。1895年,赫斐秋回国治病,无法参与加拿大监理会印书馆(嘉定教文馆)的业务实施,教会改派文焕章负责。

文焕章是一位有才能有思想的传教士,在他的主持下,教文馆采取新的管理模式,聘请经验丰富的华工担任印刷,聘任西人技术员指导工艺和经营管理。此后教文馆的业务开始繁忙起来,先后与美国圣经会、英国圣书公会、华西圣教书会和基督教华西教育联合会签订了多项合约。文焕章敏锐地觉察到教文馆的变化,预见到成都将成为华西传教和宣教的中心,于是毅然决然要把教文馆迁往成都。

1904年,教文馆从嘉定迁至成都圣祠北街20号。1905年4月9日,书局定名为华英书局,嘉宾在开幕典礼上盛赞文焕章的卓越贡献。据1911年英美会报告,华英书局已经用四种语言印刷了2000万页书刊,其中中文近1928万页,英文超过35万页,藏文10万页,花苗4.35万页。[①]

1905年,文焕章在华西差会顾问部指导下成立了《华西教会报》委员会,斐焕章(J. Vale)和文焕章被分别任命为主编和副主编。1907年,《华西教会报》创刊号在成都面世。同年年初,《华西教会新闻》从重庆迁往成都,由华英书局承印,这其中耗费了文焕章很多精力和心血。

作为华西差会顾问委员会主办的机关报,《华西教会新闻》对于当时社会舆论中的禁烟和反缠足运动做出了持久和重要的报道。该报先后发表了55篇反鸦片的短文和消息,印制了大量有关吸毒危害健康的广告和手册,为云贵边缘地区的传教士提供了大量宣传资料。华西基督教反鸦片运动中散发的宣传出版物多半出自华英书局,成都反缠足运动的开展也与加拿大女传教士的努力分不开,从某种意义上讲这也是却之不恭的一种人文主义关怀。

19世纪下半叶,西方传教士、外交官、观光客、留学生、商人和侨民,深感了解和研究中国文化、历史和国情的迫切需要,但是却面临知之甚少的

---

① 周蜀蓉《加拿大差会在华西地区的社会文化活动——以华英书局传教士为中心的讨论》,载《宗教学研究》2013年第3期。

现状,于是纷纷组织以研究中国社会为使命的汉学文化社团。1910年,基督教国外宣教会要求传教士从现代的视角来考察分析自己所生活的中国环境。文焕章和他的华西边疆研究学会的学者,先后发表和出版了有关华西地区不同时期的社会和历史情况研究报告。1907年,他在川南考察当地的风俗习惯,第二年便发表了有关端午节的专论,说明嘉定百姓划龙船、吃粽子、挂菖蒲的习俗与屈原和黄巢以及端阳节之间的关系。他还建议为传教士创办专门的语言学校。

1910年,文焕章曾参加创建华西协合大学,后因幼女生病全家回国,定居多伦多。1913年,他出任国外差传部总干事,成为1925年加拿大长老宗、卫斯理宗和公理宗联合组建的加拿大联合会(United Church of Canada)的核心人物。1926年,他再次被推选为总议会主席,任期3年。1937年退休。1954年辞世,终年88岁。

他的主要著述有《华英联珠分类集成》(*A Course of Lessons in Spoken Mandarin*)等。

九、集传教医生和社会工作者于一身的启尔德

启尔德(Omar Leslie Kilborn,1867—1920)是加拿大人,在英国金斯顿王后大学获医学博士学位之后,向加拿大卫斯理会申请以医学传教士身份携妻子詹妮·福勒(Jennie Fowle)以及赫斐秋牧师夫妇等9人来华,目的是为了在四川华西开辟教区。他们在上海搭乘蒸汽轮,然后在宜昌换乘木船,经过数月终于到达成都。在一间民房住下后,计划按照基督教新教的传教策略,通过创办一家医院打开局面。出乎意料的是,途中詹妮不幸染上急性霍乱病逝。

1892年,启尔德和其他传教人员在成都东门的四圣祠街建立起福音医院,同时买下一块菜地建礼拜堂。启尔德自任院长,还身兼医生和护士数职。当时边陲地区的中国人对西医不了解,许多人也看不起病,上门就医的人很少,于是他们决定走向社会,扩大影响。

1893年,一位名叫启希贤(Retta G. Kilborn)的加拿大医学博士加入了他们的行列。她以医学教友志愿者的身份到四川创建福音医院,不久与启尔德结为夫妻。医院建成后启尔德时常到荣县、嘉定(乐山)、自流井等地行医传教,启希贤也常常陪伴他为居民诊病或做手术。

1895年5月28日是中国农历端午节,那天在四圣祠街东校场有数百市民一人拿着一包李子相互对扔,这是当地的一种被称为"打李子"的民俗。突然有人说发现洋人把中国孩子拐进了教堂,担心被扒皮炼丹,因此一起骚乱。天黑之后,愤怒的人群包围了四圣祠街的教堂、福音医院和传教士的住处。为了维持秩序,启尔德朝天打了数枪,结果导致教堂、传教士的住处和医院都被捣毁。虽然后来启尔德带着妻儿逃走了,但是惨剧波及了10余州县,70多处教堂被拆毁,6人被斩首,17人被充军流放,后果十分严重。

当时启尔德和其他医学传教士面临两种选择:一是离开中国回加拿大,结果前功尽弃;二是回原地重新创业,后果无法预料。他们在暂住上海的那些日子天天都在思考这些问题。那年年底得知成都事态基本平息后,启尔德携妻儿毅然决然从上海回到成都,决定在原址重建福音医院,启希贤也在附近巷子重建仁济妇幼医院。

但是好景不长。1902年四川红灯教女首领廖观音起事,四圣祠礼拜堂再次被毁。廖观音乳名廖九妹,自幼习武,练就一身好武艺,后来又拜红灯教主曾阿义学"神拳",打着"反清灭洋"的口号,活跃于华阳、简阳和仁寿一带。当年四川大旱,红灯教聚集了上万人的队伍焚烧教堂,声称要灭洋人,杀贪官。清廷调令陕西巡抚率军入川镇压。1905年,教会获赔1500两黄金。经启尔德等人策划,不久一幢四层楼的红十字福音医院拔地而起。新医院有病床120张,医生11人,还开设了内科、外科和性病科。到1910年,两所医院每年共接待门诊病人6537人,郫县(今郫都区)、大邑和资中等临近地区的病人渐渐慕名而来。医院的口号是:对穷苦病家治病不收分文。

在基督教差会的主持下,华西协合大学于1910年3月正式开课,启尔德出任董事会主席,还讲授生理学、眼科和化学等课程。该校由英国、美国和加拿大三国基督教会的5个差会(美以美会、公谊会、英美会、浸礼会和圣公会)共同开办,故名"五洋学堂"。随后启希贤分管的妇幼医院也扩建完成。到1922年,四川全省设立的仁济医院共11家。

启尔德是中国红十字会四川分会的发起人之一。1911年,辛亥革命和四川保路运动相继爆发,军民伤亡惨重。启尔德以红十字会的名义,第一时间率医疗队奔赴前线,救助伤员。

启尔德是一位教育家。为帮助四川青年学习英语和外籍人士学习四川官话,他曾编写过一本《民国四川话英语教材》(Chinese Lessons for First Year Students in West China)。

启尔德的长子启真道(Leslie Gifford Kilborn,1895—1967)出生在中国,在四川度过了愉快的童年。1907 年,他随母亲和妹妹返回加拿大上学,在多伦多大学攻读生理学和生化学,先后获生理学硕士和医学博士学位,后来曾在华西协合大学教授生理学、药理学和英语等课程,担任过医学院院长、牙医学院总院长和教授等职。1925 年,为救助军阀混战中的伤员被流弹打中肩膀,留下了残疾。1952 年,他与妻子离开四川,受聘担任香港大学医学院院长。1955 年,出任崇基学院校董会主席。他曾深入中国西部对少数民族的健康进行过调查,为他们的生理指标测定和社会研究提供了有价值的第一手资料。

1919 年,启尔德回加拿大休假,因肺炎病故。消息传来,许多受过他救助的人都很难过,纷纷到当地文庙以传统方式祭奠他。

十、把一生最美好的时光奉献给傈僳人的杨宓贵灵

杨宓贵灵(Isobel Selina Miller Kuhn,1901—1957)出生于加拿大多伦多市的一个爱尔兰裔基督教家庭,祖父是加拿大长老会牧师,父母亲都是虔诚的基督徒。杨宓贵灵自幼乖巧,总跟父母参加主日崇拜,早晚都坚持读经祷告。中学毕业后她进入不列颠哥伦比亚大学,攻读英国语言和文学。1922 年大学毕业后,在一所示范学院经过 5 个月的培训获得教师证书。1923 年开始,在温哥华一所小学任教。

她曾在中国西南大山偏远深处生活数十年,给怒江大峡谷一带的许多人带来了知识和快乐,被称为"傈僳人的女使徒"。1922 年,她毕业于加拿大不列颠哥伦比亚大学英文系,之后先是在温哥华任小学教师。

1923 年,杨宓贵灵参加了一次基督徒聚会,报告人是长期在中缅边界云南傈僳族中传教的牧师富能仁(James Outram Fraser,1886—1938)。他介绍了中国边寨的自然和社会环境以及当地传教的情况,希望有更多人加入到他们的行列。杨宓贵灵受到深深的感动,决心到怒江大峡谷傈僳族人中传教。但是当她把自己想法告诉家里人时却遭到了母亲的反对,理由是在国内找不到工作的人才去国外传教。

1924 年,杨宓贵灵的母亲病逝,她放弃了教师的工作,到美国芝加哥

慕迪圣经学院(Moody Bible Institute)攻读神学。这期间她结识了荷兰裔学生杨志英(John Becker Kuhn)，两人志同道合，相亲相爱。神学院毕业后杨宓贵灵加入了中国内地会，在多伦多内地会的宣教之家开始学习中文，等待来华的机会。当时中国政局动荡，暴乱的消息时有所闻，调派赴华传教士的安排暂告停顿。杨宓贵灵只好返回温哥华。

杨志英在杨宓贵灵毕业前三个月先期来华宣教。1928年12月，杨宓贵灵从温哥华前往上海，不久到云南昆明与未婚夫团聚。1929年11月4日，二人正式结为夫妻。他们的中文姓名中都有一个"杨"字，原来在当地傈僳族中都以"杨"姓为高贵。最初几年他们一直在澄江、大理和永平传教，生活环境和习惯的差异给他们带来不少困难，杨宓贵灵多次生病，几乎丧命。一年后他们有了一个女儿，取名"鸿恩"(Kathryn Alice-Ann)。杨宓贵灵一边照顾孩子，一边传教，带领当地居民的查经班，参与训练内地会的新教徒，同时与丈夫继续学习中文。

1934年，杨志英夫妇进入怒江大峡谷，开始在傈僳族中开展传教工作。他们在当地建立教会，给村民带去了一台傈僳文打字机，打印《圣经》资料。1938年5月，他们创办的第一期雨季圣经学校(Rainy Season Bible Schools)开课，有20多位傈僳族村民参加了培训，结业后被派往各地福音工场。此后，每年农历六、七、八月雨季农闲时间都对傈僳族信徒进行培训。

女儿鸿恩6岁时被送往内地会在烟台开办的子弟学校读书。1941年12月太平洋战争爆发，女儿和其他师生一起被日军押解到山东潍坊集中营囚禁。1943年儿子出生，取名"建民"。这一年冬天，日本侵略军占领了教会对面的峡谷，但是圣经学校继续上课。1945年8月，日本侵略者宣布无条件投降，女儿被解救出来后前往美国。不久杨宓贵灵夫妇返国述职，为了与女儿见面他们绕道孟买，再转乘军舰返回美国。1947年，丈夫回到了中国的宣教工场，妻子和女儿留住费城，直到1948年才重返中国。

1954年，杨宓贵灵因乳腺癌在泰国清迈动过手术后被送往美国疗养。1955年，她退休后返回北美。

在卧床两年中，她根据记忆将20多年在傈僳人中传教的经历写成了8本书，把所见、所闻、所思、所想，用质朴真诚的语言记录了下来。从这些回忆中读者可以看到了中国那个时代的风土人情、历史和亲情，她希望将个人的人生感悟留给后人，其中几本已被译成中文。她的《同行二里路》是个人在云南宣教的感受,另一篇《我成了一台戏》是她对自己的生活和内心经历的描述。她在学生时代所掌握的文学技巧在著述中发挥得淋漓尽致,文笔相当优美,使人感受到她真挚情感。1957年,她在美国惠顿市离世。

她的主要著述有:《寻》(*By Searching:My Journey Through Doubt into Faith*,1959)、《深渊之上的处所》(*Nests Above the Abyss*,1964)、《深山瑰宝》(*Precious Things of the Lasting Hills*,1977)、《绿叶长青——最后撤离中国的内地会宣教士》(*Green Leaf in Drought*,1994)、《火石》(*Stones of Fire*,Shaw Books,1994)、《我成了一台戏》(*In the Arena*,1995)、《同行二里路》(*Second Mile People*,Shaw Books,1999)、《寨上部落——泰国北部拓荒》(*Ascent to Tribes:Pioneering in North Thailand*,2000)。

第四章
加拿大汉学研究的阶段分析和价值定位

加拿大汉学研究的历史晚于多数欧美汉学大国，不是该国的学者无所作为，也不是他们的人文理论方向定位疏忽，主要原因是加拿大民族国家形成的历史晚于多数欧美国家。16世纪沦为英法殖民地之前，加拿大原为印第安人和因纽特人的居住地。1867年，英国将加拿大新不伦瑞克省和诺瓦斯科舍省合并为联邦，属于英国最早的自治领。1982年，英国女王签署了《加拿大宪法法案》(Canada Constitution Act)，加拿大议会才获得立宪和修宪的全部权力，成为一个现代意义上的民族国家。没有国籍犹如公民没有户籍，学术上无法统计报备，即便少数学者做出了贡献，功劳也可能记在了他国名下。

传教士的来华经验以及根据个人的所见所闻写下的信函、工作报告、往事回忆或理论专著，为后来加入他们行列的其他传教士打开了了解中国社会的窗户，也为中加文化交流打下了良好的基础。一些同情中国革命的传教士及其亲友与后代，为国内的友好协会和团体架设了与中国友好往来的桥梁，他们向加拿大民众传播中国文明知识的善举赢得了"知音"和"顾问"的美名。

西方传教士对中国晚清文化和国情的研究虽属自发、独立和分散，但是他们人数多，信息量大，影响力持久。他们向教民传播西学的同时也向国内社会和学术界介绍中国的历史与文化。教会在各地创办学校、医院、养老院和妇女组织，把神学与文化、科学和教育联系起来，目的是为了使上帝子民归化，也是为了使西方社会和学术界更多地了解中国。虽然他们是从辉煌腾达的西方资本主义社会来到闭关锁国的遥远东方，难免自视清高，对许多中国人平日司空见惯的事物百思不得其解，但正是他们作为局外人的好奇和比较心态，发现了许多既抽象又具体、既通俗又高雅、既普通又珍贵的政治学、社会学和文化学的重大科研选题。这些极具开创性的工作有如披荆斩棘勇士面临的首选使命,打造了文史领域的新天地。

各个历史时期加拿大来华传教士人数众多,活动范围广泛,足迹遍及江苏、山东、东北、华南和河南等地。在两国正式关系建立之前传教士是加拿大人在中国的主要群体,也是联系两国民间关系的纽带。有不少知名的传教士把毕生精力献给了中国抗日战争、国内革命和近代化事业,令人难忘。

早期加拿大的汉学研究主要集中于多伦多大学、不列颠哥伦比亚大学、麦吉尔大学、蒙特利尔大学和约克大学等30所高校。

1971年10月18日,加拿大政府宣布实行多元文化政策,内容包括:帮助加拿大弱小民族的发展,促进加拿大各文化集团之间的交流,为全面进入加拿大社会完成官方语言培训。这一政策的实施,为各民族的语言文化发展提供了一个宽松自由的社会环境。1988年7月12日,加拿大众议院通过《多元文化法》,进一步明确了多元文化主义政策,并具体规定了多元文化主义的思想、内容和实施方法。加拿大华文教育由此进入了一个蓬勃发展的历史新阶段。

根据其时间跨度、覆盖面与特点,加拿大汉学发展史可划分为三个阶段:(一)从1880年的基督教虔诚年代至1949年为前汉学时期;(二)从1950年至2009年在中加正式建交局势的推动下,两国的学术交流得到大力发展,在专业研究、书刊出版和人才培育方面都逐渐形成规模,为加拿大汉学发展阶段;(三)从2010年加拿大多元文化政策的确立,大批华人移民进入温哥华和多伦多,汉学研究蓬勃发展进入了专业化和正规化的阶段。

第一节 加拿大友人和他们的中国故事
(19世纪末至1949年)

历史上中国与加拿大的政治文化接触始于两国民间交往:包括华工在加拿大淘金和修建铁路,以及基督新教各教派来华行医传教。清朝中后期,加拿大的人参、皮毛、木材销往中国,中国的瓷器、丝绸和茶叶远销加拿大,也是两国民众交往的一种方式。可以说,没有中加两国之间持续的文化与经济交流,就没有加拿大的汉学发展史和中国的加拿大研究史。

1888年秋,宗教领袖赫德森·泰勒(Hudson Taylor,1832—1905)挑选

了 15 名加拿大青年随同他来华传教。1000 多名热血青年举着火把在多伦多大街上载歌载舞,到火车站为他们送行。两年后,以"拯救世界"为期许的 2000 多名基督教传教士和 1000 多名天主教传教士在山东、河南、贵州、云南和福建集结,其中有 120 名加拿大传教士。他们先后在各地创建了 270 所学校和 30 所医院。从 1888 年至 1947 年,加拿大长老会先后向安阳等地派出 156 名传教士,建立了豫北传教区,发展信徒万余人。

1918 年,加拿大第一批法裔传教士到达徐州。1924 年,开始成批派出来华传教士。1931 年,徐州传教区划归加拿大法语耶稣会主管,先后建立 18 个传教中心,有 21 名传教士,吸纳了 68181 名基督徒。

加拿大传教士通过三种方式传教:治病施药传教、办学传教以及通过慈善公益事业传教。通过媒体抨击缠足陋习,教会女校率先实施放足运动,就是以民间社团形式出现,在全国形成活动网络。就教众而言,这一运动体现了基督教义的人文关怀,客观上也形成了社会演进的推动力,是中国近代史上妇女解放的重要事件。

19 世纪 80 年代,加拿大新教传教士来华传教对近代中国教育和现代医学的发展产生了深刻的影响。他们人数多,社会影响面广,地位特殊,其中不少人还专门学习过汉语并研究过中国文化,因此他们的一言一行都受到学术界的关注。作为一个涉足中国社会和学术的群体,其中很多人对中国历史和文化都有独到见解,而且做出了突出的贡献,涌现出一批汉学研究人员。从这一意义上讲,加拿大传教士来华的历史值得深入研究。

加拿大前汉学研究时期的研究费用资源短缺,参与教学和研究的人员不多,开设汉语和中国文化课程的院校屈指可数。1821 年,麦吉尔大学创建于蒙特利尔,后设立了汉学系。1875 年,加拿大维多利亚 50 多户华人家庭开办了一个华文讲习班,讲授习字、信札、簿记和珠算。1884 年,维多利亚地区所设学塾只有 4 名教师,此外还有华源私塾和泰原学校。1899 年,维多利亚中华会馆创办了第一所华文学校——乐群义塾。1930 年,麦吉尔大学开设了汉学系。1934 年,多伦多大学开设了由怀履光执教的中国艺术与考古课程。他把中国研究作为其亚洲研究的一部分,后来成立了中国研究学院,出任校长。1948 年,不列颠哥伦比亚大学也开设了中国历史课程。

因为这一时期中国与加拿大之间没有建立外交关系,有关文化学术交流尚未提到日程上来。由于历史原因,加拿大汉学研究者的祖籍分属不同地区和族群。例如：施吉瑞（Jerry D. Schmidt，1946—，祖籍德国）；明义士（James Mellon Menzies，祖籍苏格兰）；方秀洁（Grace S. Fong，祖籍广东）；古约翰（Jonathan Goforth，1859—1936，祖籍英国）；夏瑞春（Adrian Hsia Rue Chun，1938—2010，华裔德籍加拿大教授）。

加拿大的汉学研究既受学术潮流的大环境影响，也有社会团体的个人因素所发挥的作用，葛斯德中国研究图书馆的建立就是其中一例。19世纪末，盖恩·穆尔·葛斯德（Guion Moore Gest，1684—1948）患上严重的青光眼症，他的朋友海军军官吉里士曾向他推荐中国定州生产的一种马氏眼药，试用之后感觉效果良好，便请吉里士帮助搜集中国民间各类医书。吉里士利用自己的社会关系购买了大约10万册中国医书收藏于麦吉尔大学。后来该大学将收藏那些医书的图书馆命名为"葛斯德中国研究图书馆"（Gest Chinese Research Library），1930年还开设了汉学系，为加拿大的汉学研究的首创业绩做出了重要贡献。虽然由于财政拨款和生源有限，麦吉尔大学的汉学系不久就关闭了，但是直到1940年该图书馆的珍藏仍对外开放。胡适在自己的文存中回忆起当年从该馆借阅中国图书的感受，心情依然异常激动，高度评价其学术价值。

一、吴哲夫与华西基督教教育事业的实践与发展

吴哲夫（Edward Wilson Wallace，又译"吴俊明"或"吴明睿"，1880—1941）出生于加拿大安大略省科堡（Cobourg）。早年就读于维多利亚大学和哥伦比亚大学，主修神学，后来在美国、英国和德国的大学研修过教育学。1906年，他以加拿大卫理公会海外志愿传教士身份来华布道兴学，初先在四川容县，嗣后转驻成都和重庆，曾任成都卫理公会男校校长，华西协合大学成立后任教育科主任，后晋升为该校副校长。1912年，与尼克尔斯·卡伦（Rose Nichols Cullen）结婚成家。

吴哲夫在四川17年的生活和工作中，不仅积极投入基督教教育活动，还致力于跨教派的教育联合发展事业。1906年10月，美国浸礼会、加拿大监理会、加拿大监理会女子传道部、英国圣公会、公谊会、伦敦会、美以美会和内地会等差会的代表组成了中小学教育委员会，在第一次会议上认可了华西地区的合作原则，决定组建华西基督教教育联合会（The Christian Union West China）。该会章程明确规定：通过统一课程、教科书和考试促

进华西地区教育的联合和互通，促进华西协合大学实现对教育效率的全面提升。统一管理华西地区基督教中小学教育以及筹建华西大学是华西教育界当时面临的两大任务。

吴哲夫见证了华西教育会和华西地区基督教教育联合事业发展的全过程。1913 年，他担任华西教育会全职总干事，并兼任中华基督教教育会首届评议的华西地区代表。他认为中国基督教教育最重要的任务是"基督教中国化"（Christianity in China），但当面对中国社会现实产生矛盾时他却毫不犹豫地采取"妥协"策略。他认为因为基督教育效率不高不为中国政府承认，一旦中国实行义务教育，那么多年来一直构建的基督教学校体系就会被彻底瓦解。因此他主张教会学校既要为中国人提供最好的教员、设备和训练，也要服从颁布教育政策和法令的中国政府。这就是为什么华西地区的基督学校在采纳清政府颁布的新课程较早于其他同类学校的原因。在这样的背景下成都协合中学首先得到政府的承认，并在四川教育部门获准注册。民国政府改变了晚清漠视教育的政策，还颁布了多项有关基督教学校的法令，吴哲夫坚持的主张适应了华西地区的新形势。

1921 年，一个旨在全面把握中国基督教教育并为其保驾护航的巴敦调查团（James Barton China Educational Commission）来到了中国，在 5 个月内走访了东北、华北、华东、华中和华南。他们期待大幅度提高中国基督教学校的工作效率、基督化和中国化，但是他们没有深入华西地区考察，对当地现状的认识主要通过吴哲夫获得。在他们的心目中吴哲夫既是华西地区教育界的代表，也是当地基督教教育的实践者和调查团报告书的执笔人。

中华基督教教育会的创建源于 1877 年在上海由狄考文（Calvin Wilson Mateer, 1836—1908）和林乐知（Young John Allen, 1836—1907）发起成立的学校与教科书委员会（School and Textbook Series Committee，中文译名为"益智书会"），1890 年，该机构改组为"中国教育会"（中文名称由"益智书会"改称为"中国学塾会"或"中国教育会"）。1915 年，又更名为"中华基督教教育会"（The Missionary Educational Association of China），下设福建、浙江、广东、四川、山东、安徽、河南、湖南、江苏等 10 个地方基督教教育分会。1923 年，干事贾腓力（Francis Dunlap Gamewell, 1857—1950）离职后由吴哲夫担任该会的负责人，主要责任为贯彻执行巴敦调查团的既定方针。1924 年，中华基督教教育会新章程建议设立高等教育、中小学教育、宗教教育和成人教育4个分会,吴哲夫被推举为全国董事会执行委员会副总干事,并兼任中小学教育组和宗教教育组执行干事。在当年非基督教运动的特定背景下,他处理有关"更高效率""更基督化"和"更中国化"问题时慎之又慎,主要通过华人基督徒和华人教育家来传达董事会的观点,并与中国教育家群体保持着密切的接触,时时不忘在"基督化"中加入中国元素。

1925年11月16日,北洋政府教育部颁布《外人捐资设立学校请求认可办法》规定:外资在华办学必须遵照教育部法令规程注册,学校名称应冠以"私立"字样,校长必须是中国人,中国人在校董名额中应该超过半数,学校课程须遵部颁标准,不得把宗教科目列入必修课目。同年12月29日,在吴哲夫和程湘帆代表中华基督教教育会致全体会员公开信中对教育部的宽大为怀态度表示感谢,但是希望修改对宗教教育限制的规定,理由是基督教学校的目标是形成学校的基督化品格,而不是排除宗教手段的运用。

吴哲夫就任中华基督教教育会副总干事以后有相当多的精力花在筹款问题上。从1924年开始的3年期间,洛克菲勒基金会每年以1.2万美元对中华基督教教育会进行资助,以后该会活动经费不足主要依靠销售图书和向西方差会募捐来弥补。当时西方差会的传教政策正在进行调整,"本色化"和"合一化"成为传教政策的核心,教育方面也是如此。1928年,世界传教大会在耶路撒冷召开。出席该会的吴哲夫曾发表感言,认为教育工作要从以前的"以传教士为中心"转变为"以教会为中心",全中国的基督教教育事业都应接受本色教会的引导。在此之前,有些基督教学校已开始把管理权移交给华人,以进入国家教育系统的方式实现教育本色化,因此,多数西方差会认为既然中国将进入本色教会为主导的时代,中国可能不再需要传教士和西方的援助,差会政策的转变肯定会影响拨款计划。此时正在美国访问的吴哲夫预见到社会宗教研究院的捐助可能减少,当即便向该会总干事费舍尔(Galen Fisher)商谈此事。费舍尔建议吴哲夫在1929年研究院董事会议中提交新的争取资助计划,并将当前教育会的财务报告和今后预算列入年度报告,以增加对研究院的吸引力。

吴哲夫曾任中国基督教教育会副总干事兼英文《教育季刊》(*Educational Review*)副编辑,1925年加入加拿大联合会。1928年,他被借调到纽约中国基督教大学委员会任执行干事。1929年,辞去中国基督教教育会职务,回国后任维多利亚大学名誉校长和校长。

他的主要著述有:《四川概况》(*The Heart of Sz-chuan*, Toronto: The Methodist Mission Rooms, 1903)、《四川成都:在中国的新生活》(*Chengtu, Szechwan: The New Life in China*, 1914)、《吴明睿文稿》(*Edward Wilson Wallace Fonds*)、《海外中国古代书迹之探寻》(载《第一届中国域外汉籍国际学术会议论文集》,1988 年)。

二、投身于中国人民解放事业的加拿大医生夏理逊

夏理逊(Tillson Lever Harrison,又译"哈利生"或"哈励逊",1881—1947)出生于加拿大安大略省铁尔生镇,在兄弟姐妹排行中他是长兄,有弟弟和妹妹各一人。祖父是银行家。他曾在多伦多大学学习,后转入阿尔伯塔大学,获医学博士学位。

夏理逊长期从事国际战灾救援工作,曾在安大略军队中服役,后来加入了美国工程兵。多伦多大学毕业后他以一名外科医生的身份赴墨西哥,在卡勒斯将军的革命军中工作过一段时间。第一次世界大战期间,他在加拿大军队中的军衔为上尉,在法国战场除了外交工作外他还参与沙眼和癫痫病的防治。1912 年,辛亥革命爆发后,他就来华服务于吴佩孚统领的军队。1922 年,他被调往广州,看到贫穷落后的街市使他触目惊心,同时也看到了孙中山领导的民主革命正如火如荼展开,希望自己能为中国伟大事业效力。

20 世纪 30 年代初,他在上海和天津负责抗战负伤的二十九军官兵的医疗救护工作。1936 年,他参加了国际纵队支持西班牙人民的反法西斯的斗争。1937 年,中国抗日战争全面爆发,他毅然参加中国红十字会,在新四军中救治伤病员。1941 年,他在香港加入英国皇家海军,任少校医务官,多次承担革命军的救死扶伤任务。他的医术高明,挽救了许多中国军民的生命,有力地支援了中国人民的革命事业。

1945 年日本无条件投降后,夏理逊再次来到上海,加入了联合国善后救济总署,担任卫生组医务官,配合中国福利基金会、红十字会、解放区救济总会等组织,为解放区的医疗救济工作提供咨询和服务。

夏理逊接受加拿大红十字会和加拿大援华委员会的委托,在联合国善后救济总署参加医疗救护工作。他对于救济总署把 98% 救济物资调拨给打内战的蒋介石表示强烈不满。1946 年年初,他在上海被吸纳为联合国

救济总署驻华办事处的军医官,几次冒着生命危险,将数千吨医疗器械和救济物资运送到解放区。同年4月,夏理逊亲赴北平筹备援助解放军的医疗物资;8月31日,他押运280多箱医疗物资从北平运往邯郸国际和平医院,当他看到医院的物资极度匮乏时,感到无比惊讶,返回上海后便向联合国善后救济总署、中国解放区救济总会和中国福利基金会报告有关情况;12月4日,夏理逊受中国福利基金会宋庆龄主席的委托,把加拿大红十字会、加拿大妇女联合会、美国红十字会、中国福利基金会、联合国善后救济总署和解放区救济总会捐赠的30吨医药器械以及20吨纺织品运送到晋冀鲁豫军区邯郸国际和平医院。

1946年3月,夏理逊与同事奉派将一批救济物资运往晋冀鲁豫解放区,因为国民党军队的封锁,无法直接经烟台运往邯郸,不得不从海上绕行。当他们的货船接近渤海湾时又遭国民党的巡逻艇拦截。夏理逊在出面交涉时告诉对方船上人员是联合国善后救济总署雇佣的搬运工,从而保护了80多名共产党干部和投奔解放区的青年学生。

1947年1月7日,夏理逊带病率领满载医疗物资的13辆卡车,从开封出发前往邯郸。途中道路阻塞、国民党军人的阻挠使运输车辆无法通行,不得不改乘牛车沿着田间小道而行。当时正值寒冬,忍饥挨饿只能喝雪水解渴。经历两天的艰难旅程,才到达冀鲁豫边区的山东阳谷县章秋镇。因为病体虚弱,劳累过度,连日发烧的夏理逊住进了章秋镇医院,但是他还不断提醒身边的工作人员安排好医疗药品和器材的卸货事宜。第二天清晨,他因病情严重经抢救无效去世,终年66岁。1947年1月11日,在章秋天主教堂,3000多人举行追悼大会沉痛悼念夏理逊大夫。

夏理逊的老朋友、前联合国儿童基金会主席詹姆斯·格兰特(James Grant)说:"他的去世永远值得纪念,因为这是一种超出职责本身所要求的为中国人民无私奉献精神的体现和为世界和平而献身的象征。他的精神将作为一个光辉的榜样,永远激发我们所有活着的人为一个更美好的世界而共同奋斗!"①

---

① 邢莉《国际和平战士夏理逊生平史实考略》,载《聊城大学学报》(社会科学版)2015年第4期。

三、在战火硝烟中救助抗战伤员的白求恩大夫

诺尔曼·白求恩（Henry Norman Bethune，1890—1939）出生于加拿大安大略省格雷文赫斯特镇的一个牧师家庭。1916年，他毕业于多伦多医学院，后来成为胸外科专家，被推举为加拿大健康部顾问。1936年8月，西班牙人民的反法西斯战争爆发后，他到北美巡回演讲和募捐，通过自己的所见所闻揭露法西斯的罪行。

1937年7月，日本帝国主义发动侵华战争。他从斯诺（Edgar Snow，1905—1972）的《红星照耀中国》（Red Star Over China）和史沫特莱（Agnes Smedley，1892—1950）的《红军在长征》著述中了解到毛泽东领导的八路军正发动全国人民与敌人浴血奋战。1938年白求恩参加西班牙战地救援医疗队回国后受加拿大和美国共产党的派遣，率领医疗队来华与抗日军民并肩战斗。1月8日，他搭乘"亚洲女皇"号邮轮，同行的还有美国外科医生帕森斯（Palsson）和加拿大护士琼·尤恩（Jean Ewen，又译"青莲"，1912—1987）。邮轮经过18昼夜的航行到达香港，后改乘飞机到达武汉，受到当时八路军办事处周恩来副主席的热烈欢迎。

1938年6月，白求恩来到晋察冀军区司令部所在地的陕西省五台县金刚库村，他被安排担任军区卫生部顾问。他所做的第一件事是为数百名伤员进行检查，先后为147名伤员进行手术，与此同时还忙于制订后方医院的建设和八路军医护人员的专业培训计划。他自己编写讲义，内容包括生理学和解剖学的基础知识和外科手术的环节和规章。他平时的工作做得深入细致，以身则则，从查房、换药、测血压到贴标签无一疏漏，生活上与伤病员同甘共苦。为了防止伤员在频繁转移中延误治疗，白求恩利用当地的条件创制了一种被称为"毕普"的药膏，用于防止因较长时间得不到手术和换药引起伤口恶化。为了便于医疗队到乡下巡回诊病，他与其他医务人员和伤病员用荆条制作一种换药篮，既可使用，又便于伪装。他还和其他医务人员研制出一种"药驮子"，设计并监制了一种简易流动医院、应急医用夹板和血浆保存技术以及医疗器械。他还帮助建立野战医院和医护学校，培训野战医院护士和看护兵。

1939年10月20日，晋察冀军区为白求恩回国述职和募捐举行欢送大会，突然传来紧急情况：日本侵略军以2万多兵力，从多个方向向边区发动

大规模冬季扫荡,军区卫生部立即组织医疗队赶赴前线救护伤员。白求恩也与医疗队一起,急行军 70 多里,在手术站接受任务。第二天,三路敌军大部分被歼,残余兵员正在周边村庄集结伺机反扑。司令部立即命令转移,到新地点接受任务。在对留下的伤员进行抢救时,白求恩不慎划破了自己的手指,第二天就感染发炎,但是他还是坚持把手术做完。1939 年 11 月 12 日,白求恩不幸伤口恶化,虽然军区派去最好的医生参加抢救,还是因败血症去世。他的殉职是军区的重大损失,但是他的医德医风与中国医疗卫生事业连在一起,为亿万中国人民所熟悉,世代相传。毛泽东在《纪念白求恩》中赞扬他是"一位高尚的人"。

四、为加拿大与中华人民共和国建交做出关键性贡献的朗宁

切斯特·朗宁(Chester Ronning,中文名穰杰德,1894—1984)加拿大人,祖籍挪威。1892 年,朗宁的父亲哈尔沃·朗宁(Halvor Ronning)及其胞妹等一批来华牧师在襄樊开设了鸿恩医院,还开办了一家鸿文书院(今襄樊一中的前身),并自任院长。

1894 年 12 月,朗宁出生于鸿恩医院,因为母亲身体不好,从小寄养在中国奶妈家中,开蒙教育在洪文书院。据他的女儿奥黛丽·朗宁·托平(Audrey Ronning Topping)后来回忆,当年祖父要外出办事,常常把父亲送到附近一个塾师家中,父亲与塾师的孩子一起学习一起玩耍,听了许多有关中国历史的故事。所谓"天上九头鸟,地下湖北佬",对于他们来说并非一种处世哲学,朗宁为能成为有个性的"湖北佬"感到骄傲。

1908 年,父亲带他回到了加拿大阿尔伯塔省。1922 年,朗宁在加拿大和美国修完大学学业后再次返回襄樊,在鸿文中学他当了 5 年英语和音乐教师并兼任校长。

朗宁的故居在加拿大阿尔伯塔省卡姆罗斯市,他获得教育硕士学位的母校阿尔伯塔大学就在阿尔伯塔省首府艾德芒顿市,当年他和几位志趣相投的同学常在那里就中国问题发表演讲。加拿大国家电影局制作的纪录片《中国使命——朗宁在中国的故事》的首映式就是在他的母校校园里举行的。

从 1932 年起,朗宁投身政界,成为阿尔伯塔省合作社联盟党的主要领导人。1942—1945 年,任加拿大皇家空军情报分析处处长。1945 年 11 月

26 日,他前往重庆就任加拿大驻华使馆参赞,与出席联合国成立大会之后返回重庆的董必武和张汉夫同机抵达重庆。虽然初次见面,彼此却十分高兴,相谈甚欢。

1949 年 10 月 3 日,南京军管会外事处处长黄华在新闻发布会上向外侨正式宣布中华人民共和国成立的消息,因为朗宁是与会者中唯一懂汉语的代表,被特许用英语进行即席翻译。

南京解放后,新成立的南京军管会外侨处根据中共中央的指示,接管国民党政府外交部。加拿大原驻华大使戴维斯(Thomas Clayton Davis)应召回国前,曾和朗宁到外侨处与黄华处长进行了长时间非常友好的非正式私人谈话。外侨处把毛泽东主席签署的一份公告和周恩来外长致各国外长的信件通过朗宁转交给加拿大政府。不久之后朗宁奉命约见南京外侨处处长黄华,口头转告加拿大政府正在研究毛泽东主席的公告和周恩来外长的信件,在此期间希望中国政府能够按照国际惯例准许加拿大驻华领事行使正常职权。考虑到与美国之间的特殊关系以及英联邦国家与美国在对华政策方面的分歧,加拿大认为:承认中华人民共和国只是时间早晚的问题,但是做出为时过早的决定并不"明智"。

阿尔伯塔大学与朗宁家族史记载了中加友好关系史中一个个光彩靓丽的时刻。早在朗宁担任加拿大驻重庆大使馆一等秘书和临时代办时,就与周恩来、陈毅、董必武、叶剑英、乔冠华、黄华和张汉夫等人有密切的接触和交往。

1949 年戴维斯回国后,朗宁成为加拿大人在华的唯一官方代表。他每月从南京向国内发回关于中国发生巨大变化的报告,向加拿大外交部建议立即承认中华人民共和国,并断绝与国民党政府的官方往来。他还积极呼吁恢复中国在联合国的合法席位,促进西方国家对中国的了解。有人怀疑这是受到共产党宣传的影响,因而提出向加拿大驻外机构转发朗宁报告,甚至清查加拿大政府一度倾向于承认中华人民共和国是否与此关联的必要性。由于朝鲜战争的爆发,直到 1970 年 10 月,加拿大才正式与中国建交。

朗宁对中国有着一种深厚的感情,曾多次以国宾身份来华访问。1972 年,他荣获由加拿大总督颁发的一级联邦勋章(Champion of the Order of Canada)。1973 年,周恩来总理邀请朗宁来华,破例在人民大会堂门口亲自迎接客人,双方交谈长达 3 个小时,并在湖北厅宴请朗宁和偕行的女儿奥黛丽·托平,席间客人们深情地回忆起当年在湖北度过的难忘岁月。

朗宁的女儿奥黛丽·托平是美国作家,《纽约时报》《国家地理》和《生活》杂志的高级摄影记者,她的许多有关中国的摄影作品曾在西方主流杂志上发表。她写过很多有关中国的著作,如《东方欲晓》《西藏奇观》《北京假日》《人民公社的一天》。她说很高兴在湖北襄樊找到了家族的根。朗宁的女婿西摩·托平(Seymour Topping)是美国《纽约时报》前主编、哥伦比亚大学新闻学讲座教授,他于1946年首次来华,淮海战役后成为美联社的一名战地记者。他曾率先把中国人民解放军占领南京的消息向西方媒体读者报告。南京是当年他与奥黛丽第一次结识的难忘都市,媒体珍闻与个人生平中的大事联系在一起,成了他们在中国的重要记忆。他们为亲身经历的中加友好往事感到自豪,把家族的历史珍藏在自己的文化记忆之中。

1965年退休之后,朗宁与家人重访中国四次,其中三次回到他的出生地襄樊,游览了今非昔比的街市,古隆中和旧居,曾执教过的学校,约见了幼年时的伙伴,还带着自己的女儿为母亲扫墓。他的专著《朗宁回忆录——从义和团运动到人民共和国》(*A Memoir of China in Revolution*: *From the Boxer Rebellion to the People's Republic*,1974)在美国出版后轰动了西方。

2004年以来,阿尔伯塔大学在干部培训领域与重庆市政府建立了友好合作关系,先后培训了100多名中高级干部。

五、长期珍藏着华西教友特殊缘分与情感的文幼章

文幼章(James Gareth Endicott,1898—1993)出生于四川嘉定城区白塔街,在乐山、成都、仁寿和重庆度过了愉快的童年。放风筝给他留下了难忘的回忆,跟中国的仆人孩子玩耍时无忧无虑的快乐,到街头买各色口味的糖果,到印刷所徒工食堂去吃辣子面,参观一年一度的菊花展览,都是他多彩多姿童真生活的片段。这些经历造就了他日后与不同语言和出身的人们和睦相处的能力。天真烂漫的孩提时代直到他去重庆英国教会学校上学时才告结束。

1910年,他随父母去加拿大度假,后来因妹妹生病未能按时重返中国。不久他的父亲文焕章(James Endicott,1865—1954)被任命为海外传教部总干事,全家从此定居多伦多。

受父亲的影响，文幼章一直希望成为一名传教士。因为家中经济不宽裕，他一度不得不辍学到一个兵工厂打工。每天干活 12 个小时，总是累得筋疲力尽。后来他出面跟厂方谈判加薪的问题，岂料遭人暗算，被打掉了一颗门牙。

文幼章 18 岁时被派往法国服役，目睹了第一次世界大战爆发后军营生活的血腥恐怖。战后他进入维多利亚大学学习，1921 年成为卫理公会牧师团的一名实习牧师。1925 年，文幼章参加一次会议时结识了玛丽，同年 6 月，两位年轻人在泰晤士河岸举行了婚礼。婚后才 4 个月，他就乘坐"澳大利亚女皇"号轮船来华，年底夫妇俩来到四川重庆。

他们原本打算到成都华西协合大学学习一年中文，但玛丽当时已有 6 个月身孕，只好暂住朋友家。文幼章发奋学习古汉语，四处找人聊天，练习口语并了解中国风土人情。1926 年 5 月，夫妇俩来到忠州，住在城外山上一幢改建了的旧房。他把房前的院子命名为"福盛堂"，还给妻子取了个中国名字：文月华（Mary Endicott）。

在忠州，文幼章常陪同传教士医生亚历克斯·平科克外出看病，了解当地居民的生活习惯，关心他们的疾苦。日子久了，文幼章已经能讲一口标准的四川话，和村民们摆起龙门阵来就像土生土长的四川人。后来他到成都的华西协合大学当了一名英语和伦理学教师。他们居住在重庆南岸时曾请一位懂英语的家庭教师每周上 6 天、每天 5 个小时的中文课。

那一年中国北伐国民革命军的胜利使西方的帝国主义在长江的势力受到沉重打击，不久便发生了震惊中外的"万县事件"。英国军舰炮轰万县县城，造成居民死亡 604 人，受伤 398 人，民房被毁 1000 多间，财产损失 2000 万元，因此当地发生了反帝大游行。大约有 7000 名外国传教士被迫离开，文幼章夫妇便与妻子到上海暂住。一年多以后，文幼章让妻子带儿子文忠志回加拿大，他自己却独自返回四川教授英语。

他的教学独具特色，1927 年，他曾专程赴日向哈罗德·帕默尔（Harold E. Palmer, 1877—1949）请教，回到中国后不遗余力地推广英语直接教学法。他编著的《英语直接教学法》介绍了一种与儿童习得母语相同的自然方法，符合听说领先的语言实践科学思路，长期被重庆大学英语系采用。他与迈克尔·韦斯特合编的《新法英语词典》(*The New Method Dictionary*) 多次再版。为了帮助学生通过阅读提高英语水平，文幼章夫妇还编写了《瑞士鲁滨逊一家》《罗拉·杜恩》和《莫比·迪克》等读物，还亲手制作了许多图画、表册和教具。

1939年9月,日军飞机轰炸泸州,血流成河、尸横遍野。文幼章组成了10余人的医疗队前往救助,还募集到1000元钱设立施粥处,每天上下午向难民施粥。他与妻子文月华曾在多伦多出版《加拿大远东通信》,揭露侵略者的丑恶行径。

20世纪40年代,文幼章以传教士和英语教师的身份从加拿大回到四川,通过英语教学他结识了许多中国官员,使他有机会登上中国的政治舞台。1940年,他出任蒋介石的政治顾问兼宋美龄的新生活运动社会顾问。1944—1945年间,他担任美国军方与共产党之间的联络人,首次结识了周恩来、董必武和乔冠华等人,曾与周恩来有过一次促膝长谈,还结识了龚澎,友情联系长达15年。日本投降后,文幼章在上海协助创办英文刊物《上海新闻通信报》(*Shanghai Newsletter*),向西方宣传中国国产党,谴责反动派的罪行。1949年,他出任加拿大和平大会主席,后被推举为世界和平大会主席。

文幼章还在华西协合大学授课期间兼任张群和刘文辉的家庭英语教师。他同进步青年组织"星星团"的学生们往来密切,常常一边喝茶吃花生,一边讨论国家时局。

1945年12月的一天,少城公园里举行了数千人的群众集会,声援昆明联大发起的爱国学生运动,当文幼章教授出现在保路纪念碑的讲台上时,听众中响起了雷鸣般的欢呼声,从他身上可以真切地感受到外部世界对中国学生争取民主与和平的同情。

20世纪50年代,文幼章多次回到中国,他的四川口音一点也没改变,郭沫若曾赞扬他是为数不多的能把汉语讲得和中国人一样的外国人。

1951年,他发表了谴责美国在朝鲜战争中使用细菌武器的《我的控诉》,1953年创办了《加拿大远东新闻通信报》(*Canadian Far Eastern Newsletter*),因为对世界和平所做出的贡献,荣获斯大林和平奖。1956年,应周恩来的邀请,文幼章来华参加纪念孙中山90周年诞辰大会,会后到成都参观青羊宫花会,这是他10年后第一次返回旧地,对于成都发生的变化感到由衷的惊喜。1957年,他当选世界和平理事会副主席,并被选为国际和平学会第一任会长,为发展中加友好关系做过许多工作。1965年,他获颁弗雷德里克·约里奥·居里金质奖,同年又获中国的"人民友好使者"称号。

1983年10月,白发苍苍的文幼章先后到成都、邛崃、乐山、峨眉和重庆参观,和新老朋友一起在华西医大校园里漫步,同"星星团"的老朋友们重逢,简直就像在梦里。在华西医科大学一个摆满米兰和月季的会议室,他见到了许多故交好友,激动得用地道四川话互致问候。校友们向他赠送了签满了姓名的旌旗和画幅。

1993年11月27日,文幼章在加拿大去世。按照老人生前的心愿,他的部分骨灰飞越重洋,由儿子文忠志带到了他的出生地——乐山,抛撒到大渡河中。

六、用结构主义语言学理论分析汉语变调格式的金守拙

金守拙(George Alexander Kennedy,1901—1960)出生于一个加拿大来华传教士家庭,父亲金乐德(Alexander Kennedy),母亲艾达(Ada Kennedy)。他在浙江塘栖镇长大,曾每天和邻居家的小孩子在广济桥边和廊檐街市上玩耍,在河中的木排上打闹或在夏日河中游泳。他小时候就表现出良好的语言天赋,7岁时能用押韵文句串起相关的经文段落。18岁时,在上海一所美国学校上高中,不仅各门功课的成绩优秀,还能讲一口上海话。1918年9月,他到美国念大学,不幸这一年他父亲患肺癌在云南去世,大弟弗雷德也在塘栖夭折。

金守拙通晓多种语言,除了汉语和英语外,他还懂德文、法文、希腊文、拉丁文、梵文、满文和日文等。1917年,他在上海的一所美国学院毕业。1922年,又在美国伍斯特学院(College of Wooster)研修希腊和拉丁语课程,并结婚成家,期间曾返回中国任教。1923年,他母亲艾达带着他的几个弟妹回到美国,他从伍斯特学院毕业后也转学美国学校。

1927年起,他在上海教书,后转入上海工部局办的一个中学教中文,积攒一点钱后准备去德国攻读东方研究博士学位。那年他的太太玛丽恩生了个女儿。1932年他离开上海前往柏林,第二年离婚,1934年10月再婚,第二位太太是一位梵文专业的研究生。

当时耶鲁大学有位梵文教授要找一个懂中文的人帮助他把梵文经文译成中文,金守拙前往应聘,后来该校聘请他教授中文,学生越来越多,学校便把他纳入专职教员,并由他一步一步创办起耶鲁东方语文学院。学院的整套教学方法是他创立的,所用的初级阶段中文教科书也是他编写的。

后来耶鲁大学和欧美各大学中文系所用的罗马字母拼音法,都是他根据威妥玛—翟理斯拼音法(Wade-Giles)创制而成的。

在德国撰写学位论文期间,他一度参与由恒慕义(Arthur William Hummel)主编的《清代名人传略》辞典(*Eminent Chinese of the Ching Period*)。那一年他获得了德国政府颁发的中文和日文翻译专业证书,还被录用为国会图书馆研究助理。在导师傅海波(Erich Haenisch,1880—1966)的指导下,他的论文《满族古代史》(*The Early History of Manchus*)完满通过,获得博士学位。1935年,他被美国耶鲁大学聘任为讲师,为援华美国飞行员讲授中国文化和汉语口语,后任中国语言文学系主任。

第二次世界大战期间,美国派往中国的飞行员赴华前都送到耶鲁大学进行短期中文培训,金守拙和同事为这一项目想方设法,费尽心机。1942年,他还被聘任为军事情报学院和美军中文特别训练项目的负责人。

教学生活引起了他对语言学和音韵学一些问题的考察和研究的兴趣,并撰写过《塘栖话里的浊喉音》等文章。他认为塘栖话的语音和广韵系统的语音(中古音)之间可能属于一种平行关系,也许吴语不像北方语音那样由上古而中古到近代,而是由上古跳过中古,再从近代连接到上古。他的设想虽然大胆但是专业,得到学术界很多学者认可。

在语言教学方面金守拙曾探讨过不同的教学方法。他打破了每周安排3—5个小时中文课堂教学的套路,重点突出听与说并辅以录音,效果很好。

1942年,金守拙被推选为美国海军语言学校(Navy Language School)和陆军特别训练班(Army Specialized Training Program)的第一任院长,使用的第一本教材《中文口语》(*Speak Chinese*)是他和赫德曼(L. M. Hartman)合作编写的。1943年,为对美国援华飞行员进行中文培训,耶鲁大学远东语言研究所(Institute of Far Eastern Languages)拟定了一个拼写汉语的拉丁字母系统,由金守拙亲自开讲。1944—1945年,在华盛顿出版的《陆军部教育手册》(*War Department Education Manual*)就是在《中文口语》基础上进行扩充的汉语口语教材,学员们经过几个月的口语训练基本上能对答自如,后来这种教法也为其他学校所采用。

20世纪40年代后期,金守拙利用学术休假的机会应邀任教北京大学一年。

1953年,金守拙刊发在《语言学杂志》(*Language*)上的《塘栖方言的两种声调模式》(Two Tone Patterns in Tangsic),详细分析了浙江塘栖方言中连续变调与语法关系,并以结构主义语言学的理论来说明变调格式的异同和调类的分化与合并关系,为汉语连续变调研究拓宽了视野。

1959年夏天,他利用学术休假一年的机会访问日本和香港。李田意和同事去车站为他送行,临别时他突然情绪激动起来舍不得离去,执意下车。此时火车已经滑动,大家一拥而上才将他推进了车厢。想不到那是他与同事的最后一别。

1960年的暑假,他乘船回到美国,突发心脏病发作。因船上没有医生,他拖着病体到了夏威夷附近。他的太太在洛杉矶等候,没有料到等来的是丈夫的遗体,时年59岁。

除上述有关翻译和专论方面的学术成果外,金守拙的研究和著述还有《孔乙己》[K'ung I-chi,翻译,载《中国论坛》(China Forum) 1932年第1卷第14期]、《药》(Medicine,翻译,载《中国论坛》1932年第1卷第5期)、《风波》(A Gust of Wind,翻译,收入伊罗生编选的《草鞋脚》,1932年)、《伤逝》(Remorse,翻译,收入伊罗生编选的《草鞋脚》,1934年)、《狂人日记》(Diary of a Madman,翻译,收入伊罗生编选的《草鞋脚》,1934年)、《〈诗经〉中的不合律现象》(Metrical Irregularity in the Shih Chi-jng, Journal of the American Oriental Society, 1939)、《故乡》(The Old Home,翻译,载《远东杂志》1940年第3卷5—6期)、《小品词"焉"研究》(A Study of the Particle Yen, Journal of the American Oriental Society, 1940)、《〈春秋〉读解》(Interpretation of the Ch'un Chiu, Journal of the American Oriental Society, 1942)、《〈清代名人传略〉汉满官绅七十二条》(72 various entries on Chinese and Manchu rulers and officials in Hummel, Arthur W., Sr. Eminent Chinese of the Ching Period, 1943)、《〈汉学研究〉引言》(An Introduction to Sinology, New Haven: Yale University, 1953)。

七、亲身经历五四运动、北伐战争和抗日战争的文忠志

文忠志(Stephen Lyon Endicott, 1928—2019)是文幼章的第二个儿子,出生于上海,幼年在成都和重庆度过,后返回加拿大。1949年,他毕业于多伦多大学历史系。1966年,获多伦多大学历史硕士。1973年,获多伦多大学历史博士之后应聘担任加拿大约克大学历史系教授。20世纪80年

代,文忠志两度在四川大学外语系任教。

文忠志的父亲文幼章在中国经历了五四运动、北伐战争和抗日战争,与中国人民同甘共苦,向学子们传授知识,组织国际救助,仗义执言,为中国革命寻求国际社会的理解与支援。父亲的言传身教加深了文忠志对中国的好感和同情。

1980年,他撰写了父亲的传记以及关于四川农村发展的多部著作,向世界介绍了中国的发展。1980—1981年与1988年,他担任四川大学客座副教授,其间曾深入什邡农村进行社会调查,亲眼看到新中国成立以来西南省份发生的巨大变化。1988年,出版了专著《红色的土地:四川农村的革命》。2005年9月,应邀赴北京参加中国人民抗日战争暨世界反法西斯战争胜利60周年纪念活动。

文忠志长期为促进中加民间交流,深化两国人民之间的友谊做出了突出贡献。2018年1月1日,亲友、同事和弟子聚会祝贺文忠志的九十大寿。他在感言中深情回忆起文氏家族与中国的缘分,表示十分珍惜与中国人民的深厚友谊,愿继续为中加两国的友谊做出新的贡献,并期待后生晚辈将这份友谊传承下去。

文忠志的妻子文丽娜(Lene Wilson Endicott)是一位画家,他们育有4个女儿。

文忠志的英文著述有《外交与企业:1933—1937年英国的对华政策》(Diplomacy and Enterprise: British China Policy 1933—1937, Manchester University Press, 1975)、《红色的土地:四川农村的革命》(Red Earth: Revolution in a Sichuan Village, I. B. Tauris,1 January,1988)、《美国与生物战——冷战早期的秘密与朝鲜》(The United States and Biological Warfare: Secrets from the Early Cold War and Korea, Indiana University Press,1998)、《宾费特——1931年萨斯喀彻温省矿工的骚乱》(Beinfait: the Saskatchewan Miners'Unrest in 1931, University of Toronto Press,2002)、《高举工人的旗帜——1930—1936加拿大工人团结联盟》(Raising the Workers'Flag: the Workers'Unity League of Canada 1930—1936, University of Toronto Press,2012)、《出自中国的叛逆者——文幼章传》(James G. Endicott: Rebel out of China, Toronto: University of Toronto Press,2012)。

八、把学识技能和家族情感留在中国的云从龙父子

云从龙(L. E. Willmott)出生于加拿大多伦多,曾就读于多伦多大学和哥伦比亚大学,并获得科学学士学位和教育硕士学位。1921年,他携新婚妻子到当时的华西协合大学教英国文学。他支持和同情中国的民主进步事业,被誉为"布尔什维克传教士",把学识技能、青春年华和家族情感留在了中国。

云从龙创办了四川仁寿县华英男子中学并自任校长。后来他又出任重庆男子高中副校长、成都协合高中副校长、华西协合大学教务长,并兼任校财务主管、英语、教育和基督道德学教师。1946—1949年,云从龙接替文幼章担任华西坝上反蒋反美的爱国学生团体"星星团"的顾问。他原来住在成都人民南路三段16号14栋中一个15平方米的房间,桌上曾摆满上千册被查禁的革命书籍和进步报刊。他以自己住家为团契的活动场所,利用自己的合法身份从香港三联书店订购了许多境外出版的书刊,供进步学生阅读。

云从龙是当时中共地下党川康特委领导张友渔和马识途的知交,曾经在华西协合为马识途找到一份教英语的工作,以此掩护他的革命活动。他还长期为成都中共地下党报 XNCR① 提供设施和活动场地,解放军南下摧枯拉朽的胜利消息每天由云从龙家的无线电台接收油印后散发,鼓舞了人民的斗志。

云从龙针对当时中国的教育现状,要求学生理论联系实际,有动手能力。在他的倡导下学校开设了木工、养殖和种植课,还向当地民众传授种土豆和养奶牛的知识。他还聘请华西协合大学生物系的加拿大教授丁克生(Frank Dickinson)给学生上苹果栽培和奶牛改良的技术课。丁教授1922年到成都,在开展教学的同时,还对四川的家畜、粮食、水果和蔬菜进行改良实验,效果很好。他还从美国引进柑桔和苹果与本地品种嫁接,获得了成功。初先果农、菜农和家禽养殖户对于丁教授的主张很不以为然,但是看到眼前的苹果、鸡蛋和玉米都比本地原产的大很多,也就口服心服了。

---

① 曾用作中国共产党创办的延安新华广播电台(Xinhua New Chinese Radio)的呼号。

1952年,云从龙返回加拿大,但是他和家里人却始终关注着中国的变化,并一直保持与中加友协的联系,促进两国人民之间的交往。他有三子一女,儿子的中文名字分别为:云达乐、云达忠和云达吉。

云达乐(Donald Willmott,1925—)是云从龙的长子,出生于四川仁寿,曾先后在重庆和成都接受启蒙教育,在成都的加拿大中学毕业后到南京大学读了一年的英语文学课程,同时在成都铭贤中学教了一年英语。他先后获得美国奥柏林学院的学士、密歇根大学的文学硕士和康奈尔大学的博士学位,然后在多伦多约克大学等高校教授亚洲和中国研究课程。

抗日战争期间,云达乐一度出任驻华美军翻译,加入了美军战略情报办公室。当他发现该组织与戴笠掌控的蒋介石特务机构之间存在着秘密关系时就主动切断了跟他们的联系。1945年夏天,云达乐被派往安徽美军战略情报办公室基地担任译员,直至抗日战争结束。

云达乐到奥柏林学院进修期间曾是民主远东政策委员会的积极参与者。他在重庆美军战略情报办公室总部任职时与陶行知和郭沫若交往甚笃,这种关系背景慢慢地使他习惯于中国的生活。1950年他从奥柏林学院毕业后,便返回中国华西协合医学院执教。

云达忠(William Edward Willmott,1932—)是云从龙次子,生于成都,曾在成都加拿大人学校(Canadian School of Western China)接受启蒙教育。1948年返回加拿大。在四川一共生活了17年。1949—1951年,在美国俄亥俄州奥柏林学院(Oberlin College)攻读专业。1951—1953年,在加拿大麦吉尔大学社会系学习,获学士学位。1959年,获人类学硕士学位。1962—1963年,他在柬埔寨进行社会调查,撰写论文《柬埔寨的华人社会》(*Chinese Society in Cambodia: with Special Reference to the System of Congregation in Phnon-Penh*)。1964年,获伦敦大学博士学位。1964—1966年,云达忠被加拿大不列颠哥伦比亚大学聘任为助理教授。1966—1970年,任副教授。1970—1973年,升任为教授。1973年,他移居新西兰,被坎特布雷大学聘任为社会系教授。他是新中友协副主席,曾多次访华,曾任陕西大学客座教授。

云达忠的学术研究聚焦于南太平洋华侨史和战后东南亚民族主义运动等领域。主要著述有《柬埔寨的华人社会》(*Chinese Society in Cambodia: with Special Reference to the System of Congregation in Phnon-Penh*, University of London, 1964)、《温哥华的柬埔寨华人》(*The Chinese in Cambodia*

Vancouver, British Columbia, 1967)、《柬埔寨华人社会的政治结构》(*The Political Structure of the Chinese Community in Cambodia*, University of London, 1970)、《华人社会的经济组织》(*Economic Organization in Chinese Society*, Stanford University Press, 1972)、《基督城——新西兰亚洲研究学会》(*Christchurch*: *New Zealand Asian Studies Society*, 1979)。

九、白光华的《淮南子》研究与他的学科思维

白光华(Charles Y. Le Blanc, 1935—)出生于加拿大纽芬兰省,15岁时开始学习法国文学和西方哲学。通过阅读安德烈·马尔罗(Andre Malraux, 1901—1976)小说中描述1928年前后发生在上海的很多事情,白光华对古老的中国产生了浓厚的兴趣。后来他又读了保罗·克洛岱尔(Paul Claudel, 1868—1955)一些极具中国风格的作品。作者在中国生活了多年,还在厦门的法国领事馆工作过,丰富的华东经历赋予了他作品特有的魅力,使读者对中国产生了美好的向往。除了文学作品外,白光华还读过提勃·曼迪(Tibor Mende)的《未来的历史》,相信作者对中国发展的预言:在20世纪下半叶的历史中,中国将位居世界第一。

1956年,白光华在蒙克顿大学结束了本科学业,又在魁北克大学和蒙特利尔大学攻读神学和哲学。当他第一次阅读《论语》和《老子》的法文译本时,虽然不理解其中的许多概念和表达方式,但是对于作者深入浅出诠释的那些深奥概念和人生哲理,他觉得神奇、了不起。西方哲学家柏拉图和康德等大家的理论水平固然很高,但是仅仅代表了希腊、罗马、日耳曼和法兰西的思想水平,并不具备普遍的世界意义。他相信研究西方哲学以外的其他哲学系统可以扩大眼界、开阔视野。

白光华旅台三年,在学习汉语的同时,还系统研究了《论语》《孟子》和《荀子》等先秦儒家经典,以及《老子》《庄子》《淮南子》和《列子》等道家文献。儒家学说呈献给读者的有哲学思维和社会伦理,但是道家著述引导人们去探讨对宇宙规律、天地万物和人生百态社会的把握,简直就是一本含义深奥的宇宙百科。白光华把道家研究列为个人首选,但是对于其他经典也不轻易偏废。

旅台访学结束后,白光华转学美国宾夕法尼亚大学,师从卜德(Derk Bodde, 1909—2003)教授攻读中国哲学博士学位课程,对《淮南子》卷六的

诠释、翻译和解读为他的 3 年博士论文撰写期间日复一日的功课。

《淮南子》（又名《淮南鸿烈》或《刘安子》）是西汉皇族淮南王刘安及其门客编写的一部哲学著作，原书内篇 21 卷，中篇 8 卷，外篇 33 卷，至今存世的只有内篇。白光华最感兴趣的是内篇卷六《览冥训》和卷十六《说山训》。后来他认识了研究《淮南子》的台湾专家于大成教授，得悉已有一位美国博士研究生正以卷十六为撰写自己博士论文的选项，于是决定以卷六《览冥训》为自己的博士论文选题。此后白光华几乎每两个月都要通读一遍《淮南子》，不但字斟句酌地弄清每句话的深层含义，更重要的是寻找文字信息与历史上各个学派之间的关系，以及对比参考不同版本的《淮南子》之间的真伪与疏漏，进而联系同时代（西汉）其他重要文献的背景价值，如此推敲下来每次都有新体会。

白光华以博士论文的方式所进行的有关《淮南子》的研究，是 21 世纪中国历史文献对外译介和传播研究大潮的重要篇章。2003 年作者推出的首部《淮南子》法语全译本具有里程碑的意义。首先，突破了过去中外学术界仅从了解、诠释、翻译、校勘角度引介《淮南子》的局限。其次，研究起点由哲学、文学和语言的范围提升至义理分析领域，更多的参与者还运用伦理学、民俗学、生态学、养生学和人类学的手段展示数码时代的新观念，有些学者甚至提出了"淮南子学"的学科命名。

博士学位证书颁发后，白光华应聘留校教授中国哲学和古汉语课程，后来还回蒙克顿大学讲授中国哲学和中国历史。1978 年，蒙特利尔大学推举他为该校筹建东亚研究中心，此后他的工作日程表上的安排更为繁忙。开始阶段，关于东亚研究中心的使命、结构和工作流程如何定位，他并不十分清楚。思考再三，他决定将教书、研究和藏书三项纳入中心的日常规范。经过几年的努力，中心聚集了 12 位教授，学生 200 多人，学术领域广及中国古典和现代文学、中国哲学、中国现代非公有经济与社会发展、中国少数民族等。中文藏书多达两三万册，包括《四部丛刊》《四部备要》和《图书集成》等大型套书。

1983 年，白光华奉调赴北京任加拿大驻华使馆一等秘书。他结识了中国哲学与思想界的许多专家学者，还在工作之余修订出版自己的博士论文。此外他还组织编写了专著《中国文化中的自然与社会思想》。

白光华的主要著述有《中国民族问题》（合著，蒙特利尔大学出版社，1981 年）、《淮南子——前汉思想的哲学综合》（香港大学出版社，1985

年)、《中国文化中的自然与社会思想》(合编,香港大学出版社,1987年)、《中华帝国的神话与哲学》(合著,蒙特利尔大学出版社,法国德·宝卡出版社,1992年)、《西汉逻辑思想的一个方面——淮南子》(岳麓书社,1992年)、《感应——对于客体的中国式的阐释》(载《禁欲主义与暴力——一种人类学的阐释》,1995年)、《我对淮南子的一些看法》(载《道家文化研究》第6集,上海古籍出版社,1995年)、《传统与变革——中国和日本思想史比较》(蒙特利尔大学出版社,1996年)。

十、研究中国宗教话语与世界宗教关联的欧大年

欧大年(Daniel lee Overmyer, 1935—)1957年毕业于韦斯特玛学院(Westmar College)生物系本科,1960年获内珀维尔基督教神学院(Evangelical Theological Seminary Naperville)学士学位,1966年获芝加哥大学宗教史硕士学位,1971年获芝加哥大学中国宗教博士学位,1997—1998年任香港中文大学宗教系主任,1996—1998年任该系讲座教授。不列颠哥伦比亚大学亚洲研究所中国研究中心荣休教授。欧大年主要研究领域为中国佛教、民间教派、明清民间宗教经卷,通过地方性的民间信仰对不同文化背景的宗教传统进行比较和诠释。

1976年,欧大年在自己的博士论文基础上修改完成的《中国民间宗教教派研究》中提出了"民间教派"(popular religion)与"民间信仰"(popular beliefs)的概念。在他看来,"正教"就是建制型的宗教,如佛教、基督教、天主教、道教等。明清以后出现一些普通人为了消病解灾、修炼来生或对抗衙门而创立的八卦教、白莲教、三一教、大伯公信仰、临水夫人信仰等。他根据海内外学者田野调查的资料提出有关宗教的"结构性定义":以住家、村落和居民点为聚会点;天地万物都有灵性,可以崇拜;醮局和法会是沟通神灵的手段;崇拜对象是辟邪消灾、安邦定国、吉庆如意的标识。

欧大年认为,对中国宗教进行研究要有一套建立在中国经验之上的理论和方法,进而形成自己的学术传统。中国的宗教传统与欧洲的宗教传统有相同之处,也有不同之处,差异不意味着任何缺失。拿基督教和佛教相比较,可以让我们从结构上认识世界不同地区的宗教传统的相似性,进而理解不同文化背景下普遍存在的"实践性宗教"(practical religion)的可能。他还强调要用新方法来研究宗教,大学宗教学系的教员应该接受过历史

学、人类学和社会学的训练。①

欧大年的《宝卷：中国16世纪到17世纪宗教经卷导论》收录了明代和清代初期中国各民间教派流传下来的宣讲教义的说唱脚本，内容有佛经故事、劝世经文以及有关教义法规的文献。宝卷形式上主要为三言、四言、五言、七言和十言韵文，词牌丰富，音调优美。演唱者少则三五人，多则几十人，为老百姓所喜闻乐见。这种文艺形式早在唐代的变文中就已出现，宋代说经、诸宫调和鼓子词的影响又催生了"宝卷"。康熙年间是中国民间宗教宝卷的大发展时期，题材从弥勒尊经扩展至孝道、亲情和人间悲苦。经过有关部门组织人员收集、普查、拍摄、建档和研究，宝卷已成为一宗令国人自豪的文化财富。②

欧大年的主要著述有《中国民间宗教教派研究》(Folk Buddhist Religion: Dissenting Sects in Late Traditional China, Cambridge, MA: Harvard University Press, June, 1976)、《凤之舞：中国台湾宗派主义面面观》(Co-written with David K. Jordan, The Flying Phoenix: Aspects of Chinese Sectarianism in Taiwan, Princeton University Press, 1986)、《中国宗教：宇宙生命观》(Religious of China: The World as a Living System, San Francisco, Harper & Row, Publishers, March, 1986)、《中国民间宗教教派研究》(周育民译，上海古籍出版社, 1986年)、《民间佛教》(翻译，载《中国民间宗教教派研究》，上海古籍出版社, 1993年)、《宝卷：中国16世纪到17世纪宗教经卷导论》(Precious Volumes: An Introduction to Chinese Sectarian Scriptures from the Sixteenth and Seventeenth Centuries, Cambridge, MA: Harvard University Asia Centre, 1999)、《台湾慈惠堂的考察》(刊《明清宗教》1999年第1期)、《今日中国之宗教》(Edited and wrote the introduction, Religion in China Today, Cambridge University Press, 2003)、《中国北方农村社会的民间信仰》(与范丽珠合撰，上海人民出版社, 2013年)。

第二节 加拿大学者和他们的专业领域(1950—2009)

1949年以后，由于中加两国在各方面的交往日趋频繁，华人移民人口

---

① 欧大年《历史、文献和失地调查——研究中国宗教的综合方法》，载《历史人类学学刊》2004年第2卷第1期。

② 欧大年《宝卷：十六至十七世纪中国宗教经卷导论》(马睿译)，中央编译出版社, 2012年。

增加，汉语成为加拿大的第三大语言。20世纪50年代以后，加拿大的汉学研究已经成为一门独立学科，各类中国研究机构纷纷成立，研究人员队伍逐渐扩大。不列颠哥伦比亚大学（University of British Columbia）1957年率先开设了汉语课程，1985年创建附属维真学院中国研究部（Chinese Studies Program of Regent College），并开始制订综合性的北美中国研究计划。

20世纪60年代，一些美国学者因对麦卡锡主义不满移民加拿大。1968年10月，加拿大亚洲研究协会成立，加速了加拿大以中国史研究为开端的中国问题研究。

1976年，蒙特利尔大学（Université de Montréal）成立了东亚研究中心（Center for East Asian Studies），1978年成立亚洲研究学院，1992年改建为中国研究中心。其他一些高等院校也纷纷成立中国研究机构，如约克大学、维多利亚大学等。

这一时期建立的非营利汉学研究机构有：1968年建立的加拿大亚洲研究协会（Canadian Asian Studies Association）；1984年成立的为商界、公共政策制订部门和学术机构提供信息、咨询和交流帮助的亚太基金会（Asian Pacific Foundation of Canada），学术领域从早期的思想文化扩展到当代中国问题研究。

自20世纪60年代起，加拿大的汉学研究一直以一种较为平缓的速度发展，相关的研究机构与组织大多成立于20世纪70—80年代。90年代，加拿大汉学的发展因财政紧缩受到影响，但是各高校之间却加强了中国研究的合作，并以当代中国作为研究重点。

在加拿大的汉学研究中，外来人才（包括来自西欧与北美的学者和华人学者）发挥着相当重要的作用，培养本土的汉学人才是加拿大当时面临的任务之一。随着与中国在各方面的交往日益加深，加拿大的汉语教学迎来了良好的发展机遇，进一步促进了加拿大汉学研究的发展。

加拿大的当代中国史研究，主要依靠麦卡锡主义时期之后从美国移民到加拿大的一些学者启动的研究，1968年10月加拿大亚洲研究协会成立之后，全国性的中国史研究逐步走上轨道。

1970年，中加正式建交，两国的学术交流得到推动。1973年10月，加拿大总理特鲁多访华，与周恩来总理签署了《加中学生交换协议》[1989年扩建为"加中学者交换项目"（Canada-China Scholars' Exchange

Program)],是两国历史上最重要的文化交流项目,为中加双方培养了大批高级人才,促进了两国政府和人民的互相了解。1980年,加拿大社会科学和人文科学研究理事会与中国社会科学院签订了学术合作的谅解备忘录,中加两国历史学家的交往进一步得到加强。此后加拿大总督和参众两院议长先后访华,两国经济贸易关系发展顺利,从单一的商品贸易发展到全方位、跨领域、多元化的经济技术合作。

加拿大当代汉学研究的专家主要集中在多伦多和温哥华。大学的教授和副教授占加拿大汉学研究学者的半数以上。在30多所大学里都设有中国问题的教学和研究中心,主要研究和讲授中国近现代史,其中以多伦多大学和不列颠哥伦比亚大学的实力最为雄厚。

这一时期的汉学研究得到了联邦政府的资助。教育合作通过加拿大国际发展署(Canadian International Development Agency)、国际发展研究中心(International Development Research Centre)以及社会科学与人文研究委员会(Social Sciences and Humanities Research Council)等机构对中国相关机构和个人进行资助与培训,许多学者从中受益。

一、对早期和晚期古汉语进行不懈研究的蒲立本

蒲立本(Edwin George Pulleyblank,1922—2013)祖籍加拿大艾伯塔省(Alberta),在艾伯塔大学(University of Alberta)主修希腊文和拉丁文,1942年毕业。太平洋战争期间,他还学习过日语,参与盟军情报部门的工作。1946年,他在伦敦大学攻读汉语和历史。1951年,以论文《安禄山叛乱的家世和早年生活》获哲学博士学位,之后到日本东京和京都图书馆进修至1952年。

蒲立本1955年出版的《安禄山叛乱的背景》与之前他撰写的博士论文《安禄山叛乱的家世和早年生活》构成了一个项目工程,其重要性不仅因为安史之乱是中华由世界之邦转向为衰败王朝的节点,更重要的是作者对一系列历史问题所做的充分解读。

《安禄山叛乱的背景》是西方汉学界有关唐史研究的经典之作,蒲立本查阅了大量的史籍和档案,梳理了许多一般人不理解的问题。原来唐朝前期实行的是一种兵农合一的军事制度,府兵不用向国家缴纳赋税,但是也没有军饷,战争发生时要自备马匹、武器和军粮。要建立府兵就要给他

们分配土地。由于人口增加,唐王朝不断对外扩张,府兵制无法继续执行,最后改用募兵制。部分将领因此被授予军权和财权,出现分配不公的矛盾后,朝廷就任用寒门出身的军人或胡人做武将,这就为后来的安史之乱埋下了祸根。随之而来的还有安禄山和同党的族属族源问题,武周之后唐代社会上层的腐化问题,玄宗推行的经济改革与皇权体制问题,河北与关中的地域主义与国家分裂的问题,等等。虽然这些还构不成唐代政治衰败的因素,但是其鞭辟入里的分量却日渐加重。

1959年,蒲立本开始钻研中国历史和语言学,进而研究早期和晚期中古汉语、上古汉语的辅音系统、上古汉语和缅文元音系统等问题,并先后在《伦敦大学亚非学院学报》《通报》《大亚细亚》和《中国语言学报》等刊物上发表著述。上古音的构拟一度众说纷纭,莫衷一是,20世纪60年代有了突破性进展,与蒲立本的卓越贡献有关。

1962年,蒲立本发表的《上古汉语的辅音系统》是一部里程碑式的专著。他的中亚、南亚和东亚的语言知识相当丰富,对于古汉语文献非常熟悉,并充分运用了借词蕴含的语音背景史料,进一步充实了上古汉语音韵学已有的研究成果,学术影响广及中亚史、中外交通史和语音史。

蒲立本研究中国历史和汉语语言学半个多世纪。这两门学科在学术上相互交叉,但是内容和方式各不相同,很少学者能像他那样独当一面并出类拔萃的。20世纪90年代,他的长篇论文《印欧人与华人的早期接触》,全面论述了古代中国与欧亚的方方面面联系,从语言、冶金、交通、思想、历法、大小麦到牛羊,论证条理清晰,如数家珍。

1953年,蒲立本受聘为剑桥大学汉语教授。1966年,出任不列颠哥伦比亚大学教授。1968年,担任该校亚洲研究系主任。他的研究领域主要聚焦于唐代历史和唐代之前的中国民族史,以及汉语音韵学和汉语语法史,范围非常广泛。1987年,为退休荣誉教授。

蒲立本的专著《古汉语语法纲要》于2006年译成中文并出版,该书对汉语的历史、文字、音韵以及古汉语语法基本规则做了简要说明,还讨论了古汉语的主要句子类型。何乐士在该书的中译本序中有这样一段评论:

> 作者不是把语法现象孤立起来考察,而是注意到形成这一语法现象的综合因素。如:作者特别重视将语音要素融入语法研究,书中随处都能感受到这一特点。关于语法现象与方言差异可能存在的关系,

书中也有论述。再如各种古籍独有的语法特色、著作者个人的语言风格以及社会历史因素等,本书也都予以关注。①

汉学与非汉学研究和跨学科研究的结合是 21 世纪的新学科选项,也是学术界奉献给多元文化世纪的礼物。蒲立本 2008 年 4 月发表的《作为数字的语言——人类言语的起源和本质新论》就是他和同事们合作的新篇章。这里,语言学的领域得到了空前扩展,成为远距离传输和转换的符号系统。数理语言学就是由此演化而来的一门新兴边缘学科。

1980 年,蒲立本当选为加拿大皇家学会会员;1993 年,任意大利中东和远东研究所通信员;1971—1974 年,担任加拿大亚洲研究学会会长;1990—1991 年,被推选为美国东方学会会长;1992—1993 年,为美国东方学会西部支部会长;1995—1996 年,被推举为国际汉语语言学会主席。

蒲立本半个世纪来发表论文 100 多篇,专著共 10 种,其中主要的有《安禄山叛乱的背景》(*The Background of the Rebellion of An Lu-shan*,1955)、《中古汉语——历史语音学的研究》(1984 年)、《早期中古汉语、晚期中古汉语、早期官话构拟发音的词汇》(1991 年)、《一份以中亚婆罗迷文书写的汉语文献——关于晚期中古汉语和于阗语发音的新证据》[与阗语专家埃梅里希(R. E. Emmerick)合著,1993 年]、《古汉语语法纲要》(*Outline of Classical Chinese Grammar*,英语版 1995 年问世,2006 年语文出版社推出中文版)等。

二、主张从文化人类学角度考察中国宗教的裴玄德

裴玄德(Jordan Paper, 1938—)1960 年就读于美国芝加哥大学,1965 年获美国威斯康星大学东方文明和佛教专业硕士学位,1971 年获该校汉语言文学专业博士学位,1967—1972 年任教于美国印第安纳大学历史系,后应聘在加拿大约克大学东亚中心和宗教学中心从事教学和研究工作。裴玄德的主要学术领域为东方民间信仰研究、比较宗教方法论、性别与宗教、女神研究和犹太人研究。

1995 年 12 月 8 日,裴玄德在中国历史博物馆的一次学术演讲中谈到

---

① 何乐士《〈古汉语语法纲要〉中译本序》,载《语文建设》2014 年第 1 期。

西方比较宗教学者曾经通过图腾制（totemism）来研究非基督教与非欧洲文化问题，一些欧洲中心论者错误地认为"图腾"属于下等文化层次思维。他说"图腾"这个词最早出现在北美五大湖旅行的英国商人约翰·朗（John Long）撰写的《一个印第安翻译兼商人的航行和旅行》（*Voyages and Travels of an Interpreter and Trader*）的书中。实际上"图腾"有两个意思：第一，用作氏族标记；第二，如果是代表一种氏族食品则禁止食用。半个世纪前社会发展的概念是：西欧是文化发展的最高形式，西欧的基督教是最高级的宗教。但是这个术语没有反映客观文化现实，给西方学者制造了混乱。第二次世界大战后的社会发展证明欧洲的所有文化方式较之于其他文化仍然有野蛮倾向。①

2014年4月11日，裴玄德在北京师范大学文学院民俗学与文化人类学研究所做了题为"作为神职人员的地方官：传统中国的地方国家宗教"的学术讲座。他首先就中西学术界长期忽视中国国家宗教的问题，结合个人在山西平遥古城官衙的城隍和文庙祭祀场所田野考察的发现，并根据《礼记》和《论语》等古籍，指出中国古代作为文官的县长代表皇帝行驶所辖地区神职人员职责的事例并不鲜见。显然，在帝王和县官的日常事务中，宗教与行政、司法、税收和教育同等重要，政教合一的现象相当普遍，地方政府并非完全世俗的机构。他反对从西方基督教的立场来理解中国宗教，提倡根据社会实况从宏观比较的视野来审视古代中国地方政府的性质，才能剔除西方学术界对中国宗教的错误观点。

裴玄德的主要著述有《中国散文指南》（*Guide to Chinese Prose*, G. K. Hall & Co., 1973）、《夫子——后汉儒学文本》（*The "Fu-tzu": A Post-Han Confucian Text*, *T'oung Pao Monographie XIII*, 1987）、《敬烟——神圣的烟管和印第安人的宗教》（*Offering Smoke: The Sacred Pipe and Native American Religion*, University of Idaho Press, 1988）、《醉神——中国宗教比较研究》（*The Spirits are Drunk: Comparative Approaches to Chinese Religion Albany*, State University of New York Press, 1995）、《父系统治的中国宗教中的妇女仪式——父系社会的多样性》（*Through the Earth Darkly: Female Spirituality in Comparative Perspective*, 1997）、《神秘经历——描述比较分析》（*The Mystic Experience: A Descriptive and Comparative Analysis*, Albany: State

---

① 裴玄德《"图腾制"——一个过时的概念》（孙其刚译），载《世界民族》1997年第1期。

University of New York Press,2004)、《众神——多神学》(*The Deities Are Many：A Polytheistic Theology*,Albany：State University of New York Press, 2005)、《北美土著宗教传统》(*Native North American Religious Traditions： Dancing for Life*,2007)、《中国犹太神学》(*The Theology of the Chinese Jews*, Waterloo,On：Wilfrid Laurier Press,2012)等。

三、长期致力于元散曲作家作品翻译与研究的林理彰

林理彰(Richard John Lynn,1940—)1962年在普林斯顿大学研修艺术与考古专业,是刘若愚(James Y. Liu,1926—1986)的入室弟子。1966年,获华盛顿大学中文硕士。1971年,获斯坦福大学哲学博士学位,博士论文题为《王士祯(1634—1711)——评论家与诗人》(*Wang Shizhen*(1634—1711)*as Critic and Poet*)。1981—1982年,林理彰任职于不列颠哥伦比亚大学亚洲系,代行休学术年假的叶嘉莹教授之职务。后任教于新西兰奥克兰大学,在马萨诸塞大学阿默斯特分校和印第安纳大学讲授中国语言文学与比较文学课程,还受聘为斯坦福大学客座教授。1992年,出任阿尔伯塔大学东亚系主任。1999年,加盟多伦多大学东亚系。2005年荣休,与从事日本文学研究的夫人桑雅·昂森(Sonja Armtzen)定居于伽比奥拉岛(Gabriola Island)。

林理彰是一位兴趣广泛的汉学家,学术思路开阔,笔耕不辍,很早就使用电脑撰写文论。他是英语世界《老子》《周易》和《庄子》的权威译者,长期致力于对元代散曲作家贯云石(1286—1324)生平史料及其创作历程的考证。贯云石(1286—1324)出身贵胄,做过翰林学士,善作散曲,所创的曲调曾传给浙江澉浦杨氏,直至明代,为昆腔的先驱,1303—1305年任职江西时因断案失误遭贬。《贯云石》(*Kuan Yun-shih*,1980)一书是林理彰根据自己在华盛顿大学的硕士论文修订而成的,导师卫德明(Hellmut Wilhelm,1905—1990),1966年出版,被视为英语世界元散曲翻译和研究的典范之作。

1971年获得博士学位后,用了近10年时间搜集有关贯云石的生平和31篇作品的资料、文献与细节。从用典、意象、象征、措辞和表达等方面对贯云石散曲作品进行分析。据统计,贯云石的散曲用典大约80多处,欣赏主体定位为普通社会大众,引典来源广泛通俗,意象运用手法多变,这与他

在散曲中雅俗语汇并用的立意是一致的。

南宋诗论家严羽(1192—1245)所著《沧浪诗话》是中国古典诗学中的一部经典著作,"妙悟"(语出《涅槃无名论》)说一出,在魏晋南北朝的佛教中被普遍接受,也是学者们长期的研究重心所向。严羽"妙悟"的代表性研究成果分别散见于叶嘉莹、宇文所安(Stephen Owen,1946—)、刘若愚、叶维廉和林理彰等汉学家的论著中。林理彰视儒家为正统,在解读"妙悟"的形式上最接近古典诗学的传统。

林理彰在《中国诗学》一文中引用恩师刘若愚的文论观点认为中国诗学理论可分为六大类:玄学类理论(Metaphysical Theory),讨论客观存在与作者之间的互动关系;决定论类理论(Deterministic Theory),也用于说明客观存在和作者之间的联动关系;表现类理论(Expressive Theory),描述作者与作品之间的互动关系;技巧类理论(Technical Theory),展示作品作为客观实体;审美类理论(Aesthetic Theory),视作品为客观实体;实用类理论(Pragmatic Theory),表现作品与读者之间的互动关系。① 在现代中国诗学中学者们面临的难题是,由于传统的中国文学批评路数众多,诗学流派纷呈,有些相互对立,有些彼此补充,如何创造一种既能涵盖中国传统文学批评精神又含有现代学术品格的诗学分析理论实属不易。

林理彰认为,以"模仿客观存在的某些方面为主的艺术论"(艾布拉姆斯语)对中国诗学作品与客观存在的关系进行界定似乎不妥,因为这个术语包含着一整套从柏拉图到亚里士多德及其后的新柏拉图和新亚里士多德学派批评体系的西方含义。无论是柏拉图式的超验理想真实,还是亚里士多德式的客观世界观念,都无法在传统的中国思想界找到与之相对应的观念。对中国诗歌来说,无论在理论还是实践上,都不存在那种动机,也不存在那样的理论基础,因此不可能去模仿或表达西方式理想的或标准化类型的客观存在。

按照美国斯坦福大学教授刘若愚的观点,诗学的决定主义理论是把文学理论的探索作为对时代政治和社会现实无意识但不可避免的反映和揭

---

① 林理彰《中国诗学》,载《东方丛刊》2004年第3期。此前,美国康奈尔大学英文系教授艾布拉姆斯(M. H. Abrams)在《镜与灯——浪漫主义文论及批评传统》(*The Mirror and the Lamp: Romantic Theory and the Critical Tradition*)中曾提出文艺分析批评四要素框架结构,即:世界—作品—艺术家—欣赏者,从历史发展的角度阐述了"模仿说""使用说""表现说"和"可观说"。面对中国丰富的文学理论资源,这一分析模式对北美的汉学研究学者产生了影响。

露。这种理论的着眼点是客观存在与作者之间的互动关系,不过这里的"客观存在"指的不是自然之道,而是人类社会。

林理彰是加拿大多伦多大学荣休教授,北美著名汉学家。他先后发表论文 70 多篇,主要研究领域为诗歌与文学批评、中国哲学思想史。他的重要研究选项为:编译黄遵宪的书稿和大理石画的翻译与注释。他的代表性编著和译著有《正统思想与启蒙——王世贞(1634—1711)的诗歌理论与其先辈》(收入《新儒学扩展》,1975 年)、《明代诗歌理论中的通向自我实践的交替路径》(收入《中国艺术理论》,普林斯顿大学出版社,1983 年)、《中国诗歌的魅力——谚语(1195—1245)与近古中国》(收入《中国文学:随笔,文章与评论》1983 年第 4 卷第 2 期)、《中国诗歌和戏剧导读》(*Guide to Chinese Poetry and Drama*,1984)、《中国诗学中的才学倾向》(收入《神女之探寻:英美学者论中国古典诗歌》,上海古籍出版社,1994 年)、《王弼注〈易经〉新译》(*The Classic of Changes:A New Translation of the I Ching as Interpreted by Wang Bi*,1994)、《中国诗学中的才学倾向》(收入《神女之探寻:英美学者论中国古典诗歌》,上海古典出版社,1994 年)、《老子〈道德经〉:王弼注新译》(*The Classic of the Way and Virtue:A New Translation of the Tao-te-Ching of Laozi as Interpreted by Wang Bi*,1999)、《王弼注〈道德经〉新译》(*The Classic of the Way and Virtue:A New Translation of the Tao-te Ching of Laozi as Interpreted by Wang Bi*,1999)、《中国诗学》(载《东方丛刊》2004 年第 3 期)、《郭象注〈庄子〉新译》(*Zhuangzi:A New Translation of the Daoist Classic as Interpreted by Guo Xiang*)、《中国文学——西欧语言书目初稿(1900—2010)》(*Chinese literature:A Draft bibliography in Western European Languages*,2015)。

四、通过人文科学交叉手段来研究异质文化的王健

王健(Jan Wilson Walls,1940—)出生在美国,曾在印第安纳州立大学学习心理学,二年级后改修中国语言文学专业。他的博士专业领域为中国文学发展史,导师是文学评论家柳无忌,博士论文为《唐代女诗人鱼玄机》。从王健论文选题的难度可以看出他与众不同的学术思考和追求。

鱼玄机(844—871)原名鱼幼微或鱼蕙兰,是一位晚唐才女,好读工诗,与李冶、薛涛、刘采春并称唐代四大女诗人,花间派词人温庭筠是她的忘年

交,成就了她的诗才。她的丈夫李亿激发了她的才情,但是也引导她看破了红尘。咸通年间(860—874)因家事不和,她进长安咸宜观出家为女道士,改名"鱼玄机"。27 岁时遭京兆尹温璋以虐婢罪处死。她的生平传记不见正史,诗作50首仅存《鱼玄机集》。王健选题的难度在于:(1)鱼玄机冤案是亘古之谜,解读文献史料需要丰富的中国文史和司法知识,西方同类文献中缺乏判例;(2)鱼玄机诗仅存一卷,五言七言居多,绝句奥思,参考资料匮乏,非有真才实学者不能胜任。由此可见当年王健身边除了大名鼎鼎的导师柳无忌之外,必定还有一支学问高超的团队乐于点拨求知心切的学者。

王健在大学初级阶段由于对于东方文明的好奇心引起了他对中华文化的兴趣,觉得其美妙无比的价值就在字里行间。中国文化不仅让他知道怎么生活,也告诉他怎么爱,更重要的是爱什么。汉语对他来说犹如"黑洞",一旦接近就不能自拔。随着中华文化在海外知名度的提高,越来越多不同国籍的人都成了知己。①

王健先后在加拿大几所大学从事中文教学和中国文化研究。1970—1978 年,他执教于不列颠哥伦比亚大学亚洲系。1978—1985 年,受聘于维多利亚大学,参与创建太平洋和东方研究中心(Center for Pacific and Oriental Studies),任系主任。1987 年 9 月,任教于西蒙菲沙大学(Simon Fraser University),创建并主持林思齐国际文化交流中心(后改称林思齐中心,David See-Chai Lum Centre),主张通过自然科学与人文科学交叉研究手段来研究异质文化,并从中进行宏观分析与前景预测。②

1981—1983 年,王健任加拿大驻华使馆文化与科学一等秘书,后担任文化参赞。除了新疆和西藏外,中国其他省市他都去过。他利用业余时间向北京曲艺团的梁厚民学习快板和曲艺,还请中央音乐学院的老师教授古琴和洞箫,深化自己对中国文化的了解。1985—1987 年,王健担任加拿大亚太基金会常务副会长,后接受西蒙菲沙大学的邀请,创办亚洲研究中心和林思齐国际交流中心,担任国际东西方研究学会(International Association for East-West Studies)温哥华研究院院长,为促进中加两国人民相互了解做了大量工作。40 多年来,王健一直致力于向西方介绍中国文

---

① He Keyao, *Contemporary Sinology*: *an answer for the world*? China culture. org, 2014-11-5.
② 卢兴基、董乃斌《加拿大的中国文学教学与研究》,载《文学遗产》1989 年第 4 期。

化,引起他们对中国语言、文学、国画和艺术的兴趣。他学习过快板、曲艺、古琴和洞箫,还翻译了300多首中国古典诗词,并参与编辑翻译收录中国60位名家作品的《中国名家绘画》。几年前中国高教出版社出版了他的新著《跨文化视角下的北美与中华文化》(Cross-cultural Perspectives: North America and China)。2006年退休后,他还为各类涉及中国文化的活动担任顾问,每年都来华一两次,进行文化和教育交流,经常主持文艺节目和电视节目。

40多年来王健英译的中国古典诗词300多首,近年来他还参与编撰中英双语60卷本的《中国名家绘画》,精选了近代和现当代60余位中国名画家的代表作。他是一位曾在不列颠哥伦比亚大学、维多利亚大学和西蒙菲沙大学获得终身教授席位的学者。《温哥华太阳报》(The Vancouver Sun)曾评论说:"对现在汉语越来越重要的国际社会来说,王健教授是一位先驱,在东西方之间建立了无数桥梁。"①

王健夫人李盈(Yvonne Li Walls)也是翻译大家,早年随父亲生活在中国,后来到美国求学时与王健相识相爱。他们夫妇曾合译《西湖民间故事集》(Legends of the West Lake)和《中国古代神话》(Classical Chinese Myths)等10本专著。2009年,他们还合著《应用中文——当代用法指南》。

五、关注清代文论现代性精神研究的施吉瑞

施吉瑞(Jerry D. Schmidt,1946—)出生于美国芝加哥附近的一个小镇,祖籍德国,母亲是比利时裔,第二次世界大战期间一家移居美国。施吉瑞的父亲原是一家航运公司的驾驶员,后来改行经营农场,种植玉米和大豆,养牛,季节分明、无拘无束的郊野环境给他留下了深刻的印象,童年的生活使他后来爱读中国古诗。

中学时他开始学习德文和拉丁文,阅读东西方古代历史、文化和文学书籍。在伊利诺伊州时他曾读过一本《老子》的英译本,书中关于"道"和"自然"的理论对他来说很深奥,但又很贴近自己的生活和性情。于是他开始学习汉语,相信只有学习中国文化,才能了解中国人的精神世界。

1963年,施吉瑞考入加州大学伯克利分校东方语言系,开始阅读鲁

---

① 江亚平《加拿大人王健——沉浸中华文化一辈子的洋人》,新华网,2016年3月23日。

迅、巴金、老舍的作品以及《孟子》和《史记》等古代经典。执教的老师有华裔学者陈世骧(1912—1971)，小说戏曲专家白之(Cyril Birch，1925—)，唐代历史、道教与天文学专家谢弗(Edward Hetzel Schafer，1913—1991)，博士生导师叶嘉莹，这对他的汉语学习给予很多帮助。

他初学汉语时每天晚上都要跟着唱片念一两首唐诗。学校东亚图书馆的藏书丰富，有一次他看到一本《宋诗选》，觉得跟唐诗完全不一样，于是他阅读了几本苏东坡和王安石的文集，眼界为之大开。

1964年，施吉瑞去台湾访学半年，跟吴宣晨太太学习《孟子》和《史记》等汉籍，与当地民众交游甚广。后来他申请到台湾大学奖学金，去该校进修了9个月，又在台湾大学教授于大成(1934—)指导下研习《陶渊明全集》和《谢灵运全集》等，学习如何做学问和校勘书目。

大学毕业那年，加拿大不列颠哥伦比亚大学亚洲系主任蒲立本(Edwin G. Pulleyblank，1922—)到加州大学柏克莱分校讲学，答应聘任施吉瑞为助教并给他一份奖学金，鼓励他到不列颠哥伦比亚大学继续深造。在温哥华，蒲立本教授指导施吉瑞撰写有关韩愈(786—824)的硕士论文。

攻读博士学位课程的第一年施吉瑞在李祈(Li Chi)的督导下研读南宋诗人杨万里(1127—1206)的诗作。第二年在叶嘉莹指导下学习清诗。1975年，他的博士论文《杨万里的诗》顺利获得通过。

1994年，施吉瑞撰写的《人境庐：黄遵宪的诗学》是研究晚清革新运动领军人物黄遵宪的思想和诗作的专著。他试图从纯文学视域解读黄遵宪在晚清诗界的理论和实践。黄遵宪曾以外交官身份出使日本、美国、英国和新加坡，异域风情和政治科技变化的背景成为他诗作的重要题材。以传统诗歌技巧刻画国人不熟悉的外部世界，赋予黄遵宪的作品对国内外读者的巨大吸引力。该书共分"生平经历"和"诗论"两大部分十三章，内容丰富，论证深刻，极富原创性特色。

2013年，施吉瑞研究郑珍的专著《郑珍：中国现代性的起源》旨在对中国现代性进行探讨。郑珍长期蛰居黔中，涉猎过的现代科技书籍甚少，对西方科技的了解也不多，但是他在自己的诗中却令人意外地引出了农桑、技术和数学的话题。他的叙事诗不仅在结构上打破了传统，内容也深刻反映了社会人生真实的一面。从郑珍诗文中的科技倾向可以看出他的理性、怀疑和批判精神。有些欧美汉学家认为中国文学的现代性源于五四运动，或者以龚自珍和康有为为代表的崇洋学者的著述。施吉瑞却认定中国文学的现代精神来自中国文化本身,这就是他力图对西方观念进行颠覆之处。

西方学术界有关中国历史现代性的主流观点是,晚清中国政界和学界保守、排外,对于新思想新科技反应迟钝。但是许多中国学者却不以为然,认为以五四运动时期的龚自珍和康有为为代表的先知先觉人物就是中国历史现代性转折的标识。

施吉瑞作为一个西方学者对此更为敏感,他喜欢黄遵宪、袁枚和郑珍等人的著述,认为以黄遵宪和郑珍为代表的清代宋诗派文人既重理又重学,思想活跃,亲近科学,勇于接受西方新学。宋诗派对中国近代史、洋务运动、戊戌变法有着深刻的影响,他们的思想就是中国现代性的重要源头。施吉瑞的研究从黄遵宪开始,进而转入对郑珍和莫友芝的关注,力求尽可能接近历史真相和诗人的内心思想活动。凡是诗人及其作品涉及的地方,他都要尽可能亲临现场考察。郑珍是贵州人,为了了解他的生活轨迹以及诗中所涉及的人物、事件和地点,以及诗中典故的出处,他曾两次访问贵州,并在遵义沙滩为郑珍扫过墓。为了寻访郭嵩焘和黎庶昌的资料,他曾专程到英国查阅当时报刊资料的微缩胶片。

施吉瑞喜欢郑珍作品中既乐观又消极的品格,认为是现代文学的表现。郑珍仿照苏东坡与韩愈的风格描写大自然,优美乐观与消极感伤并重,在古典美中折射现实的阴暗。他的诗中透析出科技思维和个人的体验与感受,非常接近现代人的心理。施吉瑞断言,郑珍的思想与五四运动存在渊源关系,恰似鲁迅的世界观与郑珍的宋诗派观念有重叠之处。郑珍终生幽居贵州的经历,对于当时蓄势待发的人生和斑斓缤纷的视野是一种局限,也使他与曾国藩期盼的中兴大业和文化契机失之交臂,但是他毕竟代表了积极的社会倾向。

有一段时间施吉瑞几乎每年都要来中国一次,对于中国文化研究常有新选题。他一度将目光聚焦于清末民初的上海诗人。在他看来当年上海的现代化倾向最浓,研究上海古诗比研究西洋文化在上海的传播更为重要。

施吉瑞移民加拿大后曾任教于加拿大温莎大学(University of Windsor)亚洲研究系,后任加拿大不列颠哥伦比亚大学亚洲研究所教授。

施吉瑞通晓汉语、英文、德文、梵文和拉丁文,主要研究领域为中国古典诗学,尤专于清代诗学。他的文风严谨,对于翻译和汉学都有不少独到见解。他虽治诗学,也精史学、考据学和版本学,以中西文化比较的眼光,发国人之未能发。他为人谦和幽默,一生辗转于中西海内外之间,是著名的汉学家和翻译家。他的主要英语著述有《杨万里》(Yang Wanli, GK Hall,1976)、《石湖:范成大诗学研究》(Cambridge University Press,1992)、《人境庐:黄遵宪的诗学》(Within the Human Realm: The Poetry of Huang Zunxian,1994)、《随园:袁枚的人生、文学批评与诗艺》(Harmony Garden: The Life, Literary Criticism, and Poetry of Yuan Mei,2002)、《郑珍:中国现代性的起源》[The Poet Zheng Zhen(1806—1864)and the Rise of Chinese Modernity,2013]。

六、注重藏学研究客观性的谭·戈伦夫

谭·戈伦夫(Adalbert Tomasz Grunfeld,1946—)是加拿大汉学家。1972年,毕业于美国州立大学老韦斯特伯里学院本科专业。1973年,获英国伦敦大学亚非学院中国历史硕士学位。1985年,获纽约大学博士学位,后被聘任为美国纽约州立大学帝州学院(State University of New York Empire State College)东亚现代史教授。

谭·戈伦夫由于早年参加过美国左翼学生运动,深受埃德加·斯诺著作和20世纪西方激进思潮的影响,因此他对西藏问题的立场观点与许多西方学者有所不同。虽然早期他所能读到的中文史料有限,但是他对1949年以后中国的西藏政策,以及西藏在社会改革中所取得成就的评价高于一般西方藏学家。他敢于坚持真理,不人云亦云,增加了世界上很多关心西藏者的认识。

1987年,谭·戈伦夫出版的《现代西藏的形成》内容丰富,突破了过去以文化和宗教为西藏研究主要路径的方式。该书共十一章:第一章"昔日的西藏"(Tibet As It Used to Be),第二章"早期历史"(The Early History),第三章"早期对外交往"(Early Foreign Contacts),第四章"现代"(The Modern Era),第五章"外国阴谋之一"(Foreign Intrigues I),第六章"20世纪50年代:蜜月"(The 1950s: The Honeymoon),第七章"20世纪50年代:反抗"(The 1950s: Revolt),第八章"外国阴谋之二"(Foreign Intrigues II),第九章"1959年以后的西藏"(Tibet After 1959),第十章"藏侨"(The Tibetan Diaspora),第十一章"现状"(The Current Situation)。为了撰写该书,作者利用一切机会广泛查阅了中国、英国、美国和印度的相关文献档

案,对比分析不同观点的资料,对中国的报刊和数据信息尤为珍惜。说这是一部注重藏学研究客观性的专著并不为过。

谭·戈伦夫除英语外还通晓汉语、法语和匈牙利语。他的学术领域为藏学、政治与社会史。他的代表作有《革命战友——1926—1939年支持中国共产党人的美国人》(Friends of the Revolution：American Supporters of China's Communists, 1926—1939, New York, 1985)、《现代西藏的形成》(The Making of Modern Tibet, 1987)、《独立自主——从旧金山地震到1917—1927中国革命的新闻冒险》(On Her Own：Journalistic Adventures from the San Francisco Earthquake to the Chinese Revolution, 1917—1927, 1993)、《为西藏而斗争——利用宣传与公共关系发动政治攻势》(录入《二十世纪的西藏》,西藏人民出版社,1993年)、《越南战争——文献中的历史》(The Vietnam War：A History in Docuents, 2002)、《世界屋脊》(Roof of the World——A Review Essay, Critical Asian Studies, 2003)、《重估对藏政策》(Reassessing Tibet Policy, Institute for Policy Studies, 2005)、《评论——民国时期在华的外国人和外国机关》(Review：Foreigners and Foreign Institutions in Republican China, Journal of Contemporary Asia, 2014)、《西藏与美国》(Tibet and the United States, Contemporary Tibet：Politics, Development and Society in a Disputed Region, 2017)。

七、热爱儒学探求人生哲理的北美学者史罗一

史罗一(Lioyd A. Sciban, 1949—)1971年就读于艾伯塔大学本科,1985年获台湾大学硕士学位,1989年获艾伯塔大学硕士学位,1994年获多伦多大学博士学位,后被聘任为加拿大卡加利大学(University of Calgary)教授。2007年,史罗一成为哈佛大学赖肖尔讲座系列(The Edwin O. Reischauer Lectures)的演讲者,以及加拿大研究讲席(Canada Research Chair)的获得者。

史罗一是加拿大阳明学者秦家懿(1934—2001)的关门弟子,是一位热爱儒学的北美学者。1508年,明代大儒王阳明(1472—1529)遭太监刘瑾(1451—1510)迫害,从京城兵部主事被贬为贵州龙场驿臣。他曾在驿站附近的一个石灰岩溶洞中安身立命,日思夜寐探求人生哲理,终于突发格物致知奇想,创立了知行合一的新说,自此"龙岗书院"与"阳明心学"名扬天

下。儒学在明代实现了由理学到心学的转变后,成为博大精深的阳明思想体系,400年来影响深远。辛亥革命之前,有关王阳明的词条、书目和评介仅出现在欧美历史、辞典和百科全书中,但是辛亥革命之后欧美学术界关注王阳明的人数却与日俱增。2000年初,史罗一专程到贵州古龙场阳明精舍造访,就是上述背景下的一次认知实践。他和精舍主人蒋庆就中西文化面临的问题进行了广泛的交谈,包括效率与价值、暴力与仁德、工具理性与价值理性等问题。2018年6月,美国学者伊来瑞博士在绍兴文理学院举办的一次名为"发现王阳明:欧洲和北美文献(1600—1950)"的讲座中详述了西方王阳明研究的现状。①

2007年6月24—28日,史罗一参加了在武汉大学召开的第十五届国际中国哲学大会,提交的论文是《孝道的现代意义》。作者认为,弘扬事亲行孝的文化,是家庭和睦、社会安定、民族团结的根本要素。孝道也是形成现代人际关系和谐的价值渊源。积极倡导尊老、敬老和助老的传统美德,不但具有深远的社会意义,同时也具有现实指导意义。通过对孝道的研究,展示儒家待人接物的既有原则,可为社会做出更好奉献。

史罗一的妻子是华裔,平日对丈夫的汉语学习多有帮助。他的学术领域为儒学、比较哲学、历史和汉语,主要著述有《孟子新学》(硕士论文,台湾大学,1985年)、《王阳明在道德决定中》(博士论文,多伦多大学,1994年)、《孝道的现代意义》(第十五届国际中国哲学大会论文,2007年)、《王阳明道德标准的客观性》(载《阳明学刊》第6辑,2016年)等。

八、对女性教育和文化变革持积极态度的傅佛果

傅佛果(Joshua A. Fogel,1950—)出生于纽约布鲁克林(Brooklyn),具有美国和加拿大双重国籍。1968年毕业于伯克利中学,1972年于芝加哥大学读本科,1973年获哥伦比亚大学硕士学位,1980年获哥伦比亚大学博士学位。他曾先后获富布赖特基金、日本教育部人文捐赠、美国学者委员会、蒋经国基金、加拿大人文社会科学等多项资助和访问学者奖学金,包括京都大学人文研究所进修一年(1996—1997)、普林斯顿历史学高级研究所

---

① 孙良《绍兴风则江大讲堂——发现欧洲和北美文献中的王阳明》,浙江新闻,2018年6月22日。

东亚历史学术访问两年(2002—2003),以及大阪大学(2008)和耶路撒冷希伯来大学资助(2014年暑假)。从2010年起,担任香港中文大学翻译中心荣誉高级研究员,举办过系列讲座,包括哈佛大学赖肖尔讲座系列。

1981—1988年,傅佛果执教于哈佛大学。1989—2005年,执教于加利福尼亚大学。2005年以来,任职于加拿大多伦多约克大学。还先后在日本京都大学、大阪大学、耶路撒冷希伯来大学和香港中文大学等高校担任客座教授。

中国清末实行的各项新政和日本明治维新引发的政治与社会变革,100多年来已经成为众多有关汉文化圈(Sinosphere)发展的议题。有人肯定有人否定,或兼而有之,争论不休。傅佛果在多次访谈和文论中就这个问题谈到了自己的看法,认为分析中国近代化发展历史必须把邻国日本纳入相干话题,同样的,理解日本同期的变革也应该考虑中国的影响。值得关注的是,中日两国的发展轨迹不同,与日本完成近代化进程的同时中国却举步维艰:那些关系到教育、语言、文化和妇女解放的涉亚文化一体性开始被削弱解体,随之而来的是军阀混战。但是傅佛果对于教育文化习俗变革为女性权利提升均持积极态度,认为以肯定人的尊严为重写历史出发点的设想值得期待。①

傅佛果通晓汉语、日语、法语、俄语、德语、西班牙语和希伯来语,是著名的汉学家和历史学家。他的研究领域为现代中国、中日文化、政治和历史关系以及翻译研究,对于犹太教法典《塔木德经》(The Talmud)研究亦有浓厚兴趣。他曾以《内藤湖南——政治与汉学(1866—1934)》获美国亚洲学会的"现代中日关系研究奖",又以《中江丑吉在中国》获日本《每日新闻》"亚洲太平洋奖"。他曾于1988年创办《中日研究》,至今一直担任该刊主编,深受国际读者欢迎。季家珍是他的妻子和研究伙伴,夫妇研究领域均为清代中日关系,学术成果令人称羡。

傅佛果的主要专著、撰述和翻译有《内藤湖南与中国历史现代性观念的发展》(Naitō Konan and the Development of the Conception of Modernity in Chinese History,M. E. Sharpe,1983)、《中国现代史的近期日本研究》(Recent Japanese Studies of Modern Chinese History,M. E. Sharpe,1984)、《内藤湖

---

① 王雨《从清末新政明治维新谈如何看待历史和现在》,载《东方历史评论》2018年1月8日。

南——政治与汉学(1866—1934)》[Politics and Sinology：The Case of Naitō Konan(1866—1934),Council on East Asian Studies,Harvard University,1984；江苏人民出版社,中文版,陶德民、何英莺译,2016年]、《中国明清社会与本土》(Medieval Chinese Society and the Local "Community",University of California Press,1985)、《京都书斋的谋杀案》(Murder in a Peking Studio,Translation,Arizona State University Press,1986)、《艾思奇对中国马克思主义发展的贡献》(Ai Ssu-ch'i's Contribution to the Development of Chinese Marxism,Council on East Asian Studies,Harvard University,1987)、《生活在南满铁路沿线》(Life along the South Manchurian Railway：The Memoirs of Itō Takeo,译著,M. E. Sharpe,1988)、《革命世纪中的中国妇女(1850—1950)》Chinese Women in a Century of Revolution,1850—1950,by Ono Kazuko,Stanford University Press,1989)、《内藤在中国——灵魂的哀悼》(哈佛大学出版社,1989年)、《中江丑吉在中国》(Nakae Ushikichi in China：The Mourning of Spirit,Council on East Asian Studies,Harvard University,1989)、《日本对中国现代史研究》[Recent Japanese Studies of Modern Chinese History(Ⅱ),Translation,M. E. Sharpe,1989]、《中国革命先锋》(Pioneer of the Chinese Revolution：Zhang Binglin and Confucianism,Translation,Stanford University Press,1990)、《双语犹太文学史》(Bilingualism in the History of Jewish Literature,University Press of America,1990)、《文化领域的中日关系——19—20世纪文集》(The Cultural Dimension of Sino-Japanese Relations：Essays on the Nineteenth and Twentieth Centuries,M. E. Shape,1994)、《有关日本人重新发现的中国地区的旅游文学(1862—1945)》(The Literature of Travel in the Japanese Rediscovery of China,1862—1945,Stanford University Press,1996)、《满蒙游记》(Travels in Manchuria and Mongolia：A Feminist Poet from Japan Encounters Prewar China,Translation,Columbia University Press,2001)、《太平天国》(The Taiping Rebellion,Translation,M. E. Sharpe,2001)、《现代民族国家的目的论》(The Teleology of the Modern Nation-State：Japan and China,University of Pennsylvania Press,2004)、《梁启超对中国引进现代西方文明中日本作用的介绍》(The Role of Japan in Liang Qichao's Introduction of Modern Western Civilization to China,Institute of East Asian Studies,University of California,Berkeley,2004)、《日本统治下的满洲》(Manchuria under Japanese Dominion,Translation,University of

Pennsylvania Press,2006)、《鞑靼旋风录》(*Chronicle of the Tatar Whirlwind: A Novel of Seventeenth-Century East Asia*, Translation, Floating World Editions, 2007)、《穿越黄海——1600—1950年中日文化的交往》(*Crossing the Yellow Sea: Sino-Japanese Cultural Contacts, 1600—1950*, East Bridge, 2007)、《蓝色的狼:成吉思汗传奇》(*The Blue Wolf: A Novel of the Life of Chinggis Khan*, Translation, Columbia University Press, 2008)、《汉文化圈的表述:中日时空关系》(*Articulating the Sinosphere: Sino-Japanese Relations in Space and Time*, Harvard University Press, 2009)、《汉学领域中的中日时空关系》(*Articulating the Sinosphere: Sino-Japanese Relations in Space and Time*, Harvard University Press,2009)、《中共建党史》(*The Formation of the Chinese Communist Party*, Translation, Columbia University Press, 2012)、《魔都上海》(*Demon Capital Shanghai: The "Modern" Experience of Japanese Intellectuals*, Translation, Merwin Asia, 2012)、《17—18世纪的中日关系》(*Books and Boats: Sino-Japanese Relations in the Seventeenth and Eighteenth Centuries*, Translation, Merwin Asia, 2012)、《中国现代艺术中的日本功能》(*The Role of Japan in Modern Chinese Art*, University of California Press, 2012)、《毕竟是书生》(*Just a Scholar: The Memoirs of Zhou Yiliang*, Translation, Brill, 2013)、《日本历史学与57世纪金印》(*Japanese Historiography and the Gold Seal of 57 C.E.: Relic, Text, Object, Fake*, Brill, 2013)、《试航——千岁丸现代与中日关系的创建》(*Maiden Voyage: The Senzaimaru and the Creation of Modern Sino-Japanese Relations*, University of California Press, 2014)、《学者、思想家与读者岛田虔次——中国现代知识分子历史选读》(*Shimada Kenji: Scholar, Thinker, Reader: Selected Writings on the Intellectual History of Modern China*, Translation, Merwin Asia, 2014)、《中日两国之间》(*Between China and Japan*, Brill, 2015)、《现代中日词汇的出现——七项研究》(*The Emergence of the Modern Sino-Japanese Lexicon: Seven Studies*, Brill, 2015)、《汉学家日文初阶(附:词语和翻译)》(*Japanese for Sinologists: A Reading Primer with Glossaries and Translations*, University of California Press, 2017)等。

九、长期从事中国政治和法律研究的彭德

彭德(Pitman B. Potter,1953—)1978年在美国乔治华盛顿大学攻读本

科专业,1980年获工商管理硕士学位,1985年获法学和政治学博士学位,1986年获政治学博士学位,现任不列颠哥伦比亚大学中国法律研究中心主任、研究生部主任、法律教授。

彭德先后于2005年、2006年和2007年来华访问。第三次他以加拿大不列颠哥伦比亚大学亚洲研究所所长的身份,就合作举办中加西部开发(Western development)及其社会经济变化学术讨论会问题,应邀到中国社会科学院民族学与人类学研究所进行访问。陪同访问的有齐慕实(Timothy Cheek)教授和杨斯玲(Donna Yeung)女士。研讨会的议题是加拿大历史上的西部开发,对中国的借鉴以及中国西部开发战略实施后在移民、就业、生态环境、教育与反贫困、民族文化等方面的变化。中加两国都是多民族国家,西部开发的研究需要采用多学科的视角,为中国提供加拿大的经验和教训。

2009年2月,彭德与顾肖荣合编的《"选择性适用"的假设与中国的法治实践》在上海社会科学院出版社出版,是加拿大不列颠哥伦比亚大学与中国上海社会科学院法学研究所合作的亚太争端解决研究项目的一部分。开篇之章为彭德对选择性适用和制度能力的介绍,提出了中国政府对于在本国背景下经济管理的透明度问题,为该项目研究的规则性和组织性分析确立了参考标准。他认为,中国的法律文化是能够影响或预示重大的法律行为的中国价值观和实践的体系。参与书中撰文的有中国学者和外国学者,展现了汉学研究国际合作的价值。

彭德是著名的汉学家,精通汉语,长期研究中国的法律和政策,已出版了5本关于中国的专著,发表了一系列中国研究文章,近年来主要从事中国西藏研究。彭德的作品有《选择性适用与制度能力——全球化条件下适用国际法的理解方法》(Selective Adaptation of Economic Governance Norms in China: Transparency and Autonomy in Local Context)、《中国法律系统——全球化和地区法律文化与全球化》(The Chinese Legal System: Globalization and Local Legal Culture. Routledge,New York,2001)等。

十、致力于庙宇会馆和坟墓地理信息库建设的丁荷生

丁荷生(Kenneth Dean,1956—)出生于荷兰,童年时随外交官父亲丁大卫(David Dean)在中国香港生活读书,后进入美国布朗大学学习中文。

1977年,他留学复旦大学,后转入斯坦福大学亚洲研究系攻读博士学位,师从刘若愚(James J. Y. Liu)学习中国文学,并跟随施坚雅(William Skinner)学习城镇理论,之后到法国跟随汉学大师施舟人(Kristofer Schipper)研究道教。

丁荷生是道教史专家,主要研究闽台道教、民间信仰和庙宇文化。他曾在加拿大麦吉尔大学任教25年,担任该校东亚系詹姆斯·麦吉尔讲座教授和中国文化研究中心主任,后担任新加坡国立大学中文系主任、亚洲研究中心宗教与全球化研究组组长兼莱佛士人文学科和厦门大学讲座教授。

19世纪初,由于社会动荡和人口增长的压力,福建莆田等地的居民开始到南洋谋生。当时西欧商人依靠东印度公司的行政和军事力量实行商业垄断保护,而海外的中国商人却没有自己的帝国后盾,也没有银行和商会,流动性又很大,要生存就必须通过庙宇集资,建立跨国保护和信用系统,于是佛教、三一教、基督教、妈祖信仰、乩童等地方信仰也随他们迁播到海外,并在当地形成新的庙宇系统,有的甚至还将其带回国内。在很多地方庙宇就是第二等级的政府,宗教信仰的异同也反映在社会聚散与变迁过程之中。

1983—1984年,丁荷生曾陪同台湾道教大师陈荣生参加在台南一带举行的道教仪式,所见所闻使他回忆起在大陆各地曾经见到的类似活动。1984年,他在厦门开始以"道教仪式及其传统"为选题的博士学位研究,正赶上闽南对主要民间信仰(保生大帝、妈祖、广泽尊王、清水祖师等)寺庙进行重建或修复,因此有机会亲眼看到数十年来罕见的道教仪式。从2010年开始,他走访中国和周边国家的各个庙宇,收集历史资料和碑刻,并与许源泰致力于新加坡庙宇、会馆、坟墓和节庆的在线地理信息系统(或称"地学信息系统",Geographic Information System)资料库建设。他发现当地庙宇信息的资料不仅散乱,有的还前后矛盾,于是决定将有关资料抄录下来进行整理。他利用地理信息系统准确记录庙宇的位置,走访各庙宇了解历史背景、抄写碑文并拍照,还对各庙宇文献进行归类和编辑。

丁荷生与合作者郑振满为这一研究设定的目标是:提供一个跨国性的宗教史与文化史平台;展示地理环境对区域史与跨国网络的影响;通过莆田平原与东南亚地区的宗族、士大夫和地方诸神庙宇,分析文化因素的空间分布;从下而上解读中国的区域文化史,又为反向建立演示方式提供另类研究平台；为多元的地方仪式传统提供新的仪式理论、制图以及辑录方式；通过田野调查系统考察莆田平原的 724 个村庄之人口、宗族、庙宇、神明和仪式活动。

该调查将收集与考察结合地方历史文献（地方志、水利志、地方文集和碑刻等），把数据输入地理信息系统，展示文化因素的分布空间，分析不同时空的分布规律，创建一套分析仪式活动和仪式领域理论。他们还试用电影摄制方式来表达研究者对宗教仪式的理解。

丁荷生举证说明了地理信息系统在区域史研究中的价值。通过一幅幅直观的地理信息图展示莆田平原千余年来的形成过程，庙宇仪式联盟与水利系统管理的关系，明代里甲和社庙的关系，宋元明清村落发展扩张的过程，神童传统作为一种有别于主流士大夫文化与亚文化及其分布范围和三一教的分布，等等。

经过 4 年的田野调查，丁荷生与合作者确认了 800 余座新加坡华人庙宇的位置，以及与华人庙宇有关系的近百个宗乡会馆、商业与文化组织，并发掘出数以千计无文献记录的华文石碑、匾额和楹联。他们商定以《新加坡华文铭刻汇编（1819—1911）》为书名先出版自新加坡开埠至清末的文物资料，期待不久之后再推出其他文献和庙宇网络的调查结果。这是一项被认为具有重大历史意义和文物价值的人文工程。

丁荷生在 1998 年由普林斯顿大学出版社出版的专著《儒释道三一教主——华东南偶像崇拜的传播》中，介绍了 16 世纪由林兆恩（1517—1598）发起的儒、释、道相结合的"三一教"运动。晚清以来，在东南部地区（特别是莆田、仙游、兴华和永定等县）、中国台湾、马来西亚、新加坡和印度尼西亚等地建立了许多三一教庙宇，林兆恩作为主神被供奉其中，两旁并供当地的民间宗教诸神，表现出了当地农村宗教中存在着多重礼拜仪式框架，为村民参与新的礼拜组织提供了场合。这种宗教仪式活动的兴起可能源自晚清华东南的社会经济张力，但是过去没有引起中外学术界的足够重视和探讨。为此丁荷生提出了"融合的宗教仪式领域"（syncretic ritual field）和"宗教仪式事件"（ritual-event）等概念，同时扩展研讨。

2014 年 3 月 15 日，丁荷生在厦门大学人文学院发表题为"平衡的世界：新加坡华人庙宇网络的历史变迁"（Parallel Universe: the Chinese Temple Networks of Singapore）的学术演讲。据他和合作者的调查，新加坡有许多包括寺院、道观、清真寺、印度神庙和基督礼拜堂在内的历史建筑，多达 800 余座的庙宇由来自闽南、潮州、广州或海南的华人所建,具有不同的风格和特点。

新加坡华人庙宇的历史发展大致可分为三个阶段:17 世纪晚期至 19 世纪中期为第一阶段;19 世纪晚期至 20 世纪前期为第二阶段;20 世纪 60 年代以后为第三阶段。田野调查报告揭示,把社会宗教信仰作为汉学研究的选择课题具有重要的学术价值,也有利于有地区特色的汉学研究领域的开拓。

丁荷生长期从事中国道教、民间信仰、地方史等方面的研究,近年致力于南洋华人仪式网络研究,发表过 40 余篇关于道教科仪和华东南宗教仪式传统的论文。主要专著专论有《首位与末位皇帝——国家与尊位的持有者》(First and Last Emperors: The Absolute State and the Body of the Despot, Autonomedia New York, 1992)、《华东南的道教礼仪与民间宗教》(Taoist Ritual and Popular Religion in Southeast China. Princeton, 1995)《儒释道三一教主——华东南偶像崇拜的传播》(Lord of the Three in One: the Spread of a Cult in Southeast China. Princeton: Princeton University Press, 1998)、《福建宗教碑铭汇编》(与郑振满合编,分泉州府、兴化府二册,福建人民出版社,2003 年)、《碑刻、地方史料与田野调查专辑导言》(Introduction to Special Issue on Stone Inscriptions, Local History, and Field Work, 2006)、《中国东南地方宗教仪式传统:对宗教定义和仪式理论的挑战》(载《学海》2009 年第 3 期)、《莆田平原的仪式联盟》(Co-written with Zheng Zhenman, Ritual Alliances of the Putian Plain-A Survey of Village Temples and Ritual Activities Handbook of Oriental Studies. Leiden: Brill, 2010, 2 vols)、《新加坡华文铭刻汇编(1819—1911)》(与许源泰合编,2016 年)、《诸神归位——中国福建莆田乡村祠庙、地区组织及祭祀活动调查介绍》、《礼仪网络——莆田冲积平原乡村礼仪联盟概观》等。

第三节 加拿大汉学家与他们的学术平台 (2010 年至今)

自 1982 中国与英国签署联合声明后,包括文员、律师、医生、教员、演员、官员和商人在内的大批中国香港居民开始移民他国,加拿大是他们选择的对象国之一。

自 20 世纪 60 年代起,加拿大的汉学研究一直以一种较为平缓的速度发展,相关的研究机构与组织多半成立于 20 世纪 70 年代至 90 年代,由于 20 世纪 90 年代财政紧缩的影响,发展速度有所减慢。为改变现状,高校间加强了中国研究方面的合作,并将对当代中国的研究作为重点。目前,外来人才(包括来自英、美等国的学者和华人学者)仍发挥着相当重要的作用,培养本土的中国研究人才被视为加拿大当前面临的任务之一。在多伦多大学、不列颠哥伦比亚大学、麦吉尔大学、蒙特利尔大学、约克大学和亚太基金会中先后出现了不同的研究机构。

不列颠哥伦比亚大学的亚洲研究图书馆是加拿大最大的研究性图书馆,为不列颠哥伦比亚大学亚洲研究所提供资料文献信息,在中国研究领域属顶级梯队。多伦多大学郑裕彤东亚图书馆目前拥有加拿大最具规模的藏书量:收藏至清乾隆六十年(1795)的所有中文古籍本,以及 1911 年以前所有抄本和稿本,共计 625 种。1990 年多伦多大学与约克大学联合建立的加港文献馆,是为了开展对加拿大与中国香港日趋紧密关系的研究而建。

加拿大的汉学研究深受美国对等研究的分析思路和框架影响,学界已经意识到这个问题的存在,力图创建有自己特色的方法和模式。由于近年中国学者不断增加,带来了与众不同的观念和思考,并开始对习以为常的英美套路进行挑战。虽然一些大学的中国问题研究已经开始招收硕士和博士研究生,推动研究方向的专题化和规模化发展,但是部分加拿大学者缺乏中国研究训练,在中国史学和对比人文学科等领域研究今后面临的任务显然艰巨而复杂。

在加拿大的汉学研究机构中,有一部分与本国的决策层和商界建立了密切联系,然而就整个加拿大汉学研究界而言,还需要更多学者平台与政策制定者形成互动,包括与他国的公共政策机构之间的应用实践交流。加拿大的官方语言是英语和法语,近年来法语区的汉学研究发展速度较快,有条件也有必要建立自己的研究模式,把主流英语的干扰变为积极正面的影响。实际上该国的汉语及其方言一直沿着这一思路进行运作。

一、对中国文学在国外译介做出贡献的杜迈可

杜迈可(Michael S. Duke,又译"杜迈克",1940—)曾在美国加州大学

伯克利分校攻读中国古典文学专业,对陆游的诗作研究有独到见解。1975年,以论文《陆游》(Lu You)获得博士学位,后逐渐将研究重心转向中国当代文学。1982年,受聘于加拿大不列颠哥伦比亚大学。

杜迈可是加拿大汉学家和翻译家,在致力于教学和汉学研究的同时,还翻译或与他人合作翻译了多部中国文学作品。1983年,他翻译了巴金怀念已故妻子的散文《怀念萧珊》。1985年,他出版的《百花齐放与争鸣——后毛泽东时期的中国文学》(Blooming and Contending: Chinese Literature in the Post-Mao Era, Bloomington: Indiana University Press, 1985)是北美同类著述中的第一部。他还主编《当代中国文学——后毛泽东时期的小说和诗歌》(Contemporary Chinese Literature: An Anthology of Post-Mao Fiction and Poetry, 1985)和《当代中国女作家论集》(Modern Chinese Women Writers: Critical Appraisals, 1989)。1991年,他主编了《中国的小说世界》(Worlds of Modern Chinese Fiction Short Stories and Novellas from the People's Republic, Taiwan, and Hong Kong)。1993年,他翻译了苏童的三篇小说《大红灯笼高高挂》(Raise the Red Lantern)、《1934年的逃亡》和《罂粟之家》(Opium Family)。2011年,他翻译香港作家陈冠中的寓言体小说《盛世中国》(The Fat Years)。

1985年,杜迈可发表《中国现当代小说英译的本质问题》(The Problematic Nature of Modern and Contemporary Chinese Fiction in English Translation),就中国现当代小说的英译及其国际知名度问题谈了自己的看法。他说从1919年以来有38位中国知名作家创作了大量的长篇和短篇小说,但是其英文译本的数量却不尽如人意。尽管中国外文局、熊猫丛书和三联书店(香港)有限公司在中国境内出版了大量的英译文学作品,但在商业书店很少见到,仅在大学书店才能买到。在中国现代小说外译本中可读性高的作品很少,虽然可从社会文学视角对这些作品进行研究,但尚未达到真正关注文学艺术的大学课堂水平。戴厚英的《人啊人》曾由弗朗西斯·伍德(Francis Wood)译成英语,译文质量较差,书名改译成"Stone of the Wall"也不恰当。关于英译台湾小说,蒂莫西·罗思(Timothy Ross)翻译的姜贵的《旋风》(The Whirlwind)尽管备受批评,不过值得一读。白先勇自译的《游园惊梦》(Wandering in the Garden, Waking from a Dream)是迄今中国现代小说中最优秀的译本。刘绍铭的两本小说选《台湾小说(1960—1970)》(Chinese Stories from Taiwan: 1960—1970)和《香火相传:台湾小说选集》(The Unbroken Chain: An Anthology of Tawain Fiction Since 1926)收录了台湾优秀作家代表作的最佳译本。张爱玲的《怨女》(Rough of the North)和钱锺书的《围城》(Fortress Besieged)也许是中国现代小说最优秀而且可以读到的,但前者已经绝版,后者只有昂贵的精装版。老舍的《骆驼祥子》有多个译本,其高超的写作艺术可以同萧红的《生死场》和《呼兰河传》相媲美,分别描写了20世纪30年代中国城市和农村的生活。杜迈可认为,英译中国现当代文学作品的选择,政治因素起了决定性作用,而文学审美标准则被忽略了,相信未来的编辑和译者都会更关注文学的艺术价值。①

杜迈可翻译的作品除了上述外还有《陆游》(Lu You, Boston: Twayne Publishers, 1977)、《现代中国小说大观》(Worlds of Modern Chinese Fiction Short Stories and Novellas from the People's Republic, Taiwan, and Hong Kong, Routledge, 1991)、《莫言20世纪80年代小说的过去、现在和未来》(Past, Present and Future in Mo Yan's Fiction of the 1980s, Harvard University Press, 1993)、《1934年的逃亡》(William Morrow & Co., 1993)、《中国先锋派小说》(China's Avant-Garde Fiction: An Anthology, edited by Jing Wang Duke translated by Howard Goldblatt and Eva Shan Chou, University of Chicago Press, 1998)、《盛世中国》(The Fat Years, by Koonchung Chan, Michael S. Duke Translator, 2011)、《中国新文化史》(China: A New Cultural History, by Cho-Yun Hsu, translated by Timothy D. Baker Jr. and Michael S. Duke, The China Journal, No.70, 2013)、《中国思想史》(An Intellectual History of China, Vol. One: Knowledge, Thought, and Belief Before the Seventh Century by Zhaoguang Ge, translated by Michael S. Duke, Josephine Chiu Duke, 2014)、《现代中国女作家》(Modern Chinese Women Writers: Critical Appraisals)。

二、历史研究与国际关系领域的领军人物莫美菱

莫美菱(Margaret MacMillan, 1943—)出生于加拿大多伦多安大略省,外曾祖父大卫·劳埃德·乔治(David Lloyd George)曾任1916—1922年英

---

① 此文由马会娟、孙志军翻译,收录于葛浩文编译的《不同的世界——当代中文写作及其读者》(Worlds Apart: Recent Chinese Writing and its Audiences, M. E. Sharpe, 1990)。

国首相。她的姐姐安妮曾担任加拿大广播公司驻伦敦记者近40年。20世纪70年代初,莫美菱就读于多伦多大学历史专业。1974年,以《女王公》的论文获得牛津大学博士学位。1975—2002年,她担任多伦多瑞尔森大学(Ryerson University)历史系教授(其中5年兼任系主任)。1993年,以高级讲师身份回国。2003年,被选拔为荣誉研究员。

莫美菱是加拿大历史学家,大西洋委员会、历史研究与国际关系领域的领军人物,牛津大学教授,多伦多大学三一学院175年历史上第一位女院长,2007年被任命为英国牛津大学圣·安东尼研究院终身院长。《和平缔造者》一书是以她外曾祖父时代为背景的代表作,曾获达夫·库珀杰作奖(Duff Cooper Prize)和西塞尔·提尔曼历史著作奖(Hessell-Tiltman for History)、塞缪尔·约翰逊非虚构类奖(Samuel Johnson Prize for non-Fiction)。

莫美菱是加拿大学术界著名的国际关系学者,2006年,她的专著《尼克松在中国——改变世界的一周》(Nixon in China: The Week That Changed the World)曾分别在加拿大和美国出版24万册,出书量大说明选题重要。莫美菱从事中国清史和东西方冷战史的研究和教学多年,撰写该书过程中曾查阅有关毛泽东和尼克松文献资料,遍访了加拿大、美国和英国档案馆和国家图书馆,跟基辛格等当年与尼克松访华的高层官员多次面谈,运用了大量外交文件和档案资料,以及私人信件、会议记录、回忆录和当事人日记,因此能真实地再现历史。

为了查阅《上海公报》的背景资料她首次来华访问,对中国近年来的发展和繁荣大为震惊。在她看来,上海浦东的发展速度和繁华景象就像一个后工业国家的城市令人不可思议。她不但获得了大量理性与感性的第一手数据,也得到了撰写该书的灵感和动力。在撰写《尼克松在中国》时,一个中国学生帮助她把陶文钊、权延赤、熊向晖、徐京利、杨奎松、章含之和章百家等有关人士的回忆录译成英文。

1995—2003年,莫美菱参与编辑加拿大国际事务学院出版的《国际学刊》(International Journal)。她的主要著述有《女王公》(Women of the Raj, Thames and Hudson, 1988)、《加拿大与北大西洋公约——艰难的过去与不确定的未来》(Edited with David Sorenson, Canada and NATO: Uneasy Past, Uncertain Future, Waterloo, 1990)、《艰难的世纪——1900—1990年的国际关系》(The Uneasy Century: International Relations 1900—1990, Kendall/

Hunt,1996)、《和平缔造者——为终结战争而召开的 1919 年巴黎和会》(Peacemakers:The Paris Peace Conference of 1919 and Its Attempt to End War, 2001/2002/2003)、《被疏远的伙伴——20 世纪中的加拿大与澳大利亚》(Parties Long Estranged:Canada and Australia in the Twentieth Century, Co-authored with Francine McKenzie, University of British Columbia, 2003)、《加拿大议院》(Canada's House:Rideau Hall and the Invention of a Canadian Home, Co-authored with Marjorie Harris and Anne L. Desjardins. Knopf Canada,2004)、《尼克松在中国——改变世界的一周》(Nixon in China:The Week That Changed the World, Viking Canada, 2006)、《1919 巴黎改天换地的半年》(Paris 1919:Six Months That Changed the World, Random House Publishing Group, 2007)、《危险的游戏——历史的是与非》(Dangerous Games:The Uses and Abuses of History, Random House Publishing Group, 2009)、《斯蒂芬·利科克》(Stephen Leacock, Penguin Group US, 2009)、《结束和平之战——通往 1914 年之路》(The War That Ended Peace:The Road to 1914, Random House LLC,2013)。

三、文佳兰的加拿大勋章荣誉与华西故友情怀

文佳兰(Karen Minden,1949—)18 岁时开始在约克大学研习中文,既学口语也认读汉字,从此爱上了这一门东方语言。她还记得当时在校任教的一位犹太裔教授能说多国语言,知识渊博。在回答老师为何要学中文的提问时,文佳兰直截了当地说希望有朝一日能当上加拿大驻华大使。

1971 年,从约克大学毕业后任职于加拿大外交部,曾涉猎不少历史档案和有关西方传教士的文献,还一度在议会山附近一家杂货店补习汉语。那位曾经是国民党政府要员的老板为她起了"文佳兰"的中文名字。她的父亲早年在香港经营生意,也曾以"文"为自己的中文姓氏,听女儿第一次说出自己的中文名字,十分高兴。

1973 年 10 月,根据周恩来和特鲁多代表本国政府签署的《中加学者交换项目》,首批 20 名加拿大留学生来华。当时已在加州大学伯克利分校完成硕士学位的文佳兰作为交换生的一员就读于北京语言学院(北京语言大学前身),校园难忘的生活在她记忆中留下一桩桩有趣的往事。

从中国留学回国后,文佳兰于 1975—1981 年在约克大学攻读政治学

和历史学博士课程。在考虑博士论文的选题时她一度举棋不定,因为那时她已结婚成家,而且还有了时时令人牵挂的孩子,必须选择能在加拿大完成的论文课题。一位教授深知她的难处,建议她去查阅联合教会(United Church)档案,也许从中能得到启发。

文佳兰的最终选题是《医疗传教士对中国医学现代化的影响》。当时这样陌生的研究选题几乎无学子问津,作为一个犹太人她甚至还有些抵触情绪,但是不久她就意识到这个选题的意义和重要性所在。

她先后到美国洛克菲勒基金会档案馆、华盛顿国会图书馆和加拿大外交部档案馆搜集历史资料。使她感到意外的是,有关加拿大和中国的历史交往的文典十分丰富,从选题到撰写,一切十分顺利。她的博士论文完成之后,加拿大社会科学和人文科学研究理事会表示愿意资助她继续深入这一领域的研究。后来文佳兰的《竹石——华西医学精英的问世》(*Bamboo Stone*:*The Evolution of a Chinese Medical Elite*)就是华西协合大学的校史式专著,记述了在中国社会政治动荡背景中该校的发展历程和校园生活。

华西协合大学(West China Union University)是一所由美国、英国和加拿大的5个教会组织于1910年创建于四川成都的医科大学,是中国口腔医学的发轫地,对中国现代医学发展贡献突出。《竹石——华西医学精英的问世》记载了19世纪后期,加拿大传教士创建的四川成都华西协合大学如何发展成为中国医学、口腔、药学和公共卫生学院的历史。该校通过传播西方医学知识,为中西两种文化的交融提供了范例。《竹石——华西医学精英的问世》有三个版本,1994年和2014年的英文版,2016的中文版,该书的问世凝聚了很多专家和校友的心血。

为搜集资料并酝酿灵感,1986年文佳兰访问了四川,以后又多次深入各有关省市,每次大约20多天。她从资料中发现早年的医学传教士有多个派别,一派认为华西协合大学帮助提高当地的教育水平,历史地位不可否认;一派认为当时基督教传教士主要目的是传教,行医不过是手段;还有一派不问政治,只听其言观其行。不过有一点是一致的:他们的中国观一直影响着华西人及其后代。文佳兰多次表示对华西各届校友的敬佩,尽管他们历经了各种磨难,但是他们都热爱自己国家,热爱医学事业,热爱他们的学生和患者。老一辈校友是致力于中国登上国际科技舞台的精英。

《竹石——华西医学精英的问世》在传教士的后代中反响深远,尤其是在原加拿大子弟学校(Canadian School)的校友中。文佳兰的专题研究聚焦于医学传教士,就是"加拿大子弟学校的娃"的先辈。《竹石——华西医学精英的问世》让那一代的孩子们找到了自己的中国根。子弟学校早先设在成都,1909年3月8日正式开学,第一批只招收5名学生,除了加拿大传教士的孩子外,也有英国和美国的孩子。开学第一天没有课本和文具,教室就在教堂的后面。1918年,学校搬迁到华西坝的华西协合大学校园内,规模逐渐扩大,成为包括从幼儿园到高中的全日制学校。这批在四川出生长大的加拿大子弟及其后人,自称为"加拿大子弟学校的娃",1937年他们在多伦多建立了加拿大子弟学校协会(The Canadian School Association)。

几年前,多伦多文化中心举办了《加拿大人在中国》图片展,由北京和平世界书画院与加拿大老照片项目小组和加拿大华西校友会联合主办,目的是为了表达中国人对百年前以成都为家的加拿大人的感激之情,以及他们对中国现代医学和教育的贡献和中加友谊。在白求恩之前曾经有很多加拿大的医学传教士来华播撒友谊的种子,历史不能忘记。

文佳兰是"加拿大勋章"的获得者,曾任曼尼托巴大学中国和亚太研究教授,1994—1998年出任加拿大亚太基金会的副总裁,也是一位社会企业家和慈善顾问。她的丈夫石白河(Harvey Schipper)曾在曼尼托巴大学出任医学教授。1998年,全家返回多伦多。

四、研究近现代亚洲历史和文化的卜正民

卜正民(Timothy James Brook,1951—)出生于加拿大安大略省多伦多市,成长于温哥华。1973年,就读于多伦多大学。1974年,曾以交换生身份到复旦大学留学,师从文学批评史学者李庆甲教授学习中国古典文学。1977年,卜正民获哈佛大学东亚系区域研究硕士学位。1984年,获哈佛大学东亚历史和语言博士学位。

卜正民通晓汉语、日语和法语,是美国明史学会半年期刊《明史研究》编委会委员。他曾当过李约瑟的助手,在剑桥大学参与编写《中国科学技术史》第七分册,内容主要是关于近代中国的发展与西方资本主义兴起的对比。从2008年起,卜正民担任哈佛大学六卷本《中华帝国史》的主编。

卜正民在牛津大学任讲座教授时意外发现了一张300多年绘制的中国明代地图。有别于其他同类地图的是,地图中心不是中国内陆而是南

海,西抵印度洋,东接香料群岛(Spice Islands),南邻爪哇,北望日本,充满欧洲元素,图边还有一些手写的注释。

卜正民对这幅地图产生了浓厚兴趣,开始根据图书资料对中国海上贸易以及绘图人的背景细节进行考证,并将史料纳入他的《塞尔登的中国地图——重返东方大航海时代》(*Mr. Selden's Map of China*: *Decoding the Secrets of a Vanished Cartographer*)一书。该书介绍了与地图有关的人物,包括收藏人英国律师约翰·塞尔登,第一个涉足英国的中国人沈福宗,牛津大学博德利图书馆首任馆长托马斯·海德。卜正民断定地图上的注释者就是沈福宗。他对该地图的研究填补了中外海上贸易历史研究的空白。

《维梅尔的帽子——从一幅画看全球化贸易的兴起》(*On Vermeer's Hat and the Dawn of Global Trade*)是卜正民的代表作,通过7幅油画和一件荷兰制作的青花瓷盘上的细节隐含的信息,展示了17世纪世界贸易和文化交流的广阔世界。他以代尔夫特为中心,引领读者进入作者笔下的海狸毛皮、火枪、银矿、小冰期遇难的水手和马尼拉大帆船。他所追踪的每件商品的出处,令人信服地说明万里之外异域的存在。这部想象力丰富的作品,表现出作者丰富的文化历史知识以及超凡脱俗的文艺鉴赏水平。他所撰写的其他相关作品也很容易使读者眼界大开,联想翩翩:一顶小毡帽居然使人想到遥远的东方和北美土著,代尔夫特磁盘上端坐着吸烟的中国神仙,或者居住在朝鲜半岛几十年的荷兰人。

卜正民先后执教于多伦多大学和斯坦福大学,兼任不列颠哥伦比亚大学历史系教授,圣约翰学院院长。2007年7月,赴牛津大学历史系任教,被聘任为邵氏汉学教授。卜正民视野广阔,学术领域主要聚焦于亚洲历史和文化,以及对明代社会和文化史、民国江南和上海社会文化史、第二次世界大战时期日本对中国的占领、战犯的审判,以及当代人权等问题的研究。

他的主要著述及与他人合著和编著的书籍有《明清两代河北地区推广种稻技术的情况》(*The Spread of Rice Cultivation and Rice Technology into the Hebei Region in the Ming and Qing*,收入李国豪主编的《中国科技史探索》,上海古籍出版社,1986年)、《明清历史的地理资源》(*Geographical Sources of Ming-Qing History*, Ann Arbor: Center for Chinese Studies, University of Michigan,1988)、《中国的亚洲生产方式》(纽约:M.E.夏普翻译公司,1989年)、《国家政体和地方权力——帝国晚期的转型》(Co-written with Philip Kuhn, *National Polity and Local Power*: *The Transformation of Late Imperial*

China，1989）、《家庭的连续性与文化霸权——宁波的士绅（1368—1911）》（收入《中国地方贵族及其统治地位》，Joseph Esherick 与 Mary Rankin 主编，加利福尼亚大学出版社，1990 年）、《觊觎权力——佛教与晚明士绅社会的形成》(Praying for Power: Buddhism and the Formation of Gentry Society in Late-Ming China, Cambridge: Council on East Asian Studies, Harvard University, 1993）、《明代的社会与国家》(Co-edited with B. Michael Frolic, The Chinese State in Ming Society, NY: M. E. Sharpe, 1997）、《纵乐的困惑——明代的商业与文化》(The Confusions of Pleasure: Commerce and Culture in Ming China, 1998）、《中国与历史资本主义——汉学知识的系谱学》(Co-edited with Gregory Blue, China and Historical Capitalism: Genealogies of Sinological Knowledge, Cambridge: Cambridge University Press, 1999）、《南京大屠杀史料》(Documents on the Rape of Nanking, Ann Arbor: University of Michigan Press, 1999）、《民族的构建——亚洲精英及其民族认同》(Nation Work: Asian Elites and National Identities, Co-edited with Andre Schmid, Ann Arbor: University of Michigan Press, 2000）、《维梅尔的帽子——从一幅画看全球化贸易的兴起》(On Vermeer's Hat and the Dawn of Global Trade, 2009）、《鸦片政权——中国、英国和日本（1839—1952）》(Co-edited with Bob Tadashi Wakabayashi, Opium Regimes: China, Britain and Japan, 1839—1952, Berkeley: University of California Press, 2000）、《通敌——战时中国的日本代领与地方精英》(Collaboration: Japanese Agents and Local Elites in Wartime China, Cambridge, Mass.: Harvard University Press, 2005）、《亚细亚生产方式在中国》(The Asiatic Mode of Production in China, NY: M. E. Sharpe, 1989）、《为权力祈祷——佛教与晚明中国士绅社会的形成》(Praying for Power: Buddhism and the Formation of Gentry Society in Late-Ming China, 1993）、《杀千刀——中西视野下的凌迟处死》(Death by a Thousand Cuts, with Jérôme Bourgon and Gregory Blue, Cambridge, Mass.: Harvard University Press, 2008）、《中华帝国史（六卷）》[The History of Imperial China (6 vols), Cambridge: Harvard University Press, 2008]、《明代的社会与国家》(The Chinese State in Ming Society, 2004）、《塞尔登的中国地图——重返东方大航海时代》(Mr. Selden's Map of China: Decoding the Secrets of a Vanished Cartographer, New York, Bloomsbury, 2013）。

卜正民的著述内容丰富，广受好评。他的《纵乐的困惑——明代的商业与文化》曾获美国亚洲研究学会颁发的列文森奖,以及加拿大历史学会的弗朗索瓦-泽维尔·加诺奖。他的《杀千刀——中西视野下的凌迟处死》曾获加拿大历史学会颁发的华莱士·弗格森奖。他的《维梅尔的帽子——从一幅画看全球化贸易的兴起》荣获哥伦比亚大学新闻学院和哈佛大学尼曼新闻基金会联合颁发的马克林顿历史奖。2006 年,卜正民还获得了古根海姆学者奖。

五、对中华帝制晚期的社会与文化有独到研究的单国钺

单国钺(Leo Kwork-yueh Shin, 1967—)出生于中国香港,1989 年就读于美国普林斯顿大学化学系,二年级时在亚洲研究系研修牟复礼(Frederick W. Mote, 1922—2005)讲授的中国历史课,此外还研修了余英时(Xu Ying-shih, 1930—)和裴德生(Willard James Peterson)讲授的专业课程。1999 年,他在余英时指导下撰写论文《部落化的边疆——明朝南方的野蛮人、移民与国家》(*Tribalizing the Frontier: Barbarians, Settlers, and the State in Ming South China*),并以此获普林斯顿大学东亚系博士学位,曾返回香港当了一年记者。

单国钺现任不列颠哥伦比亚大学历史系和亚洲研究所联合教授,学术兴趣主要聚焦于清朝晚期的社会与文化、边境与边疆、香港史、文本与传播、史学史与方法论研究以及近代国家比较。2012 年,受邀为上海古籍出版社主编《当代西方汉学集萃(中古史卷)》(南北朝至清中叶)。

单国钺的博士学位论文《部落化的边疆——明朝南方的野蛮人、移民与国家》是以中国明代南方边界和族群为研究对象的一部史学佳作。正文共分六章:第一章为"边界的历史";第二章"边陲的自然环境";第三章"土司政治";第四章"村落扫描";第五章"文化界限";第六章"历史中的边境"。作者在撰写论文期间曾到广西地区进行考察研究,还到中国台湾和日本查阅了有关文献档案。因为历史的发展变化,学术观念和方法的更新,不同民族和地区对意识形态和价值观的反思和重新定位,以边界和族群研究为题的这类论文碰到了许许多多无法回避的敏感问题。例如"族群"(ethnicity)与"民族"(nation)、"非汉人"(non-Chinese)与"少数民族"(minority nationalities)、"土著"(aboriginals)与"边民"(borderers)等。作者对历史和词汇的解读为读者提供了许多思考和参照。他在与武汉大学文

学院导师李会玲的一次访谈中说:

>   在中国,1949年后有一个比较主流的讲法"中华民族",不同的源头,不同的民族,经过历史,融会在一起,形成"中华民族",这是1949年后国内学术界的共识。20年代早期的一些中国通史、钱穆的《国史大纲》、民国时期以及现代的国史,他们的整个故事都在讲现在的中华民族是怎样形成的,经过很多的战争、外族侵略或者阶级斗争,最后形成强大的中华民族。对国内大部分的读者、人民来说这是个很重要的故事。其实其他国家也一样,美国、加拿大,不管什么国家,他们历史教科书都一样,最主要的故事就是自己的国家是怎样成立的。这是很重要的故事,可是如果你允许自己不一定要去讲这个故事的话,从另外一个角度,你就会问,每一个时代,民族是什么意思,"中国"这个概念是什么意思。①

2006年,单国钺在剑桥大学出版社出版了《中华民族国家的构建——明代国家疆域与族群的扩大》(The Making of the Chinese State: Ethnicity and Expansion on the Ming Borderlands),主要把中国近代族群形成的时间上溯至明代(1368—1644)。传统的观念认为中国疆域的扩展方式是兼并和同化,作者对此提出了挑战,认为根本原因是中央权力已经延伸到南方荒野不毛之地,国家的政治利益,定居者的经济需要,文化精英的思考,促使边境地区的"非汉人"的划界和分类运作。然而此事的探讨范围已远远超越了帝国时期。王朝以其强大的军力和深入人心的儒学教化,结合成势不可挡的强力推进,随之而来的是汉人移民的涌入,在对原住民边缘化的同时也加速了他们的汉化。作者笔下的明朝南方的开发、管理制度的变化、移民身份的转换和族群种类的划分,如此打造出中国边疆地区发展的框架。

单国钺的著述还有《王阳明的最后战役》(The Last Campaigns of Wang Yangming,2006)、《明朝及其与安南的边界》(Ming China and Its Border with Annan,2007)、《20世纪初的中国及其逻辑》(The Nation and Its Logic in Early-Twentieth-Century China,2007)、《对明代"非汉人"的思考》

---

① 李会玲《课内课外话北美汉学——加拿大不列颠哥伦比亚大学单国钺访谈录》,载《武汉大学学报(人文科学版)》2010年第63卷第6期。

(*Thinking About "Non-Chinese" in Ming China*, 2012)。

六、致力于明清近代社会史研究的宋怡明

宋怡明（Michael A. Szonyi, 1967—）12—13岁时伴随来华讲学的父亲到武汉,变化中的中国给他留下了深刻印象。高中毕业前,他曾在夜校学习了一个学期的中文,此时正好多伦多大学的中国合作单位需要英语教师,他便报名应聘,不久即前往武汉华中工学院教授英语。课余时间他到中国各处观光,从武汉到拉萨,从乌鲁木齐到北京,感觉很新奇。

1985年,进入加拿大多伦多大学学习国际关系专业,按照学校规定需要加修中文课程。也许因为该校老师卜正民（Timothy Brook）的中国历史课的吸引力或专业提升,他对中文的兴趣逐渐超过了对专业本科的感受。到了大三阶段,宋怡明申请到国际扶轮社奖学金（Rotary International Scholarship）,便于1988年就读于台湾大学哲学系,随后又申请进入该校历史研究所。1990年,获得一笔罗德奖学金（Rhodes Scholarship）后又转学牛津大学研读博士学位课程。他原计划师从伊懋可（Mark Elvin）,但是因为伊教授离职前往澳大利亚,便转入科大卫（David Faure）门下就读。其间因导师的科研和授课安排变动,宋怡明转入福建厦门大学在杨国桢教授指导下学习。

20世纪90年代初,历史人类学派（historical school of anthropology）在中国南方学术界兴起,他们主张通过田野调查研究农村生活和社群组织,搜集民间文献,从下向上回顾历史。这一学派的出现与中国"文革"后宗族认同复兴,收藏的族谱公开以及民间历史记忆复苏的情况有关。宋怡明一家是1956年加拿大的匈牙利移民,亲情关系在他的经验里虽然不复杂但是经常可以成为重要话题。这就是他的博士论文以《中华帝国晚期亲缘世系的沿袭》为选题的原因。

当时在海外常常能看到的中国族谱多半是犹他家谱学会（Genealogial Society of Utah）的收藏。该协会于1894年由摩门教会创建,相信家庭是一种根据上帝意志的组合,在世教徒有责任为祖先洗礼,族谱就是他们最重要的文献。他们从1970年开始用缩微胶卷收集华人家谱。宋怡明最先关注到的是福州螺江的陈氏家谱,末代皇帝溥仪的太傅陈宝琛就属于此谱系。通过陈宝琛儿子的帮助宋怡明入住了螺州一居民家中进行采访。

数月的社会调查帮助他了解中国人的生活方式,并从当代农村生活形态认知过去。于是在厦门大学研读期间他找机会与郑振满教授一起解读族谱,发现福州人的家族结构与新界的不一样,跟闽南地区的家族结构也不相同。

1994—1998年,宋怡明受聘担任加拿大麦吉尔大学历史系助理教授;1998—2001年,任多伦多大学历史系助理教授;2001—2009年,任多伦多大学历史系副教授;2010—2011年,任香港教育学院荣誉教授,现任哈佛大学东亚语言文明系中国历史学教授;2015年至今,担任费正清中国研究中心主任。

宋怡明擅长于结合文献资料和实地考察来研究明代华东华南地方史、中国民间宗教史以及华人华侨史,近期还研究明代军事社会史。明代的征兵制度是世袭的,每一军户家庭都要抽一位男丁当兵。东南沿海地区的军户懂得如何通过与国家的关系获取利益,所以早期参与东南亚贸易的商家就有军户,有不少华人也受明代军事制度牵连。从国家文献档案和会典中可以查阅明代军户与卫所制度①对百姓的日常生活的负面影响。只要上了军户名单,就得世世代代派出一名男丁去服兵役。军户应对的策略是让自家几个儿子轮流当兵,或者一个儿子当兵其他儿子交免征补偿金。把尽国家义务货币化后还得合同化,谁当兵谁掏钱都要写进族谱,成为一个家族协定。此外,分家也是解决问题的办法,父亲去世后把财产分给自己的儿子,谁得到的份额高谁就去当兵。至于第三代当兵的问题,如果没有很多财产可分割,就可以在祠堂牌位的顺序上解决,同意去服兵役的儿子及其后代祭祖时牌位总是排在第一位,作为荣誉报偿,政府对此不加干预。如果都不愿意当兵,也可以花钱雇和尚顶替。

宋怡明在中国福建各地进行了多年的社会调查,寻找包括族谱在内的散落民间史料,研究普通百姓在明代征兵制度下如何逃避服兵役,以小人物的智慧对抗有严密规章的大社会,甚至花钱雇人改名换姓替自己当兵。2017年,宋怡明在哈佛亚洲中心(Harvard University Asia Center)出版了

---

① 卫所制度(guarding post system)是明初创建的以卫所为骨干的军事制度,几个府为一个防区,设卫。卫以下设千户所、百户所。兵数大抵以5600人为卫,1120人为千户所,120人为百户所。百户所有总旗2个,各辖50人;小旗10个,各辖10人。兵士称"军",世袭当兵,另编军籍。卫的主官为指挥使,所的主官为千户、百户。各卫所分别属于省的都指挥使司,统由中央的五军都督府统辖。

《听从指挥妙法——中华帝国晚期的每日政治》(The Art of Being Governed: Everyday Politics in Late Imperial China),就是一本有关明代兵役制度的历史。作者在写作过程中没有依赖数据文献,而是走访各地乡间收集家谱,抄写祠堂铭文,茶余饭后听老人讲述当兵与不当兵的故事。

宋怡明对明代以来的民间崇拜进行考察,发现有些菩萨至今仍然被供奉。例如福建虎头镇一座拥有两尊神的庙宇,其中一尊为玄天上帝,另一尊为英武尊王,根据当地石碑记载,玄天上帝是作为外来神进入了本地神英武尊王的势力范围,因为大批内迁军户雇人写碑文争夺了话语权的关系。可见通过民间信仰可以了解明朝的历史,历史与社会就是如此联系在一起的。家族变化也反映了社会历史的变化,从基层社会可以了解中国历史的变革。

2008年,宋怡明在剑桥大学出版社出版的《冷战时期金门岛前线》(Cold War Island: Quemoy on the Front Line)就是把金门作为一个个案来研究。作为一个社会,金门受地缘政治和地缘经济的影响,家庭、宗教、习俗以及男女关系都受到牵连,在梳理族谱村史时应该高瞻远瞩,不能空发议论,否则就是无的放矢。

宋怡明的主要著述有《标准化偶像的幻觉——中华帝国晚期的五帝崇拜》(The Illusion of Standardizing the Gods: The Cult of the Five Emperors in Late Imperial China, *Journal of Asian Studies*, February, 1997)、《明清福建家族组织与社会变迁》(Family and Lineage Organization and Social Change in Ming-Qing Fujian, University of Hawai'i Press, 2001)、《中华帝国晚期亲缘世系的沿袭》(Practicing Kinship: Lineage and Descent in Late Imperial China, Standford University Press, 2002)、《明清福建五帝信仰资料汇编》(Documents on the Cult of Five Emperors in Fujian in Ming and Qing, Hong Kong University of Science and Technology South China Research Centre, 2006)、《冷战时期的亚洲——心理战》(The Cold War in Asia: The Battle for Hearts and Minds, Brill, 2010)、《中国历史指南》(A Companion to Chinese History, Wiley Blackwell, 2017)、《听从指挥妙法——中华帝国晚期的每日政治》(The Art of Being Governed: Everyday Politics in Late Imperial China, Princeton, 2017)、《中国问题研究——对崛起势力的洞察》(The China Questions: Critical Insights into a Rising Power, Harvard, 2018)。

七、对道教与生态之间关系有深刻见解的苗建时

苗建时（James Miller, 1968— ）1986—1990 年在英国杜伦大学研修汉语学士和硕士学位课程，1987—1988 年在中国人民大学攻读汉语和中国文学专业课程，1989 年暑期在台湾师范大学接受汉语培训，1991—1994 年在英国剑桥大学研修神学与宗教学学士和硕士专业，1994—2000 年在波士顿大学研修宗教专业并获得博士学位，2001—2007 年苗建时担任加拿大安大略女王大学宗教研究助理教授，2012—2013 年担任女王大学宗教学院大学生和研究生协调员，2013 年 7 月—2015 年 6 月担任女王大学与复旦大学学期项目协调员，2013—2018 年任女王大学宗教研究学院语言、文学和文化系教授，2018 年至今担任中国江苏昆山大学人文学科教授兼人文研究中心联合主任。

苗建时的学术领域为中国文化、中国道教、宗教学以及宗教与生态关系研究，经常就当代中国问题接受加拿大电视新闻（CTV News）、加拿大调幅广播（Canada AM）和蓝色海洋网络（The Blue Ocean Network）等媒体的采访并发表观感与评论。

2014 年 5 月，苗建时出版了专著《中国宗教与生态延续》（*Religion and Ecological Sustainability in China*），对现代中国自然与环境问题提出了极具启发性的解读。书中展示，为世界人口众多的国家创建可持续生态的未来开展辩论该是何等急迫，它建构于宗教传统的复杂关系、现代性和全球性的竞争视野，以及居住在中国社会边远美好地域的少数民族。该书还说明了如何对当代中国全面超越"传统或现代"的两分法进行解读。

在 2017 年 6 月哥伦比亚大学出版社推出的《中国的绿色宗教——道教及其对可延续未来的追求》（*China's Green Religion: Daoism and the Quest for a Sustainable Future*）一书中，苗建时论述了中国本土宗教道教是如何为我们提供从根本上应对生态危机并建构可持续的未来的美学、逻辑学、政治学工具和思想方法。从中国绿色宗教的分析中，他揭示出道教所蕴含的对宗教与自然全面了解的具体因素。显然，人性的强化与自然的强化息息相关，道教内在的主观性和潜能有助于实现"天下大同"的转化。

通过对道家哲理和宗教的彻底重构，苗建时提出了四个有关绿色宗教的洞见：大自然可赋予人体的生命活力；人的思想观念建立于可散发某种

"气体"的海绵体；知识传承离不开地域经验的变革力量；美学与道德感知的灵敏度取决于外界对人体的渗透或人体对外界的浸润。苗建时强调，环境论者为此力图提高自己的悟性，因为他们的行为取决于"拯救世界"的准基督概念，而不是让环境论者把自然与文化结合到更为严丝合缝的地步。东西方的文化不同，传统也存在差异。西方文化力图摆脱人以自然为对象的观念，但是道教的使命有责任，也有能力承担创建一个中国本土生态文化的责任。

苗建时在一次有关中国传统道家思想的谈话中说，中国年轻人认为现代社会需要一个新的历史方向、新的经济方向、新的政治和新的工业发展。因为在这样的政治革命中中国实行了改革开放，科学发展了，社会和经济也发展了。可是当代世界需要两个新的革命，一个是能源生产的革命，一个是人文道德的革命。能源生产的革命在中国已经开始，中国煤消耗量去年第一次减少了，再生能源越来越多。我们需要通过科技发展来完成能源的革命，创造一个生态文明，但是科技发展还不够，生态文明也需要一个新的社会关系、新的政治关系和新的人伦道德。现在世界上的富人只关注他们的生活而不顾气候变化带来的影响，经济全球化使西方国家享受便宜的消费品，而中国和其他国家的农村却承受着工业污染的灾难，这样的生态环境和社会文化是不平等的。《道德经》说"天地相合以降甘露"，这句话对当代世界特别重要，人民的平等和社会正义在于人类和大自然的和谐，人伦道德在于生态伦理。生态文明不是人道主义的延续，社会和人类伦理在于生态道德和人与大自然的平等。①

在《中国传统宗教与当代生态危机》一文中，苗建时说，在过去的半个世纪，环保主义者确实通过经济、法律和科技手段在提升意识和改变行为方面有所作为，但是他们太重视打败对手和寻找公共手段。新的环保思想将重点转移到价值观和世界观，从传统的宗教、哲学乃至诗歌和艺术中寻找方法，认为更深层的问题是世界观决定我们如何看待自己所处的环境，我们能够在世界中做什么，以及世界的未来是什么样的问题决定了我们的实践。道教哲学使我们能够对人与自然环境关系的理解进行方式转换，人与自然同一的观点为水源问题、空气污染以及食品安全，都提供了新的解

---

① 苗建时《谈中国传统道家思想》（第三届中国乡村文明发展论坛上的演讲），吾谷网，2015年11月5日。

决视角,道教的伦理能够承担起创建一个中国本土生态文化的责任。东西方有着不同的文化传统,形成了不同的思维方式和伦理观,正是由于这种差异性,东方文化对西方文化有着特殊价值。①

苗建时先后出版专著七部,被收入杂志、文集和百科丛书的论文 30 多篇,专著有《道家与生态——宇宙景观的内在之道》(Co-written with Mary Evelyn,ect., Daoism and Ecology: Ways within a Cosmic Landscape, Boston: Harvard University Press, 2001)、《道教与生态》(合编,哈佛大学出版社,2001 年)、《当代社会的中国宗教》(Chinese Religions in Contemporary Societies, ABC—CLIO, 2006)、《高清途径——自然、视野与近代中国的启示》(The Way of Highest Clarity: Nature, Vision and Revelation in Medieval China, Magdalena, NM: Three Pines Press, 2008)、《道教简介》(Daoism: A Beginners Guide, One World Publications, 2008)、《生态学、美学与道教修炼》(Ecology, Aesthetics And Daoist Body Cultivation, 孙建译,载《学术研究》,2010 年)、《中国宗教与生态延续》(Religion and Ecological Sustainability in China, Routledge, 2014)。

八、关注中西文学研究结构冲突的傅云博

傅云博(Daniel Alan Fried, 1973—)出生于美国纽约,芝加哥大学英语系毕业后,在哈佛大学宇文所安的指导下获得了比较文学硕士和博士学位。他曾任教于哈佛大学,2003 年执教于台湾中山大学,2007 年受聘为加拿大阿尔伯塔大学东亚系与比较文学系副教授。

傅云博的学术研究领域广阔,包括中国道家思想、民国时期文学、五四时期的新文学运动、改革开放以来的中国的西部电影、英国文艺复兴与浪漫时期诗歌、古希腊荷马史诗、当代后结构主义思想等。他的文章大多在北美《社会科学引文索引》(Social Sciences Citation Idex)期刊发表,他的《老庄思想对六朝符号学概念的影响》(Traces of the Way: Daoist Arche-Semiotics and Six Dynasties Thought)在纽约州立大学出版社出版后广受欢迎。

傅云博的《中西文学研究方法的结构冲突——一位北美汉学家的见

---

① 苗建时《中国传统宗教与当代生态危机》,中央民族大学讲座,道教之音整理,2015 年 5 月 6 日。

解》主要探讨中西文学研究在方法和目标上的差异问题。他认为中国和西方学者在学术研究对象、文章结构及证据的用法上有着完全不同的标准与要求,差异冲突不在语言层面,而是深层的知识结构。西方学者也注意到中西文学研究方法标准上的独特之处,但是无法解释差异的原因。①

傅云博用"静态分析"和"动态分析"来描述中西文学研究方法的差异。中国学者所说的"静态分析"注重事实的完整性、准确性和组织性,对文学现象进行诠释具有较强的资料性特征,而西式的"动态分析"则偏重于如何利用事实创造文本功能的阐述。两种分析方法各有长处和短处,对其分析的目的是为了减少误解。文中的"中方"与"西方"仅指两个想象中的对立知识体系,或泛指学术习惯。

傅云博在他的专论《从国际化的汉学到系际化的汉学》中提出,全球一体化推动国际学术的连接,但这种连接不是简单的意识形态联盟,国外的中文教学和研究机构也不是中国大学中文系的复制品。区域的不同不可视为中文研究的唯一分歧点,国籍、社会背景、学术条件,都会对研究方法、研究目的及研究对象产生影响。历史条件不同对人的思想和学术交流的方式方法要求也不同。

九、自认已经融入中国文化的石峻山

石峻山(Josh Stenberg,1981—)出生于加拿大温哥华。1998年高二时,他到香港读书,天天说中文,打下了中文基础。两年后他作为交换生来到北京,在牛栏山一中教了一年英文。在哈佛大学期间他选择了东亚语言与文明专业,学习儒家、元杂剧和现代文学等课程,成绩优秀,曾获胡普斯研究奖(Thomas Hoopes Prize)。2004年毕业后,他申请到一份哈佛燕京学社奖学金,进入南京大学海外学院进修古汉语。

2005年结束在南京大学的学业后,他决定到江苏省昆曲剧院求职,参与唱词字幕翻译,接待外宾,剧团外出演出也随行,不久成为昆剧院的正式职工,月工资1500元。他每天看戏唱戏,还常常用英语对身边的外国朋友介绍昆曲的历史和特色,环境的熏陶使他成为一位随团昆曲理论家。为了帮助外国观众完美欣赏剧情,他专门翻译了一系列演出节目单。昆曲

---

① 傅云博《中西文学研究方法的结构冲突》,载《外语研究》2016年第6期(总第160期)。

《1699·桃花扇》在北京演出时,台湾诗人余光中(1928—2017)曾在对媒体发表的观感中多次赞扬石峻山的英文唱词,称其翻译得很专业,简练又不失古典韵味。

昆曲的历史悠久,是发源于 14—15 世纪苏州太仓南码头的一种唱、念、做并重的综合曲唱艺术,文辞典雅,曲牌丰富。《桃花扇》是清代文学家孔尚任(1648—1718)创作的传奇剧本,用缠绵婉转的戏曲语汇,通过演绎明末文人侯方域与秦淮艳姬李香君的悲欢离合,表现极具亡国之痛的爱情故事。下面引用的是《桃花扇》原词和石峻山的一个英文翻译片段:

乍暖风烟满江乡,
花里行厨携着玉缸,
笛声吹乱客中肠,
莫过乌衣巷是别姓人家新画梁。
The recent warmth lays a thin mist over the river lands.
Among flowers we sip from jade goblets.
The melancholy flute troubles the heart.
No need to wander where the old families once resided,
For their houses have passed to others.①

因为该唱词使用的是一种介于文言和白话之间的文学语言,对舞台表演的响应要求严格,所以译文在选词、韵律和节奏方面标准苛刻。这对于普通观众的理解并非易事,对于译者,特别是非母语译者来说更不容折中。石峻山的《1699·桃花扇》唱词英译的最大特点是精雕细刻,视觉专业,文本解读准确,选词既符合高端观众的口味,又恰当兼顾各类水准的需要。细细考察每节唱段,可以发现多数语义单元都得到了转换,没有误译和失落。设想观众在欣赏剧情的同时通过舞台字幕的校核,可以瞬间疏通理解的障碍,仿佛在笙箫鼓点的烘托中产生纵身投入故事现场的效果。

2009 年,石峻山在上海参加加拿大馆的工作,期间接到南京师范大学的任教邀请。他接受了聘任,并因此得到在南京大学文学院读博士的机会(已获得不列颠哥伦比亚大学东亚文化硕士学位)。2011 年,在南京大学

---

① http://ent.sina.com.cn.*The Peach Blossom Fan*,2006.

文学院研修戏剧戏曲专业,师从俞为民教授攻读博士学位。2015 年,他在南京大学获文学博士学位后,受聘于不列颠哥伦比亚大学戏剧与电影系,从事博士后研究工作,现任教于澳大利亚悉尼大学汉学研究系,教授现当代中国文学、古典戏剧和世界文学等课程。

2013 年 4 月 2 日,专程来华参加世界闽南文化节的石峻山受印尼福和安木偶剧团委托,将一尊秦叔宝头像捐赠给中国福建泉州博物馆。他告诉东道主计划向美国亚洲学会递交一份有关梨园戏的报告,帮助泉州的地方剧种在海外得到更快传播。

石峻山通晓英、汉、法、德、俄、西班牙、意大利和印尼等 10 国语言,他的学术领域为元、明、清的小说、诗歌和戏剧,曾翻译苏童和叶兆言等人的作品。关于翻译,他认为"信""达"和"雅"都重要。如果翻译《牡丹亭》,就要理解佛教的思想,翻译《长生殿》就要知道杨贵妃与唐明皇的故事,翻译《桃花扇》不能不查阅明末清初的那段历史。

十、提倡撷取多元文化活力的高保罗

2005 年,高保罗(Paul Crowe)在阿尔伯塔省不列颠哥伦比亚大学亚洲研究所攻读研究生学位课程,深入探讨元代道教学者李道纯的著述《道德会元》。在欧大年(Daniel L. Overmyer)指导下完成了道教、佛教和儒教相互影响的论文,获博士学位。2006 年,他执教于西蒙菲沙大学(Simon Fraser University)人文系,任助理教授。

早先高保罗的学术兴趣是研究欧美哲学、翻译 13 世纪有关内丹炼金术的文献,并撰写一部加拿大道教历史的专著。2008 年,他前往香港,为专著搜集资料,同时考察当代道教对移民社会的影响。通过对现代道教仪式的考察,他认识到研究加拿大道教的历史不能停留于对文化价值的认知,还可从华人移民的文化背景差异中寻找他们适应新环境能力程度不同的表现,这对于多元文化策略的定性具有一定的指导意义。

早在担任助理教授阶段,高保罗就曾在列治文公共图书馆举办过讲座。他认为在现代人的理念中,道教继承古代宗教习俗讲究丹鼎符箓和方术,同时也吸纳民间信仰观念。在广为社会大众所接受的前提下,人人都有责任维持生命体的和谐与健康。

高保罗认为,道教信仰可以追溯到战国时代,其思想与孔子儒学以及

庄子和老子《道德经》之间都存在交叉关系。道教不同教派敬仰不同的神明，道徒践行的内丹、外丹和打坐等功夫，导致了"积善派""丹鼎派""正一派""占验派"和"符箓派"的形成，显然他们的分歧不在教义而在实践。道家倡导自在旷达的人生，把生与死、福与祸、贵与贱、乐与忧看作身外之物，与世无争可以知足常乐，修身养性可达到"逍遥"境界。阴阳太极就是道教的内涵核心，通过长生久视之道，可以炼养精神。

汉学家王健参与创办西蒙菲沙大学林思齐国际交流中心（SFU David See-Chai Lam Centre for International Communications），苦心经营了20年，退休后由高保罗接任其主任职务。他把该中心视为不同文化相互交流的论坛，暨是连接高等学府与社会之间的桥梁，也是通往亚洲和北美历史的必经之道。跨文化研究不仅是两种语言之间的翻译交流，更是多宗教哲学异同的对比。对于汇聚人类理想和目标的多元文化，高保罗提出了如下见解：

> 传播与运输技术不断演进，全球人口移动现象日渐频繁，促使来自不同文化背景的人一起工作生活。然而，要维系国际关系与民间社会的长远活力，不能只靠人们生活在一起，而需要撷取多元文化力量，凝聚共同理想与目标。为此，中心不断寻求共同期许的学术单位和民间机构合作。①

十一、东西方哲学宗教思想比较与认知科学专家森舸澜

森舸澜（Edward Gilman Slingerland）早在中学时代就对中国古代哲学思想文化感兴趣。1986—1988年，他在普林斯顿大学研修生物学和古汉语。1988—1989年，赴台湾东海大学研读汉语一年。1991年，到斯坦福大学学习基础汉语专业课程。1994年，获加州大学伯克利分校古汉语专业硕士学位。1998年，获斯坦福大学宗教专业博士学位。

作为加拿大哥伦比亚大学亚洲研究所教授、中国思想与涉身研究所所长、宗教历史数据库主任，森舸澜认为中国古代哲学思想，特别是先秦诸子

---

① 高保罗《生命历程的道家体验》，载《环球华报》2011年2月5日。

百家思想，不仅蕴含着重要的理论研究价值，同时也有现实指导意义，与后来传入的佛教和基督教完全不一样。西方文化主要强调以身心二元论为基础的理性主义，而先秦儒家则强调身心的紧密联系，这种思想在现代西方哲学体系中不存在。

广义的宗教表达了人们对世界和人生的看法，从这个意义上说，每个人都有意识或无意识地信仰一种宗教。总体说来，西方宗教哲学思想的核心是个人自由主义，而中国和东亚民族的传统宗教哲学思想的核心则是集体主义。中国古代哲学思想，尤其是先秦时期的诸子百家思想，在现代西方哲学思想中是找不到的。

两个民族或国家有关人权问题的对话往往都建立在各自不同的宗教哲学思想框架内，而争论的发生则多半因为争论各方脱离了自身所蕴含的宗教哲学思想框架。许多西方自由主义者与中国人就"人权""自由""政教分离"等问题进行讨论时，经常不顾及自己概念所隐含的体系。"人权"和"自由"是特定宗教文化的产物，只有彼此理解各自文化的差异，才能更好地进行相互沟通。

在中国先秦时期各种宗教哲学思想中，森舸澜对老子的"无为"思想特别入迷。他认为"无为"是从一种随心所欲的自然状态达到"德"的境地。"为学日益，为道日损，损之又损，以至于无为，无为而无不为"就是森舸澜治学精神的写照。

《论语》是一部具有重要历史价值的中国先秦文献，早在16世纪末就被译为西方语言。1809年，传教士马希曼（Joshua Marshman）出版了《论语》的节译本《儒家要籍》（*The Works of Confucius*），此后西方传教士和华人学者先后推出不少于40部风格各异的译本，为儒家文化思想的传播做出了重要贡献。1998年，森舸澜把《论语》译成英文，并对文献进行介绍与评价。2003年，森舸澜的《论语》由哈吉特出版社（Hackett Publishing Press）正式刊行，除译文外还增加了"前言""导论""中国朝代年表"和"参考文献"。该译本的最大特点是充分考虑到普通英语读者的阅读习惯和接受能力，译文采用意译与音译相结合的办法，每段译文前都附内容简介，译文后面选录了历代文人的注疏或译者的注释。

森舸澜翻译的《论语》出版后受到读者的普遍赞誉。美国波士顿大学约翰·伯思朗（John Berthrong）曾对该译本有这样的评价：

建立在中国和西方最好的现代和传统学术研究基础之上，森舸澜杰出的《论语》新译——包括每段中的传统注疏选译——是一个受人欢迎的译本。从孔子传给弟子的东西中，当代读者会大受启发，并且可以分享那种与历代学者为邻的经历，他们都曾苦苦思索过孔子神秘难懂的话语。森舸澜在译文中运用的注疏使读者有机会理解和欣赏这部重要的儒家经典。①

森舸澜的主要研究领域为战国时期中国哲学思想、宗教思想比较、认知科学与宗教演变、认知语言学（概念整合隐喻理论）、伦理学（德行伦理学、道德心理学）、进化心理学、人文与自然科学的关系、古典汉语等。他对先秦儒家和"无为"思想特别感兴趣，阅读了大量汉语著作。

森舸澜的学术兴趣广泛，专业功底深厚，是东西方哲学、宗教思想和认知科学等领域的著名专家。除了中国古代思想外，他的研究还涉及德行伦理学、阐释学、认知语言学等领域，尤其注重从科学与人文相结合的跨学科视角，将认知科学用于阐释宗教和哲学思想，探讨自然科学与人文科学之间的跨学科关系。他先后受聘为不列颠哥伦比亚大学亚洲所教授，哲学系和心理学系兼职教授，人类进化、认知与文化研究中心主任。

他发表作品50余部（篇），其中包括《中国古代哲学思想读本》(*Readings in Classical Chinese Philosophy*, Seven Bridges Press, 2001)、《论语》(Translation, *Confucius Analects*, Hackett Publishing Press, 2003)、《以概念暗喻理论为宗教比较研究之方法》(Conceptual Metaphor Theory as Methodology for Comparative Religion, *Journal of the American Academy of Religion*, March, 2004)、《无为——早期中国的精神理念》(Effortless Action: Wu-wei as a Conceptual Metaphor and Spiritual Ideal in Early China, *Harvard Journal of Asianic Studies*, 2004)、《人文研究的科学之鉴——身体与文化的整合》(*What Science Offers the Humanities: Integrating Body and Culture*, Cambridge University Press, 2008)、《实现一致——科学与人文的整合》(Co-written with Mark Collard, *Creating Consilience: Integrating the Science and the Humanities*, Oxford University Press, 2012)。

---

① 李刚《森舸澜〈论语〉英译介评》，载《名作欣赏》2012年第3期。

十二、研究六朝文学和唐诗宋词的孙广仁

孙广仁(Graham Sanders)在多伦多大学学完本科课程后直接转入哈佛大学攻读博士学位课程,论文选题为《传情达意的诗歌:孟棨(841—886)与〈本事诗〉》[*Poetry in Narrative: Meng Qi (fl. 841—886) and True Stories of Poems Pen-shi shi*]。唐代诗人孟棨的《本事诗》记录了当朝文人的许多遗闻逸事和有关诗歌,作者认为诗因缘情而作,即所谓"情动于中而形于言"。该书被视为中国古代诗论名著,是从唐人的笔记、小说和文集中摘录或改写诗人故事的汇编,包括作者根据自己熟知传闻编撰而成的内容。全书共七个专题:情感、事感、高逸、怨愤、徵异、徵咎、嘲戏,内容深刻,自成体系。孙广仁以此为博士论文选题,显然是经过长期钻研,有感而发,非同寻常。

孙广仁援引经典中有关孔子教导儿子和弟子的话说,"不学诗无以言"(《论语·季氏》),"诗可以兴,可以观,可以群,可以怨。尔之事父,远之事君,多识于鸟兽草木之名"(《论语·阳货》)。可见学"诗"(《诗经》)相当于现在是所说的一种"文化修养"。

2006年5月,他在哈佛大学亚洲中心出版了《绝妙好词——中国古典诗能面面观》(*Words Well Put: Visions of Poetic Competence in the Chinese Tradition*)一书,从西方文学鉴赏的角度对中国先秦、两汉和唐宋诗词的创作提出了一些令人耳目一新的观点。他说,那些展现在读者面前的作品都隐含着写诗和吟诗的场景信息。所谓的"诗能"(poetic competence),就是以个人的诗歌言语(poetic discourse)对他人心态和行为产生影响的能力。这只有在构建诗歌创作、吟诵和接受为条件的语境中才能释放出来。这些叙事作品未必就像诗歌演绎的理想文字那样的真实历史记录。品味《绝妙好词》,从有据可考的文字到千百年诚实激情的爆发,可以感受到当年口才与应对的空前盛况。到7世纪,诗学在中国文人中已成为一种学养,激情一旦与灵感结合,即可临场发挥,这就是诗作自发性(poetic spontaneity)的体现。

2010年3月,孙广仁在《哲学与文化》中发表的论文《中国白话小说中的刑讯逼供及其叙事美学》(*Out With It: Torture and the Aesthetics of Narrative in Chinese Vernacular Stories*),主要探讨晚明文学家冯梦龙

(1574—1646)的《喻世明言》《警世通言》《醒世恒言》和凌濛初(1580—1644)的《初刻拍案惊奇》《二刻拍案惊奇》。公案小说是人们喜闻乐见的一种文学体裁,把对人犯刑讯折磨作为最佳的场景描写是司空见惯之事。然而,在刑讯逼供成为世俗常规的情况下,往往妨碍真相查明,甚至还可掩盖事实。孙广仁认为,在衙门内是否滥用酷刑的问题上可以把县太爷划分为下列几种:聪明绝顶者没有用刑的必要;办案有方者可根据被告的罪证和供述在法律许可范围内用刑;而昏官断案则随时都可用刑。

1996年,孙广仁在哈佛大学东亚语言人文学院获得博士学位后受聘于多伦多大学东亚研究系,主要研究方向为六朝文学和唐诗宋词。他在中国古典文学研究方面造诣甚高,对中华典籍和《红楼梦》翻译有特别专长。他的主要著述除上面提到的外还有《〈浮生六记〉英译》(*Six Records of a Life Adrift*, Hackett Pub. Co., 2011)、《〈世说新语〉英译》(*A New Note on Shishuo Xinyu*, 2015)。

十三、在文学创作中不断革新和发掘的司徒祥文

司徒祥文(John Edward Stowe)是加拿大怀雅逊大学教授,先后在美国和加拿大教了30多年的中文。他翻译过贾平凹的小说,对其早期作品有独到研究,曾以《农民知识分子:贾平凹生活和早期作品史论分析》(*The Peasant Intellectual Jia Pingwa: A Historico-Literary Analysis of His Life and Early Works*)为自己的博士论文选题。

早在1991—2001年,贾平凹的英译作品集《天狗》(*The Heavenly Hound*)、《晚雨》(*The Heavenly Rain*)和《老西安:废都斜阳》(*Old Xi'an: Evening Glow of An Imperial City*),就出现在中国外文出版社对外发行的书籍名单中。司徒祥文是国外研究贾平凹的专家之一,他的考察分析首先从作家的成长历程和主要作品入手,认为贾平凹是一位有文化的农民而不是受过西洋文学熏陶出来的知识分子作家。妇女在他的作品中占有重要的地位,《红楼梦》和《金瓶梅》之类的中国传统文学作品对他的人物塑造和生活描写产生了重要的影响,表现出对本乡本土秦砖汉瓦的偏爱,给自己的作品镀上冷峻而又灿烂的古典美。

更重要的是,以《废都》打头阵的新世纪中国文学表现出了跃跃欲试多年的文学艺术家的承诺和期望,体现了中青年读者的热切追求。有人说

《废都》就是现代版的《金瓶梅》,也有人说《废都》是新旧小说的分水岭,否则怎么能成为法国费米娜文学奖(Prix Femina)的得主呢?随之而来的是私下借阅、考察和争辩,毕竟在大是大非面前人人都得小心。

如何评价贾平凹创作的成功,不同学者有不同的观点和方法。司徒祥文认为,贾平凹一方面将本国的历史文化视为创作资源,不断地仿效和吸收,直至自己作品散发出古典审美效应;另一方面他又不断创新和发掘,把文学责任的方向定位于作家笔下的所有人和事,并跟现实生活保持着密切的联系,这正是贾平凹高明于他人之处。

中国语言文化教学与研究是司徒祥文生活中的另一个重要部分。2016年8月5日,加拿大中文教育学会第五届中文教学研讨会在多伦多大学举行,来自中国、加拿大和美国的100名教育工作者和专家参加了这次会议,就对外汉语教学大纲、课程设计、教材编写进行研讨。司徒祥文是东道国的代表之一。他希望借助本国多元文化政策的有利条件提高中加语言文化交流的规模和水平。

会上有代表提出海外中文教学应该因地制宜的问题。还有代表说加拿大讲中文的人数不断增加,压力很大。如果老师不了解学生,不了解他们的行为和思想,语言教学就会不断出现问题。

"语言不仅仅是语言,而是文化,这一点值得思考。"有一次他对记者这样说,"海外中文教育虽然存在所谓'文化差异'的问题,但是作为专家,如果不去了解对方,那是不能接受的。"[1]2018年,司徒祥文荣获优秀海外汉语教师终身奖。

---

[1] 余瑞冬《加拿大逾百万人说汉语,中文教育任重道远》,中新社多伦多,2016年8月5日。

第五章
加拿大华裔学者对汉学研究的贡献

从1858年起,加拿大就有华人居住。联邦统计局公布的数据显示,在加拿大3515万人口中有将近130万人在家使用汉语。2013—2017年,加拿大外国留学生的人数增长了40%,同一时期中国留学生增加了57%。穆迪数据(Moody's Data)显示,2018年有超过7.7万名中国留学生在加拿大的高校就读。目前中国留学生占多伦多大学外国留学生人数的2/3,占不列颠哥伦比亚大学外国留学生人数的1/3以上。

一般说来,欧美华裔学者研究汉学有许多便利条件,除了语言运用和信息获取方面比非华裔学者的条件优越外,对于敏感或迫切选题的判断,对于资料文献的理解、分析、视角、情感和价值趋向方面也更具备得天独厚的条件。

但是华裔学人的情况千差万别,很难一概而论。有些人在国外出生并接受教育,跟普通外国人没有差别;多数人在国内大学毕业后出国留学,专业也不是人文学科,汉学研究所需知识基本上都是从零开始。另外,华裔学者的汉学研究成功与否跟个人的努力和方法甚至工作和生活环境也有一定关系。但是,华裔人口集中的地方客观上有利于汉学研究的开展,也是事实。

19世纪,远涉重洋淘金和修建铁路的华工叩开了加拿大的国门,此后加拿大来华传教士以另一种方式打通了两国文化交流的渠道。研究中国古典文献的著述,深入民间调查中国国情的报告以及治病、传教、讲经的经验,都是加拿大早期汉学研究的资源。其中一些人回国后成为加拿大汉学的奠基人,如怀履光和明义士。

1950年初,有些从事汉学研究的学者因受麦卡锡主义(McCarthyism)迫害从美国逃亡到加拿大,加入了汉学家的行列。同一时期在美国研究汉学受到排斥的威廉·荷兰（William Holland，1907—2008）携带他创办的《太平洋事务》（Pacific Affairs）杂志到不列颠哥伦比亚大学招聘人才，为该校的汉学研究进行奠基性的开拓。原来在美国史丹福大学的林理彰（Richard John Lynn）也是这个时候加入了加拿大汉学家行列的。由于政治环境的变化，原来在华的大批传教士、使馆外交人员、工商界人士和军政雇员离任回国，他们中的大多数人利用自己的中国知识谋求生计，成为任职于博物馆、图书馆、银行、企业或大学中的中国问题学家，这也对中国研究起到了很大的推动作用。

香港回归之前，不少当地居民举家迁居加拿大，竟炒热了温哥华和多伦多等大中城市的楼市。虽然其中有志于汉学研究的学者人数极为有限，但是在传说中的35万加拿大护照华裔持有者中，即便千里挑一也可组建一个实力雄厚的汉学研究团队。再加上愿见世面的中国后备团队，规模十分可观。

随着中国和加拿大两国国家关系的发展，加拿大华人华侨对居住国的影响也越来越重要，不仅体现在外交、政治和经济方面，也体现在教育、军事和科技方面。他们既延续历史传统，又采用加拿大主流社会更能接受的方式，为促进两国人民的友谊发挥着推动作用。

一、从事对外语言文化教育十余年的江亢虎

江亢虎（Kiang Kanghu，1883—1954）原名江绍铨，字康弧，江西上饶人，出生于一个仕宦之家。1887年，随父迁居北京，与祖父一起生活，自幼受到严格的传统文化教育，常出入于晚清上流社会。因为时代动荡变革，他没能像祖辈那样沿袭仕途，却在维新思想中试图寻找救国之道。

1890年，祖父由京官外放山东道台，江亢虎紧跟其后。1897年，江亢虎考进京师同文馆，师从日籍教员杉几太郎学习日语。1901年，江亢虎与人合作创办东文学社，又作为"新政"英才赴日考察半年，并入早稻田大学学习社会学、政治学和欧美近代哲学，还在横滨下田町的中国会馆与赏识他的孙中山先生彻夜长谈。1904年，他因病回国，通过礼部尚书张百熙的推举，出任刑部主事和京师大学堂东文教习。1907年，他再次留学日本，深受无政府主义和社会主义思想的影响。

1909年，江亢虎以"徐安诚"（Hsü An-cheng）的笔名，在吴稚晖

(1865—1953)等人在巴黎创办的《新世纪》上刊发《无家庭主义》和《自由营业管见》等文章。1910年春,他游历日本、英国、法国、德国、荷兰、比利时和俄国时,还在途中宣传他的"三无主义"(无宗教、无国家、无家庭)观点,经常出席无政府主义者的聚会,广泛接触社会民主党人士,还以非正式代表身份参加在比利时布鲁塞尔举办的第二国际会议。

1911年7月10日,他在上海张园成立社会主义研究会,主张恋爱自由、教育平等,信仰无政府主义和社会主义,曾组建中国社会党,参加辛亥革命。他还在辛亥革命之后把社会主义研究会改名为"中国社会党"。1913年9月,中国社会党因涉嫌参加孙中山发起的二次革命,被袁世凯下令解散。为防止受迫害,江亢虎由日本转道美国加州旧金山,在加利福尼亚州立大学担任中文讲师。在美国7年生活中,他主要教授中文。该校是继卫三畏(Samuel Wells Williams,1812—1884)在耶鲁大学教授中文之后第二个开设中文课程的美国高校。英国传教士傅兰雅(John Fryer,1839—1928)在那里任东方语言文学教授。1915年傅兰雅退休后,江亢虎便正式成为加州大学的中文教师。除了教中文外他还开设讲座课,内容包括中国历史、地理、政治、社会、宗教、哲学、文学和美术,收授学生数百人。

除在加州大学执教外,江亢虎还在华盛顿的国会图书馆工作过几个暑假,担任中文图书编目和采购。1916年为研究国学,他还在美国创立了一个宣传中国文化的社团——弘道会(The Hung Tao Society),收纳会员200多人,每月集会两次,一次讲中国哲学,一次讨论中国时下要闻。

1920年夏,江亢虎辞去在美国加利福尼亚大学的工作启程回国。1922年他创立上海南方大学,自任校长。1924年,他重组中国社会党(后更名为"中国新社会民主党")。但是他与北洋军阀保持着暧昧关系,"善后会议"和"甲子复辟"的媒体新闻中都出现过他的名字。1927年国民革命爆发时,反对"联俄联共"的江亢虎不得不解散中国新社会民主党,再度赴美任职于美国国会图书馆。

1930年,江亢虎受聘担任加拿大麦吉尔大学中国研究系(the Department of Chinese Studies)主任。1934年年初,他应邀访台,入夏在上海定居。1937年抗日战争全面爆发,他暂住香港。1939年9月,他在上海发表《双十节对时局宣言》,主张建立以中国传统文化为核心的东亚新秩序。抗战结束后被国民政府以汉奸罪判处无期徒刑。

创办于1821年的麦吉尔大学是加拿大历史悠久的公立高校之一。

1929年圣诞之前，江亢虎受该校和葛斯德中国研究图书馆（Gest Chinese Research Library）馆长邀请前往该馆参观。馆中古籍珍本和善本藏书十分丰富，特别是清代宫廷的版本、未刊手稿和大开本汉文佛经的收藏，足以与国家图书馆媲美。他向校方建议，当务之急是将这个图书馆中的中文资料用于学术研究，希望麦吉尔大学能成立一个中国研究系，并筹集汉学研究经费和奖学金。凭借此等数量和质量的藏书，麦吉尔大学就可以成为加拿大中国研究的中心，吸引各国专家学者来此大显身手。

麦吉尔大学不失时机地采纳了江亢虎的建议，还聘请他出任系主任一职。该校在1930—1934年间设立的这个新系是加拿大第一个名副其实的中国研究系，对北美中国研究的推动产生了预期的影响。在加拿大约5年的时间，他指导了5名汉学硕士研究生，曾给数千名美国和加拿大学生讲授中国文化课。

江亢虎一生醉心于政治和社会活动，在传播中国文化方面他除了授课和讲座之外还译介中国古诗。美国诗人、学者和作家宾纳（Witter Bynner, 1888—1968）1918年跟他结识，是他的翻译合作者。宾纳对诗歌有浓厚兴趣，在与江亢虎结识之前就出版过诗集。而江亢虎也受过良好的中国古典文学教育，自己也写古体诗，两人谈起中国文化和诗词来如数家珍，还互赠诗作以为纪念。他们曾先后在48个流行刊物上发表过238首合作翻译的诗歌。1929年他们合作英译的《群玉山头——唐诗三百首英译本》由纽约克诺夫（Knopf）出版社出版，合译方式是江亢虎根据原作释义，宾纳将其转换成英诗。

江亢虎是民国时期著名的文化学者和政治人物。1913—1920年和1927—1934年，他在北美洲生活了十余年，介绍中国文化成了他平日生活的主要内容。1939年，他应汪精卫的邀请去上海。1940年，担任伪政权的国民政府国务委员兼考试院副院长等职。1946年11月，他被国民政府判处无期徒刑。1954年，因肺结核死于狱中。

江亢虎的主要著作有《江亢虎博士演讲录》（上海南方大学出版部，1923年）、《群玉山头——唐诗三百首英译本》（Co-written with Witter Bynner, *The Jade Mountain: An Anthology Being Three Hundred Poems of the T'ang Dynasty*, 1929）、《江亢虎文存初编》（上海中华书局，1932年）、《中国学术研究》（*On Chinese Studies*, 1934）、《中国文化引论》（*Chinese Civilization: An Introduction to Sinology*, 1935）。

二、研究汉语实用音转学的戴淮清

戴淮清(Tai Huaiching,1908—1995)祖籍广东大埔,出生于马来西亚槟城,其父戴月初系前清秀才。1919年父亲去世后回国求学。1927年,进入上海真茹暨南大学文哲学院外国文学系,师从叶公超,曾与南洋侨生陈翔斌等人创建文学社团秋野社。1930年,转入燕京大学英语系,先后师从叶崇智(1904—1981)和洪深(1894—1955),常到清华大学旁听艾弗·阿姆斯特朗·理查兹(Ivor Armstrong Richards,1893—1979)的文艺批评理论课。

1934年,戴淮清毕业于燕京大学,受聘于广州中山大学,与清华大学英语系毕业生唐锦云女士结婚。1937年移居香港,担任《星岛日报》记者。1941年12月8日,日军侵略香港,戴淮清移居越南,任槟榔市崇正学校校长,致力于汉字教学推广。

1945年,赴新加坡出任《星洲日报》国际版主编,除了负责撰写社论外,还经常在《星洲周刊》发表有关摄影和汉语语音转学(Chinese Phonetical Transference)方面的文章。

研究汉语语音转学是戴淮清的一个重要学术领域。所谓"音转"是指音义关系在实际表达中发生的变化,包括词语连读时出现的声调变化,词语在古今使用中发生的语音差异,或者方言与普通话、专业与非专业、汉语与非汉语在使用时产生的音义关联的变化。词语是声韵和意义结合的单位,词语与意义之间的不同关联可能引起一些变化。这种复杂的语音变化涉及音韵学、训诂学、历史方言学、历史词汇学和文字学等多个领域,都有规律可循。音乐和戏曲演唱演奏中的连音与转音由此发生。

1946—1986年,戴淮清被南洋学会吸纳为会员。20世纪50年代,被星洲日报社派往欧洲考察,返新后在该报副刊发表游欧杂记。1986年他移民加拿大,从事汉语音韵学研究,1995年,在埃德蒙顿逝世。

戴淮清的主要著述有《摄影入门》(星洲日报社,1952年)、《释诗三篇》(《星洲日报》,1959年6月12日)、《文字的研究》(星洲世界书局,1960年)、《古文疑义新解》(《星洲日报》,1960年5月26日)、《音转学发凡》(星洲世界书局,1962年)、《汉语音转学》(新加坡出版,1974年)、《中国语音转化》(台北中国民俗学会,1974年)、《汉语音韵学》(中国友谊出版公司,1986年)、《揭开大秦景教的秘密》(载《明报月刊》,1989年3月)、《大秦历史重考》(载《文学知识》1989年第3期)、《汉书·西域传所记"乌戈"地望辩证》(载《中国边疆史地研究》1993年第2期)、《新疆地名概说》(戴淮清序,牛汝辰编,中央民族学院出版社,1994年)。

三、以非说教的方式为袁世凯写传的陈志让

陈志让(Jerome Chen,1919—2019)出生于四川成都,早年就读于成都华西协合高中。1943年,毕业于西南联大经济系。1945年,在重庆南开经济研究所攻读博士学位。1945—1947年,任燕京大学经济系助教。1947年,考取中英庚款赴英深造。1956年,在伦敦大学历史系获博士学位。1963—1971年,他执教于英国利兹大学,先后担任讲师、高级研究员,后定居于加拿大。1980年,他入选为加拿大皇家学会会员。1981—1987年,任加拿大约克大学中国历史教授。1983—1985年,受聘为加拿大多伦多大学-约克大学联合亚太研究中心主任。1986年退休后,为约克大学名誉教授。

作为历史学专家,陈志让对袁世凯、孙中山和毛泽东等政治人物都有过深入研究。1961年,他出版了《袁世凯传》(*Yuan Shin-Kai*, 1859—1916),全书共十二章,叙述了袁世凯从呱呱坠地到监国朝鲜和编练新军,历任巡抚、总督、总统和大皇帝的人生历程。袁世凯荣华富贵治世能臣的一辈子,也是他辉煌腾达铁腕枭雄的一生。为国图强竟不择手段,小站练兵只不过是大题小做,表现权臣之范的同时也不遮掩其予夺唯私之道。有人相信读懂袁世凯就等于读懂近代中国,因为陈志让广泛搜集中西方史料文档用非说教的方式撰写《袁世凯传》,好比给每位读者颁发了一个开卷的验证码。

陈志让的《军绅政权:中国近代的军阀时期》分析了军绅政权的形成,以及军阀时期中国社会的变迁。作者认为1895年以前中国的执政机构是绅军政权(The Government of Gentry-Military Coalition),1895—1949年的执政机构是军绅政权(The Government of Military-Gentry Coalition),体现中国在清末社会精英的利益分化以及军人的势力膨胀。因为派系执政和区域矛盾,不能统一中国。虽然统治者不反对"中学为体,西学为用",但是百姓穷困潦倒,军阀之间厮杀混战,导致现代化理想成为一纸空文。该书是

研究北洋军阀历史的一部经典力作。

陈志让的学术兴趣广泛，在多个领域均有所建树，他是《剑桥中华民国史》的作者之一，兼任美国出版的《近代中国》和香港出版的《东方文化》等学术刊物的编委，先后应邀前往美国、澳大利亚和日本等国讲学或短期访问。

他的主要著述有《毛泽东与中国革命（及毛泽东诗词 37 首）》(*Mao and the Chinese Revolution. With Thirty-Seven Poems by Mao Tse-tung*, Oxford University Press, 1965)、《毛泽东文集和书目》(*Mao Papers*, *Anthology and Bibliography*, Oxford University Press, 1970)、《军绅政权：中国近代的军阀时期》(*The Military-Gentry Coalition: the Warlord Period in Modern Chinese History*, 1979)、《清政府的国家经济政策（1840—1895）》(*State Economic Policies of the Ching Government*, *1840—1895*, Garland, 1980)、《中山北上与历史评价问题》(收录《孙中山和他的世代，孙中山研究国际学术研讨会论文集》（上），中华书局，1980 年)、《张謇在辛亥革命前夕政治思想的转变》(收录《纪念辛亥革命七十周年学术讨论会文集》（下），中华书局，1983 年)、《洪宪帝制的一些问题》(收录《中华民国初期历史研讨会论文集》（上），台北，1984 年)、《地方抗议活动之现代化——1906 年萍浏醴起义研究》(*Modernization of Local Protest: A Study of the Ping Liuli Rebellion* 1906)、《特殊中国问题》(*Special China Issue*)、《东方和西方——社会与文化（1815—1937）》(*China and the West: Society and Culture*, 1815—1937)、《华中高原居民 1895—1937 年的历史》[*The Highlanders of Central China: a history*(*1895—1937*)]、《中华人民共和国的社会科学》(*Social Sciences in the People's Republic of China*)、《去往四川途中的毛泽东主义社会建构模式反思》(*The Maoist Model of Social Construction Reflections on a Trip to Sichuan*)、《中国与东南亚社会史研究——纪念维多·巴素文集（1896 年 1 月 26 日—1965 年 1 月 2 日）》(*Studies in the Social History of China and Southeast Asia: Essays in Memory of Victor Purcell, 26 January 1896—2 January 1965*)。

四、长期从事中加关系史研究的陈明生

陈明生（Min-sun Chen, 1921—）1946 年获西南联大清华大学学士学

位,1959年获芝加哥大学硕士学位,1971年获芝加哥大学博士学位。加拿大安大略省莱克亥德大学(Lakehead University)历史系退休教授。

他的学术研究领域为明清中国史、20世纪思想与政治历史、中国与加拿大关系、古代与现代汉语。他的主要著述有《从白求恩大夫和布朗大夫到达岚县日期说起》(载《吕梁党史研究》1986年第3期)、《加拿大近代中国研究》(载《北京评论》,1989年)、《李之藻信奉天主教缘由考》(载《北京评论》,1989年)、《徐光启(1562—1633)》(底特律,1994年)、《耶稣会士南怀仁中国地理研究》(内特塔尔出版社,1995年)。

五、研究中国佛学史和禅宗思想的冉云华

冉云华(Jan Yün-hua,1923—),四川广元人,毕业于陕西师范专科学校,后进入四川大学历史系。1953年,留学印度,师从师觉月(P. C. Bagchi)、谭云山、贾太吉(D. R. Sudhakar Chatterji),攻读佛学和印度宗教史学。1960年,他受聘赴加拿大,历任中国宗教学研究会会长、国际佛学研究会亚洲学会佛学小组理事等职。1964年,在印度的维斯瓦巴赖提大学获宗教学博士学位。1967年,在加拿大的麦克马斯特大学宗教研究系任助理教授。1973—1989年,历任加拿大安大略省麦克马斯特大学副教授、教授、宗教系主任,先后访问了英国、法国、斯里兰卡、泰国、韩国和日本。

冉云华的宗教研究初期聚焦于佛教,研究领域包括中国佛教史学、禅宗思想和中印宗教文化交流史三个方面,主要著述有《公元581年至906年的中国佛教编年史》《中国佛教的变迁》和《唐代印度佛教》等。他在《佛教中的"多闻"概念——佛学与佛学问题的展开》一文中说,佛教早期就重视知识,更重视知行之间的关系。大乘经论认为多闻可生智慧,但也可能使学者骄傲自满,所以主张智慧与多闻并重的宗教生活。禅宗对多闻只弹不赞,因而出现反智倾向。宋明以降,僧人教育水准下降,禅宗的态度可能成为某些拒宗教学识者的借口。①

从20世纪70年代起,冉云华的宗教研究重点转向道教。他的《道的问题和〈道德经〉》论述了道的本质以及学界有关道的观点,对哲学大家冯

---

① 中国台湾《中华佛学学报》1992年第5期。

友兰(1895—1990)有关《道德经》和老子的看法做出了自己的评价。他在《关于道教的帛书抄本》中谈到公元前 206 年前《老子》的小篆帛书抄本和公元前 206 年之后的隶书帛书抄本之间的差异,并联系《十大经》中宣扬的世界观和哲学观发表看法。

1989 年,他的《人与宇宙之沟通——道教音乐的哲学基础》是参加香港中文大学的"国际道教仪轨及音乐研讨会"的论文。他认为过去学术界几乎没有人研究道教音乐的哲学意义,甚至把它视为非文化因素。《太平经》中有关音乐的叙述表明音乐是快乐的标识,是有声的艺术和善事。它存在于宇宙中,还渗透到各种事物之中。声音和旋律是联络人们思想感情的纽带,也是架设族群关系的桥梁。"和谐"是音乐的关键词语,通过演唱使世界生命激活,让你死我活的邻里抛弃前嫌握手言欢,这就是道教音乐哲学的全部精神所在。作者指出:中国文化研究者都认同音乐具有影响自然和社会现象的力量。[①]

退休后冉云华被授予荣誉教授称号。1979 以后,他多次访问祖国大陆,与中国社会科学院、各地方社会科学院、北京大学和四川大学进行学术交流。1988 年 10 月,与美国伊利诺伊大学教授莱伊(Whalem W. Lai)、夏威夷大学哲学系教授成中英(Chen Chung-ying)和萨梭(Michel Saso)组成编委会,创办《道教资料》(Taoist Resources)。1989 年,他应聘担任台湾法光佛教文化研究所教授、英国剑桥大学克莱尔学院客座研究员,培养了一批海外佛学人才。

1991 年 12 月 21 日,冉云华在台湾举办的"两岸宗教与文化交流学术研讨会"上做了即席主题演讲。他说:"大陆学者所做的基础工作,不只是对未来大陆的学术打下了基础,就是对在海外和中国台湾的同行也有可借镜之处。"

冉云华长期致力于中华文化史研究,撰写论文 60 余篇,先后发表于欧洲、美国、英国、日本和中国港台地区的杂志专刊,其中主要有:《道的问题和〈道德经〉》[载《守护神》(Numen) 1975 年第 22 卷第 3 期]、《关于道教的帛书抄本》(载《通报》1977 年第 63 卷第 1 期)、《道源或道的起源》[载荷兰《中国哲学杂志》(Journal of Chinese Philosophy) 1980 年第 7 卷第 3 期]、《十六经的政治哲学归于黄老道》(载《中国宗教杂志》1983 年第 10

[①] 《国际道教科仪和音乐研讨会论文集》,香港中文大学,1989 年。

卷第3期)、《宗教状况和佛道教研究在中国——一幅不完全和不平衡的图画》(载《中国宗教杂志》1984年第12卷)、《文化事务和宗教统———研究道教神的一个事例》(载台湾《汉学研究》1985年第4卷第1期)、《密宗》(东大图书公司,1988年)、《人与宇宙之沟通——道教音乐的哲学基础》(载曹本冶和罗炳良编《国际道教科仪及音乐研讨会论文集》,香港,1989年,英文版)、《黄老道中人的本质及其宇宙基础》(载荷兰《中国哲学杂志》1990年第17卷第2期)、《中国禅宗研究论集》(东初出版社,1991年)、《中国佛教文化研究论集》(东初出版社,1992年)、《从印度佛教到中国佛教》(东大图书公司,1998年)。

六、中华古典诗词研究专家叶嘉莹

叶嘉莹(Chia-ying Yeh,1924—),号迦陵,出生于北京察院胡同一所老四合院。其家族原属满族叶赫那拉氏后裔,祖父是光绪年间进士。父亲叶廷元,早年毕业于北京大学英文系,毕业后任职于航空署,从事西方航空著作译介,后进入中国航空公司,任人事科科长等职。母亲李玉洁,曾任教于一女子职业学校。

叶嘉莹3—4岁时父母亲开始教她背古诗、认读汉字,6岁时跟私塾教师读《论语》,9岁考进笃志小学,一年后以同等学历考入北京市立二女中。1941年,她考进辅仁大学国文系,专攻古典文学专业,曾师从古典诗词名家顾随教授,师生文笔交流留下多篇佳作。1945年大学毕业,叶嘉莹先后受聘为北平佑贞女中、志成女中和华光女中国文教师。

1937年,她的父亲随国民政府西迁,与家中断绝了联系。同年9月,母亲因病去世。1948年3月,她嫁给在国民党海军供职的文职人员赵东荪;11月,随丈夫迁居台湾高雄。1950年,由戴君仁和许世瑛举荐,叶嘉莹受聘为台湾大学教授,先后在淡江文理学院、教育广播电台、教育电视台和辅仁大学教授诗选、文选、词选、曲选和杜甫研究等课程。1966年,受台湾大学派往美国讲学,先后任美国密歇根州立大学和哈佛大学客座教授,课余时间她与哈佛大学亚洲系主任海陶伟合作研究一些课题,多次出席重要国际学术会议。1969年,叶嘉莹定居加拿大温哥华,任不列颠哥伦比亚大学终身教授。

1974年和1977年,叶嘉莹先后两次回国,看到故乡的巨大变化使她激动不已。1978年,叶嘉莹申请回国讲学。从1979年开始,每年利用假期回国,先后应邀到北京大学、南开大学、天津大学、南京大学、复旦大学、四川大学、云南大学、湖北大学、湘潭大学、武汉大学、辽宁大学、辽宁师范大学、黑龙江大学、兰州大学、新疆大学等高校授课。与此同时,她应社会各团体的邀请,还举行过多次古典诗词专题演讲。

1989年退休后,叶嘉莹每年用一个学期在国内讲学,其余时间在加拿大、美国等地讲解中国古典诗词。1990年,她当选为加拿大皇家学会院士。1991年,她创办比较文学研究所(后更名为"中华古典文化研究所"),兼任所长和博士生导师,并捐助退休金10万美元设立"驼庵奖学金"和"永言学术活动基金"。1997年,河北教育出版社出版了她的《迦陵文集》10卷。2000年,台湾桂冠图书公司又出版了《叶嘉莹作品集》24卷。1998年,她上书江泽民主席,倡导幼儿少年诵读古典诗词以提高国民素质。教育部根据江主席的批示组织专家编辑出版《古典诗词诵读精华》供中小学教学之用。

叶嘉莹长期从事古典诗词研究,并将西方文艺理论引入中国诗词研究和欣赏。结合西方文论中的阐释学(hermeneutucs)、符号学(semiotics)和接受美学(receptional aesthetics)理论,她将中国词划分为三大类别:歌词之词、诗化之词和赋化之词。虽然风格不同,但是都具有其美感特质,可对其影响和作用的源流进行分析。

1958年,叶嘉莹在《淡江学报》发表了《温庭筠词概说》一文,角度由主观渐入客观。这种评赏文艺作品的手法把个人的感受和心态从里到外,由个人内心到外部世界的交替使用,在中西学术中均有所见,但是从接受美学和心理学层次而言,用于近现代西学的多于汉学。叶嘉莹在此后的诗词评赏中一直有意识地使用这种方法。

孙郁在《在"为己"与"为人"之间》一文中写道:

> 在《迦陵论诗丛稿》中,她(叶嘉莹——笔者)谈及了自己治学中"为己"与"为人"的问题,我以为这是把握她学术生涯的线索。钟情于诗词艺术,偏于主观感受,在神异的境界中体验自我,于是便获得了为己的快慰。而当意识到了这种快慰生成的缘故,便有了使命感与传承的自觉,将古文化中有生命的东西普及于社会,这便是"为人"的内容。始于"为己",终于"为人",这在她那里,是悲壮的文化旅程,其学

术有意味的地方,正在于此。①

2014年5月8日,国务院总理温家宝发信对"叶嘉莹九十华诞暨中华诗词国际学术研讨会"表示祝贺。2015年10月18日,阿尔伯塔大学授予叶嘉莹荣誉博士学位。2016年3月21日,华人盛典组委会公布叶嘉莹获得"2015—2016年度影响世界华人大奖终身成就奖"。2018年6月3日,在南开校友总会第六届理事会上叶嘉莹郑重宣布将自己的全部财产捐赠给南开大学教育基金会,用于设立支持中华优秀传统文化研究的迦陵基金。同年12月,叶嘉莹入选"感动中国"2018年候选人物。

叶嘉莹的学术领域为中国古典诗词创作、教学和研究。20世纪80年代以来,她出版的主要诗词研究著述有《迦陵论词丛稿》(上海古籍出版社,1980年)、《中国古典诗歌评论集》(广东人民出版社,1982年)、《迦陵论诗丛稿》(中华书局,1984年)、《杜甫〈秋兴八首〉集说》(上海古籍出版社,1988年)、《唐宋词十七讲》(岳麓书社,1989年)、《中国词学的现代性》(岳麓书社,1990年)、《阮籍咏怀诗讲录》(天津教育出版社,1997年)、《王国维及其文学批评》(河北教育出版社,1997年)、《古典诗词讲演集》(河北教育出版社,1997年)、《汉魏六朝诗讲录》(河北教育出版社,1997年)、《唐宋词十七讲》(河北教育出版社,1997年)、《清词丛论》(河北教育出版社,1997年)、《我的诗词道路》(河北教育出版社,1997年)、《唐宋词名家论稿》(河北教育出版社,1997年)、《叶嘉莹说词》(上海古籍出版社,1999年)、《迦陵著作集》(河北教育出版社,2000年)、《迦陵诗词稿》(河北教育出版社,2000年)、《历代名家词新释辑评丛书》(中国书店,2001年)、《名家品诗坊·唐五代词》(上海辞书出版社,2004年)、《南宋名家词讲录》(天津古籍出版社,2005年)、《叶嘉莹自选集》(山东教育出版社,2005年)、《叶嘉莹说中晚唐诗》(中华书局,2008年)、《迦陵说词讲稿》(北京大学出版社,2007年)、《人间词话七讲》(北京大学出版社,2014年)、《小词大雅——叶嘉莹说词的修养与境界》(北京大学出版社,2015年)、《美玉生烟——叶嘉莹细讲李商隐》(北京大学出版社,2018年)等。

---

① 孙郁《在"为己"与"为人"之间》,载《光明日报》2002年6月26日。

七、北美华裔宗教学家和哲学家秦家懿

秦家懿(Julia Chia-yi Ching,1934—2001)祖籍江苏无锡,出生于上海。早年在上海和香港开蒙,青年时期在美国新罗谢尔书院(College of New Rochelle)和天主教大学(Catholic University)接受教育,以圣乌尔苏拉会(the Order of St. Ursula)修女身份苦修20年。在台湾花莲传教期间读了很多中国文史哲典籍,对于儒家哲理情有独钟。

1972年,秦家懿毕业于澳大利亚国立大学,导师为汉学家柳存仁。获哲学博士学位后任美国哥伦比亚大学和耶鲁大学副教授。1978年起,执教于加拿大多伦多大学,兼宗教、哲学和东亚研究三系教授。

她的研究密切联系当时的政治和社会现实,通过对儒学与宗教影响的考察,提出两者之间存在着批判与继承关系的看法。她认为儒学作为向宗教开放的人文传统要在人道中展示天道,所以儒学中有对道德和精神完美的追求,也有对信仰和自我超越的认识。

但是秦家懿的研究兴趣并不止于此。除了儒家之外,她也着眼于阳明与道教、朱熹与释道的关系。她对中国智慧根源的追溯直至上古时代,对与宋明理学有关联的西方哲学家名单扩展到德国哲学家莱布尼兹(Gottfried Wilhelm Leibniz, 1646—1716)、德国哲学心理学家克里斯蒂安·沃尔夫(Christian Wolff,1679—1754)、英国数学家怀特海(Alfred North Whitehead, 1861—1947)和德国存在主义哲学家海德格尔(Martin Heidegger, 1889—1976)等。

1990年,秦家懿获选为加拿大皇家学院院士。1994年,晋升为多伦多大学教授,那是该校给予有才学有贡献的教研人员的最高学术名衔。同年,她还获北卡罗来纳州圣安德鲁斯长老会书院荣誉人文博士称号。

晚年她除了笔耕不辍外,还积极参加各类学术和社会活动。1997年4月,她参与了互促委员会(Interaction Council)的"人类责任举世宣言"的起草,倡导在所有文化和社会共同尊重的理念、价值和准则的基础上解决全球性问题。她利用一切机会与多伦多华人紧密合作,推动社区的发展,成为媒体经常咨询的对象。1997年,加拿大女王大学授予她荣誉神学博士称号;同年,她还与瑞士汉学家孔汉思(Hans Kung,1928—)合著《中国宗教与基督教》。1998年,她就任多伦多大学中国思想与文化利氏讲座首任

教授。

秦家懿是北美有重要影响的宗教学家和哲学家。她的学术研究主要聚焦于宋明理学和中西哲学与宗教传统比较三个方面,国外学术界从20世纪70年代开始对她的著作进行了探讨和研究,取得了丰硕的成果。

秦家懿的《王阳明》是一部介绍王阳明(1472—1528)的生平和哲学的专著,全书共八章,根据《明史》和《王阳明年谱》等正史史料编撰而成。从童稚轻狂、龙场悟道、清剿草寇、朱宸濠之乱,到出征思田二州,环环相扣。细心的读者读完《王阳明》后会问:他创立的体系是"儒"还是"禅"?他的形象是"大圣"还是"平民"?对此,秦家懿有令人信服的评述。她把王阳明的心学通过由浅入深的文字表述出来,让其立德、立功与立言的大儒形象矗立于读者心中。

《蝶影浮光》是秦家懿晚年撰写的一部以个人生平往事为素材的回忆录。她出生于繁华的江南商埠,家境优越,幼年时师从钱锺书,本该熟读儒学经典,按照"贤妻良母""父慈子孝""男耕女织"的社会模式打造自己。但是她的另一个人生选择是进入时兴的教会学校,入读香港圣心书院,受洗的恩典决定了17岁的她负笈美国天主教大学的前程选择。随着岁月的流逝,阅历的积累,她渐渐感觉到自己总是夹杂在东方与西方、华裔与洋人、儒家信仰与修女生活、现实与幻境之中,伴随而来的就是乡愁和断根的苦恼,日夜追求解脱和超越。作者把自己的人生经历比作"残蛾自愈"(butterfly healing),把它归纳为"同时代人的思考"恰当不过。

晚年除了著述外,秦家懿还积极参加各类学术和社会活动。1997年4月,她出席了由福田纠夫(1905—1995)生前创立、由前德国首相舒默特主持的高层次专家会议,还参与有关人类责任的举世宣言的起草。她也是多伦多华人活动的积极参加者与媒体咨询人,推动社区的发展为其努力方向。

秦家懿在学术领域辛勤耕耘数十载。1989—1994年,她先后出版专著8部(包括合编和合著各两部),论文70余篇,为此曾获加拿大女王大学荣誉神学博士名衔。1990年,获选为加拿大皇家学院院士。1998年,被聘任为多伦多大学"中国思想与文化利氏讲座"的首任教授。2000年,获颁加拿大勋章。

她的主要著述以及与其他学者合作撰写的专著有《王阳明论学书信》(中译英,1972)、《获智之道——王阳明》(*To Acquire Wisdom*: *The Way of*

Wang Yangming, Columbia University Press, 1976)、《王阳明》(台北东大图书公司,1987年)、《中国宗教与基督教》(与孔汉思合著, *Christianity and Chinese Religions*,生活·读书·新知三联书店,1990年)、《探索中国魂》(哈帕·罗出版社,1990年)、《道德的启蒙——莱比尼兹和沃尔兹论中国》(专题论文系列,1992年)、《德国哲学家论中国》(生活·读书·新知三联书店,1993年)、《中国的宗教》(马克米兰出版社,1993年)、《王者与天人合一》(*Mysticism and Kingship in China: The Heart of Chinese Wisdom*, Cambridge University Press,1997)、《蝶影浮光》(*The Butterfly Healing: A Life Between East and West*,1998)、《朱熹的宗教思想》(*The Religious Thought of Chu Hsi*,Oxford University Press,2000)。

八、加拿大中文教学学会发起人和首任会长陈山木

陈山木(Robert Chen, 1942—)中国台湾云林县人,东吴大学英国文学学士。1977年,获不列颠哥伦比亚大学比较文学硕士,论文题目为《中西循环神话比较研究》(*A Comparative Study of Chinese and Western Cyclic Myths*)。他受到作为潜审美模式的西方循环神话的启发,在中国古代神话中也找到类似神话,证明中国思想和文学中循环神话原型的存在。后获中国古典文学博士学位。

80年代,他返回不列颠哥伦比亚大学攻读博士学位课程,论文选题为《鲍照及其诗歌之研究》(*A Study of Bao Zhao and His Poetry*)。他对刘宋官衔和职位进行了整理辨伪,否定了所谓鲍照"人微言轻"的评价,并翻译了鲍诗132首。

旅加前,陈山木被学者出版社聘任为《西方现代小说英文注释文库》总编辑,又任台湾八家民营电台音乐联播编导、中华电视台编审与编导。1978年,出任标杆卫星传播公司多元文化节目副总裁。1999年,任温哥华中国电影节名誉顾问,《世界日报》华明专栏主笔。

1993—2003年,陈山木被举荐为不列颠哥伦比亚大学中国语文部主任。由于他的责任心和管理才能,10年中学生人数由800多名增至3000名。他参与中加汉语教材合作项目《当代中文》(2000—2003,4册)和《新实用汉语课本》(2000—2005,6册)的加方审编和英译团队总召集人。他还参与加拿大孔子学院的创建项目,负责英译和修订《孔子学院章程》《孔

子学院协议标准文本》和《孔子学院中方资金管理办法章程》,以及《孔子学院大会特刊》。他还是加拿大中文教学学会(The Canadian TCSL Association)的发起人和首任会长、《加拿大中文教学学报》(The Canadian TCSL Journal)的创办人和执行编辑、加拿大不列颠哥伦比亚省大专院校中文演讲比赛组委会主席、中国国家自费留学生奖学金初审专家库委员。

陈山木长期从事语言与文学教育,专注于多媒体传播与文化交流,先后发表论文 24 篇,中文译作有存在主义小说《堕落》,影视剧《丘冈舍传奇》和《妈祖传》。

九、多年致力于中国当代文学研究与教学的梁丽芳

梁丽芳(Laifong Leung,1948—)祖籍广东台山,她的祖父原是西餐大厨,1918 年移民加拿大。外祖父是创建新宁铁路的旅美华侨陈宜禧的侄孙,精通古典诗词和书法,由于他的言传身教使梁丽芳从小就对中国文学产生了浓厚兴趣。

梁丽芳在香港读完小学后升入九龙真光女中,1972 年就读于加拿大卡尔加里大学(University of Calgary),一次偶然的机会,她从林海音(1918—2001)主编的《纯文学》杂志中读到叶嘉莹教授有关中国古典诗词的文章,给自己后来的学术研究打开了一扇天窗。1976 年,获不列颠哥伦比亚大学文学硕士,学位论文为《柳永及其词之研究》。

1979 年经叶嘉莹的举荐,梁丽芳为人民文学出版社编辑过《台湾小说选》《台湾散文选》和《台湾新诗选》,受到读者好评。那时祖国大陆对台湾文学的介绍和研究很少,梁丽芳在两岸文学的引介和沟通方面做出了重要的贡献。当时她正在校图书馆打工,为了有充分时间做好这项工作且不受干扰,她竟然向主管部门提出了停薪留职两个月的申请。

1976 年夏天,她与相识的一群华裔学人组团走访了 14 个大陆城市,在两个月时间内参观了红旗渠、白求恩医院、七里营人民公社等多处名胜古迹,并将所见所闻拍成纪录片在加拿大广播公司播放。这一段经历使她懂得了汉语"知青"的含义,由此引发了对知青文学的兴趣,在不列颠哥伦比亚大学杜迈可教授的指导下,先后读了 300 篇文学作品,完成了博士论文《后毛泽东时期小说中的青年形象》(Image of Youth in Post-Mao),1985 年在香港三联书店出版了中文译本。1986 年获哥伦比亚大学哲学博士后,

受聘为加拿大阿尔伯塔大学东亚系助理教授。

梁丽芳长期从事宋词、当代中国文学、华人文学和汉语教学与研究工作。1987年,她创建了加拿大华裔作家协会(Chinese Canadian Writers' Association),任协会副会长。1987—1988年的两个夏天,她获得加拿大与中国双边交流计划的资助,来华查阅资料文献,结识了莫言、铁凝、陈村、叶辛、郑义、邓刚、梁晓声、孔捷生、郑万隆、张抗抗、陆天明、陈建功、陆天明、张胜友等数十位中国中青年作家,并进行了访谈。1988年8月,在北京社科院文学研究所所长许觉民的陪同下与莫言进行访谈。1994年,她在美国出版的《旭日——与中国失落的一代作家访谈》(Morning Sun: Interviews with Chinese Writers of the Lost Generation),向西方世界介绍了26位中国作家,获得了20多个国际刊物的好评。后来该书由香港田园书屋和台湾万象图书出版公司联合出版了书名为《从红卫兵到作家——觉醒一代的声音》的中文版。

梁丽芳对中国的知青文学有独特研究。她把"知青文学"英译为"Zhiqing fiction",许多初次涉猎这类作品的外国人并不懂得其含义。应该说"知青小说"不是文学流派,也不是文学体裁,而是指描写中国知识青年在20世纪70—80年代上山下乡深入基层和社会生活的文学作品。作者所表现的多半是知识青年离开城镇离开父母后所经历的磨难,对于耕田种地生活的迷茫,对青春岁月的缅怀,对人生真谛的思考,对农村和农民问题的探索,以及对国家未来的期待。其中有闪烁的追悔,有阵痛悲哀,也有真切的诉求。由于这类作品的感染力,表达形式渐渐地不再局限于短篇和长篇小说,许多报告文学、话剧、电视剧和诗歌也纷纷以此为选择题材。从这一意义上说,中国知青文学的作者和他们笔下的人物与西方所谓的"垮了的一代"(the lost generation)不是一个相同的概念。

梁丽芳在她的《知青文学的一个盲点——论知青小说中红卫兵经历的处理》中说,知青文学描写的是红旗下成长起来的知识青年上山下乡所经历的故事,作者几乎全都是曾经的知青,因此产生了作者的遭遇与小说人物遭遇相互重叠的现象。许多知青的故事都是从下乡之后展开的,其实他们在上山下乡之前,不少人都不同程度地参与了或见证了轰动世界的激烈政治运动。既然知青的经历就是红卫兵经历的延续,为什么知青小说关于红卫兵经历的描写是零散甚至完全空白的呢? 知青小说中的许多人物只有现在,没有过去,即使汗牛充栋也不能成为真正一代人的文学。当然,知青作者对题材有自己的偏好和选择,有权决定写什么不写什么,但是"文革"后媒体对红卫兵运动的负面评价说明了故事被忽略部分的存在。①

梁丽芳近年忙于为山东教育出版社编写 19 卷的《中外文学交流史》中的《中加文学交流史》分卷。2005 年,她与友人创建加拿大中文教学学会,兼任该会电子学报(TCSL)主编。2012 年 9 月 22 日,加拿大华裔作家协会举办了"第九届海外华人文学国际研讨会",还先后组织出版中加作家系列丛书。

梁丽芳的主要著述有《柳永词的结构》(载《淡江文学评论》1977 年第 8 卷第 2 期)、《柳永及其词之研究》(香港:三联书店,1985 年)、《寻求爱与自我》(载《中国女作家:关键方法》,夏普翻译公司,1989 年)、《中国现代女作家》(载《妇女研究百科全书:文学、历史与宗教》,格林沃德出版社,1990 年)、《尚待开发的领域——北美所见中国当代文学英译选本》(载《中国比较文学通信》,1992 年)、《从红卫兵到作家——觉醒一代的声音》(台北:万象图书股份有限公司,1993 年,海外最早系统研究中国知青的专著)、《旭日——与中国失落的一代作家访谈》(Morning Sun: Interviews with Chinese Writers of the Lost Generation, 1994)、《猎奇与拼凑工作——评〈中国知青在海外〉》(载《小说评论》1996 年 2 期)、《阎连科——一位作家的道义》(Yan Lianke: A Writer's Moral Duty, 2011)、《加拿大汉学——从古典到当代与海外华人文学》(载《华文文学》2013 年第 3 期,总第 116 期)、《中外文学交流史·中加文学交流史(分卷)》(与马佳、钱林森合作主编,山东教育出版社,2015 年)、《加拿大汉学——从亚洲系、东亚图书馆的建设以及研究生论文看中国文学研究的蜕变》[载《海南师范大学学报》(社会科学版) 2015 年第 9 期]、《中国当代小说家——生平、作品、评价》(Contemporary Chinese Writers: Biography, Bibliography and Critical Assessment, Routledge, 2016)。

十、研究中国历史和小说中女性形象的陈凡平

陈凡平(Fan-pen Chen,1953—)于 1976 年获得耶鲁大学学士学位,

---

① 梁丽芳《知青文学的一个盲点——论知青小说中红卫兵经历的处理》,载《文化研究》第 17 辑,2013 年冬。

1978年获得哥伦比亚大学硕士学位,1979年获得哥伦比亚大学哲学硕士学位,1984年获得哥伦比亚大学博士学位。他的学术研究领域为历史和小说中的中国女性、中国皮影戏、中国木偶戏、加拿大卡尔加里大学人类研究所客座研究员。

陈凡平在论文《中西影戏起源与传播研究补缀》中,对中国、印度、印度尼西亚、东南亚、埃及、土耳其、欧洲影戏的起源和它们之间相互关系进行了探讨,着重考察了与中国影戏之间的关系。作者认定弄影作戏即为影戏,影偶材料并无限制,所以有皮影、纸影、手影、乔影戏、大影戏、皮猴戏、土影戏、灯影戏之不同。认为影戏随佛教一起传入中国的观点还有待证明,他倾向于影戏起源于中亚的说法,因为古墓中曾出土动物皮雕,由此他否认印度尼西亚的影戏与中国影戏之间的传承关系,至于中国影戏传入德国、英国、西班牙和中亚的说法同样缺乏依据。论文的中心观点是:中外学者一般认为中国影戏起源于中国本土,至唐宋时期中国影戏发展成熟,并逐渐传播到中亚、欧洲和东南亚等地。①

陈凡平的主要著述有《在中国文学里杨贵妃的形象转变》(Yang Kuei-fei: Changing Images of a Historical Beauty in Chinese Literature, Columbia University, 1984)、《正史中有关杨贵妃的问题》(载《唐代研究学报》,1990年)、《传统中国小说中的女性斗士,魔力与超自然现象》(载《世界宗教女性评论年刊》第2卷《英雄的女性》,Suny Press, 1992年)、《杨贵妃的多面性》(载《中国俗曲演唱文学研究会论文集》第16册,1992—1993年)、《素姐——醒世姻缘的悍妇》(载《说话或者沉默:女性生活中不服从的悖论》,美国喀戎出版社,1993年)、《元杂剧中的女性形象》(载《中国人看中国文学中的女性》,印第安纳波利斯大学出版社,1995年)、《论世界各地的皮影戏及其相互关系》(2003年)、《论世界各地的皮影戏及其相互关系》[载《民俗曲艺》(台北),2004年]、《禁果——关于女子演出和汉族身份认同的禁令》(Forbidden Fruits: Prohibitions on the Performance of Female and Han, 2004)。

---

① 曹广涛《Fan Pen Chen 的〈中西影戏起源与传播研究补缀〉》,载《韶关学院学报》(社会科学)2010年第31卷第8期。

十一、对明清知识女性及其著作有独到研究的方秀洁

方秀洁(Grace S. Fong)祖籍广东开平,毕业于不列颠哥伦比亚大学,曾师从叶嘉莹,1984年获不列颠哥伦比亚大学文学博士学位。现任麦吉尔大学东亚学系中国文学教授,主持哈佛燕京图书馆与麦吉尔大学合作的明清女性著作数据库建设,并主编《美国哈佛大学哈佛燕京图书馆藏明清妇女著述汇刊》,在国际汉学界享有很高知名度。

方秀洁的学术视野广阔,用社会学和文学相结合的方法对明清知识女性和诗作与地位的考察,可以发现其感人的独到之处。妇女对男性虐待的愤怒不一定表现在对男性权力的肢体对抗,通过争取社会对自己认同就是明智的解脱。她们的刺绣、绘画、吟唱和绝命诗,也是一种感情表现方式。与描写女性压抑无奈感情的传统手法相比,明清知识女性敢于面对冲突,高调低吟体现了一种反抗精神,纠正了社会对她们的错误印象。妇女在争取解放的过程中,自我意识和进取精神的表现证明了女性在有限空间内主动性的自由发挥。女诗人在作品中缺乏专属的抒情手法,因此有人使用隐忍晦涩的语汇,有人使用男性话语权,男性化口吻与女性角色的结合实际上被非经典化了。以此作为对女性诗词进行编选的原则,就不能获得公正的评价。

方秀洁的英文专著《吴文英与南宋词艺术》原是自己的博士论文。吴文英(1200—1260),浙江宁波人,终生未第,先后客居淮安、镇江和苏杭,游踪所至,每有题咏。他的遗著《梦窗词集》存词340余首,风格柔婉雅致,讲究琢字炼文,卓尔不群,但是因为居无定所,生活窘迫,酬答难免触景伤时,言语晦涩,意境奇幻,在学术界成为一位有争议的词人。

方秀洁把吴文英的词作置于南宋历史背景中进行考察,联系词人当年的交游、幕僚与门客的生活,秉承恩师的中西合璧研究方法,从用典、意象、结构、韵律方面进行剖析,肯定吴文英词作的质实风格,同时也对《梦窗词集》做出结论性评价。用现代词汇学术语对宋词描写技巧的分析是:实词(notional particle)用于表现感官能检测到的情状,虚词(function particle)不赋予表现具体指涉的功能。那么,当诗词中出现"红朝翠暮"或"根芳花梢"一类的词语时,就要根据上下文对其"清空"或"质实"功能进行判断。这一解读为多数宋诗读者所接受,放弃了求空弃质,或者空质合体的片面

追求。这一思路和实践是海内外吴文英词研究的创举,消除了对《梦窗词集》难读难解的误判。

意象分析也是诗词鉴赏的一个重要方面。诗歌意象通过语言建构,两者互为关照。"意"借助"象"来表达,但不是语义的累加;"象"是"意"的寄托物,同时包含作者的爱恨情仇,也可容纳读者理解时的再造。诗词创作讲究用词含蓄形象,因此有些分析家认为诗歌意象其实就是"偶像"(icon)。意象是诗歌的灵魂,没有意象性就没有其文学价值。古今中外的文学家对于这个问题的看法都是相同的,只是程度和分寸有所不同。如果说"清空"与诗词意象关系密切,那么"质实"更是诗词结构的必要条件。这就是现代语义学理论对宋词研究的分析思路。

近年她任职的大学与哈佛燕京图书馆、中国国家图书馆、北京大学、中山大学、华东师范大学图书馆合作建立"明清妇女著作"数据库与网站。她的专著有《吴文英与南宋词艺术》(*Wu Wen-ying and the Art of Southern Song Ci Poetry*,Princeton University Press,1987)、《女性之手——清末民初中国妇女的刺绣学问》(*Female Hands：Embroidery as a Knowledge Field in Women's every Life in Late Imperial and Early Republican China*, in *Late Imperial China*,Vol.25,No.1,2004)、《女性作者的自我：晚期帝制中国的性别、写作与主动力》(*Herself an Author：Gender, Agency, and Writing in Late Imperial China*,University of Hawai'i Press,2008)、《不同的话语世界：清末民初的性别与文体嬗变》(*Different Worlds of Discourse：Transformations of Gender and Genre in Late Qing and Early Republican China*. Leiden：Brill,2008)、《美国哈佛大学哈佛燕京图书馆藏明清妇女著述汇刊》(广西师范大学出版社,2009 年)、《跨越闺门——明清女性作家论》(*The Inner Quarters and Beyond：Women Writers from Ming To Qing*,Brill,2010)。

十二、研究明末至民国中西关系史的李晟文

李晟文(Shenwen Li,1960—),湖南岳阳人,1979 年从湖南岳阳君山农场考进湘潭大学,1983 年毕业获历史学学士学位。1986 年,在南开大学历史研究所攻读专业,获明清史硕士学位。1998 年,在加拿大拉瓦尔大学获历史民族学博士学位,随后到渥太华大学从事博士后研究。2001 年,李晟文对自己的博士论文进行修订,以《十七世纪法国耶稣会士在新法兰西与

中国的传教策略之比较研究》为书名在加拿大和法国同时出版。该书随后被推荐给加拿大人文与社会科学优秀成果奖评委会。该书因其在中西历史比较方面的独特观点,被认定为2001—2002年度在加拿大出版的所有人文与社会科学方面的法语学术著作中最优秀的四部专书之一。

2002年起,李晟文担任魁北克省拉瓦尔大学文学院历史系教授,并担任该校人文学院魁北克中国研究中心主任,兼法国拉罗舍大学长期讲座教授。

从华人的视角审视中加文化的交流体会和思考是深刻的,可以更直观地向学生和西方学者展示中国文化独一无二之处。从2006年起,李晟文每年都带领学生来华参观访问,先后与南开大学、湖南师范大学、湖南理工学院等国内高校开展为期两个月的交流学习,改变了过去从书本到书本的授课方法,使加拿大同事和学生能更直接、更全面认识和理解中国的历史、社会和文化。作为海外华人,李晟文也十分关注当地华人群体,关心他们的移民和创业的历史,希望通过共同的文化纽带,把华人华侨团结在一起。2002年,他帮助妻子在加拿大创办了一所中文学校,招收了200多名华人子弟学习汉语和中华文化,受到了广泛的欢迎。

李晟文对于加拿大来华传教士的评价是肯定的,认为他们传播基督教教义,译介宗教文集和画册,促进了国人对加拿大的了解,为徐州地区的教育发展做出了贡献。他们对儒家持谨慎态度,认为与佛教和道教相比,儒家最接近基督教,但是佛教是小民宗教,道教信仰中有很多迷信成分,较为负面。对于中国的官僚腐败以及"父母之命媒妁之言"的包办婚姻多有批评。他们的印象对加拿大人的中国观有较大的影响。李晟文对加拿大来华传教士的总评价是他们起到文化中介的作用。

李晟文除了对来华传教士有特别研究外,还对中国与东亚文化交流有独到见解。多年来他先后在中国、加拿大和欧洲发表论文近50篇,其中有《试论承德避暑山庄的兴衰》(载《南开史学》1985年第3期)、《明代北京的商业活动》(载《南开学报》1988年第6期)、《明史研究备览》(南炳文、李小林、李晟文主编,天津教育出版社,1988、1989年)、《清代文化——传统的总结与中西大交流的发展》(与南炳文、李小林合著,天津古籍出版社,1991年)、《清代法国耶稣会士在华传教策略》(载《清史研究》1995年第3期)、《明末清初来华法国耶稣会士与"西洋奇器"——与北美传教士活动相比较》(与蒂尔贡合著,载《中国史研究》1999年第2期)、《明清时期法国耶稣会士来华初探》(载《世界宗教研究》1999 年第 2 期)、《重庆的绅士及官僚与 1886 教案的处理》(与 Jean Guy Daigle 合著,载法国著名的汉学杂志《中国研究》2001 年第 20 卷第 1—2 期合刊)、《明清之际法国耶稣会士来华过程研究》(载黄时鉴主编《中西交流论坛》2001 年第 2 期,上海文艺出版社)、《十七世纪法国耶稣会士在新法兰西与中国的传教策略之比较研究》(Stratégies missionnaires des jésuites francais en Nouvelle-France et en Chine au XVIIe siècle, 2001)、《适应与革新——十七世纪法国耶稣会士在华传教策略》(刊于《传教空间:革新之地与跨文化碰撞》国际研讨会论文集,2002 年同时刊于魁北克拉瓦尔大学出版社)、《从基、儒关系看明清时期基督教的中国化趋向》(载《中国文化研究》2004 年第 43 期)、《儒家思想与中国社会文化的现代化》(与 Anna Ghiglione 合撰,刊于《龙的苏醒:二十一世纪中国发展至挑战》国际研讨会文集,蒙特利尔:魁北克大学出版社,2005 年)、《二十世纪上半叶加拿大耶稣会士在徐州——传教士文献与中国"奇器"》(载《东西交流史的新局——以基督教为中心》,"东亚文明研究丛书"第 45 期,台湾东西出版中心,2005 年)、《1918—1955 年加拿大法裔耶稣会士在徐州传教过程初探》(载《国际汉学》2006 年第 14 期)、《1689 年中俄尼布楚条约与耶稣会士的文化中介作用》(载《中西方外交关系》国际研讨会论文集,比利时鲁汶大学出版社,2007 年)、《十七世纪转折时期的中国》(与 Carl Déry 合著,刊于《魁北克、尚普兰与世界》论文集,拉瓦尔大学出版社,2008 年)、《马可波罗以来的中国及欧洲与美洲的相遇与交流》(Chine、Europe、Amérique: rencontres et échanges de Marco Polo à nos jours, 2009)、《1918 至 1945 年加拿大法语耶稣会士在中国的传教活动》(Les Jésuites canadiens français et leur mission en Chine, 1918—1945, 载李晟文主编的《马可波罗以来的中国及欧洲及美洲的相遇与交流》,2009 年)、《民国时期加拿大法裔传教士与徐州的教会学校》(载李雪涛等主编的《跨越东西方的思考》,外语教学与研究出版社,2010 年)、《从沙忽略到利玛窦——早期来华耶稣会士遣使赴京传教策略的酝酿、演变与实施》(载《国际汉学》2012 年第 22 期)。

十三、研究两种语言对译中文化缺项的桑宜川

桑宜川原是四川师范大学 77 级学生,毕业后分配到成都科技大学外

语系任教。1996 年,自费赴西澳大利亚佩思市梅铎大学(Murdoch University)攻读语言哲学博士课程,师从德国语言哲学家贺斯特·鲁索夫(Horst Ruthrof)教授。2004 年,获哲学博士学位,同年移民加拿大,主要从事国际学术教育与文化交流工作,组建出版社、教育公司、英语学院和留学生学者接待中心,开设托福和学术评估测试(SAT—Scholastic Assessment Test)授权考点。

桑宜川的研究兴趣广泛,先后在美国印第安纳州立大学的《现代中国文学研究》、香港大学的《翻译》和北京的《中国社会科学院学报》等核心学术期刊发表论文 200 多篇。此外他还担任加拿大环球教育服务公司董事长、加拿大枫叶出版社社长、加拿大环球英语学院院长、曼尼托巴大学(Manitoba University)《世界文学》杂志国际编辑、《星岛日报》《明报》《世界日报》《世界华人周刊》和《加拿大都市报》等副刊专栏作家、北京《炎黄春秋》及香港《凤凰周刊》撰稿人。他还兼任北京外交关系大学、内蒙古大学、四川大学、四川师范大学、天津财经大学等高校的客座教授,每年定期回国做学术交流。

近年桑宜川策划并主编中国语言误读系列丛书,其中包括《误读的语言》《误读的哲学》《误读的历史》《误读的民俗》《误读的宗教》《误读的中国大百科全书》等。经过与有关政府部门沟通,他经营的出版社得到授权翻译出版了服务华人小区的《医疗保健手册》和《新移民手册》。依托与相关高校的关系,他协助多家海外大学与国内大学结成合作学校,或举办教育巡回展。当他发现国内图书市场的英语教材出现老化现象,就开始策划《和谐英语》,聘请欧美大学教授将近年出现的新词语编入文本。文化血脉的延续,世纪学府的积淀,都通过新编英语教材展现在莘莘学子面前。

桑宜川的《中西语言文化交流中的翻译与误读——梁燕城与桑宜川对话录》是一篇理论深厚的专论。他认为自己应以学者的身份安身立命,治学才是个人的人生志趣所在,所以将更多时间用于撰写学术论文和文学创作。英文"logos""mythos"和"piety"等词语从词源学考察是从古希腊文衍生而来,但是与汉语的"道""神话"和"孝悌"的语义却不尽相同。这种差异之所以存在,是因为中西文化不同源,如果加上必要注释,可以使读者更好地理解其词义的内涵和外延。中国语言学传统的取向不同于西方语言学,它更着眼于对语言符号体系的政体把握。正因为如此,中西文化,尤其是在宗教文化和伦理概念中,存在着大量从翻译学和释义学角度至今无法找到恰当的对等词的词语。这一现象被称为语义上的文化缺项(cultural absence)。即便选用一个接近其词义的目标语(target language)词汇替代,也只能牵强附会,很难做到传神。①

桑宜川曾撰写了一部名为《走四川》的自传式长篇小说,讲述一家子孙三代从事教育事业的百年沧桑历史。爷爷在卢沟桥事变后与万余北方大学的师生,冒着日寇飞机轰炸的危险一路南下迁徙云南、贵州和四川,开荒种地,重建校园。1949 年前后,一大批学者随迁台湾。桑宜川写的另一部名为《落红》的小说,描述了几位来自中国的新娘在温哥华悲欢离合的故事。他曾先后编辑出版大型历史画册《老四川的时光底片》《"文革"时期的四川知青》《西藏贵族》《抗战时期的五所成都教会大学》《抗战时期的李庄》《加拿大华人百年历史沧桑的缩影》《美国飞虎队眼中的中国》《胡蝶在加拿大的晚年岁月》《寻找蔡元培先生的人生墓碑》《流逝海外的中国国宝》等,受到广泛欢迎。

十四、从独特视角沟通中西文化的吴大品

吴大品(Tai P. Ng)出生于香港,16 岁起先后在澳大利亚和加拿大求学,大学的专业为理论物理和太空物理,1969 年获加拿大不列颠哥伦比亚大学地球物理学博士学位。他曾在阿尔伯塔石油部门工作,还一度执教于美国斯坦福大学。

吴大品专注中西文化、历史和哲学研究,关心中国及世界的未来,支持多元文化的发展,避免战争的发生,消除意识形态的歧视,提倡环境保护。他是自然科学领域的学者,也是东西方文化研究专家。

2007 年,吴大品出版英文专著《中西文化互补与前瞻——从思维、哲学、历史比较出发》(*Chinese Culture, Western Culture: How Cross-Cultural Views of History, Philosophy and Human Relationships Will Change Modern Global Society*),全书四部分:第一部分为"思维过程",第二部分"人际关系",第三部分"宏观历史",第四部分"回顾与前瞻"。共计十四章,资料丰富,结构严谨。2014 年由海洋出版社出版中文版,全书 30 万字。

---

① 《中西语言文化交流中的翻译与误读——梁燕城与桑宜川对话录》,载《国际社会科学杂志》(中文版)2009 年第 2 期。

吴大品立意让出身于不同背景的中外人士通过深层次的文化历史交流消除长期存在的误解。从地理、气候和文明切入,通过思维方式、哲学传统、文化心理、社会结构、经济形态等层面,探讨中西文化的特征和差异,展示中西文明相互影响的关系。他认识到当今世界已经进入多元文化的时代,不同国家不同民族需要相互了解。中华文化讲究阴阳协调、相辅相成,宇宙就是一个动态有机体,内向化思维为最佳选择模式。

如果说社会背景和家庭教育差异影响人们对于不同文化的看法是可以理解的话,那么长期生活在海外的华人华侨对于中华文化也存在偏见就令人费解。吴大品希望通过该书帮助以英语为第一语言的海外土生华裔能正确了解中华文化。

吴大品凭着自己深厚的科技专业修养,在严谨思维基础之上对所观察问题做出透彻的认识并给予公允的评价,也只有这样结论才有说服力。值五四运动100周年之际,综观历史中国从"新文化"运动到改革开放始终在曲折中前进,对中华文化进行正本溯源的排查具有特别重要的意义。为国运兴衰把脉涉及哲学、文化、数学、地理、考古学、社会学、人类学、天文学、心理学、物理学等学科,生活在不同环境中的人们思维方式也不一样。面对各种内忧外患,知识界曾经提出过打倒孔家店的口号;"文革"期间破"四旧"为的是防止"封""资""修"的复辟。但是中西文化的比较是为了根据国情参照互补,恢复被扭曲历史的真实面目,而不是为了标新立异。在全球一体化的今天,无论西方还是东方,都应该尊重多元文化,通过尊重人权提倡社会责任和新时代的价值观。

吴大品在海外生活工作50多年,美国50个州他都去过。虽然他的第一语言是英语,但是对汉学典籍也有浓厚兴趣;尽管他选择的主流学科是自然科学,然而也很喜欢社会科学。退休后他定居于温哥华,专注中西社会和文化研究。他写书的目的是为了让读者清楚了解中国及世界的未来。

吴大品的女儿吴华耘出生在加拿大,父女俩的思想反映了中西文化的特征。有读者认为《中西文化互补与前瞻——从思维、哲学、历史比较出发》是写给西方人看的,理论深奥,难以理解。于是父女在原作基础上,从第二代人的思路对中西文化进行比较,写了另外一部专著。他们希望以英语为第一语言的土生华裔和主流社会能更好了解中华文化。

2009年7月,《中西文化互补与前瞻——从思维、哲学、历史比较出发》由香港学者徐昌明翻译出版中文繁体版。作者对原作补充了一些针对海外华人读者的要点,受到广泛的欢迎。他强调中西文化之间相互补充对下一代讲中国文化很有必要。从先秦到两汉,中华文化的代表是儒家,元代遭到破坏,拉开了中国与世界之间的距离。但是四大发明对西方的传播,也改变了中国在西方世界的形象。

第六章
加拿大"中国通"及其影响力

加拿大是一个多族群、多元文化的国家。历史上,加拿大政府为了打开中加合作的新局面,采取对华友好措施是行之有效的方法之一。比如:消除一些对华人歧视政策所产生的不良影响;调任一些了解中国国情,熟悉中国事务,在家庭背景和社会经历方面有对华交往经验的人员担任使者要职,等等。随着不同族群的接触和交往越来越密切,由不同习俗和文化引发的冲突和误解也日渐减少。如果政治和社会生活中出现一些问题,执政党和政治家往往会特意聘请一些"中国通"作为自己了解中国和解决华裔问题的高参。

加拿大有庞大的华人社区,特别是在大温哥华和大多伦多,华人人口比例很高,当地的一些政治家很早就时兴给自己起正式中文名字,并通过中文媒体获得最高使用率,免得在媒体刊物上出现五花八门的中文译名,其实这也是亲近华人和读者的一种方式。这一做法得到许多公众人物的响应,并以此提高自己的社会地位。

加拿大政府对具有"中国通"级别人物的培养、调派和聘任,符合本国的国家战略与政策目标。当然,广义的"中国通"只是对中国知识广博的外国人或华裔学者的一种美称,而不是专业职称。

国际上有些"中国通"是经验型的,他们掌握某一方面的专业知识,熟悉中国人的思维方式和容易接受的解决问题的办法,并能快捷找到咨询渠道和监管机构,获得当事人的信任感。从这个角度看从事中国研究是一门大学问,无论大小事情都带有多面性,广泛涉猎政治学、社会学、经济学领域的综合知识,尊重文化的多面性,尊重双方的利益关切,从双赢角度解决问题被视为最佳办法。

一、被公认为最出色的中国事务高参艾民信

艾民信(David Emerson,1945—)曾就读于加拿大阿尔伯塔大学,1968年取得经济学学士学位,1970年获经济学硕士学位,后就读于女王大学获博士学位,1975年投身政坛,1984年晋升为不列颠哥伦比亚省财政部副部长,1986年担任温哥华和太平洋地区银行总裁兼首席执行官,1998年出任最大林业公司——加福公司(Canfor)的总裁兼首席执行官,2004年7月出任自由党政府的联邦工业部部长,2006年1月受聘为保守党政府国际贸易部部长。

艾民信以实干著称,曾先后在联邦自由党和联邦保守党内担任工业部部长和国贸部部长等要职,被公认为最出色的中国事务高参之一。2015年6月25日,加拿大总理史蒂芬·哈珀小范围改组内阁,艾民信正式出任加拿大外长一职。被称为"中国通"的他中国渊源深厚,妻子是华裔,岳父一家曾侨居台北多年。

艾民信是保守党政府中最早力主与中国和亚洲发展关系、扩大往来的一位阁员。从政前他的国际商业经验就很丰富,在保守党内阁中主管国际贸易事务两年,在不列颠哥伦比亚省政府担任经济厅副厅长,执政能力受到广泛肯定。他还是最懂得中国事务的一位部长,也是访问中国次数最多的阁僚,在贸易部长的位置上把中加贸易水平推到了历史新高,成绩斐然。有分析认为,他担任外长可以排除意识形态的干扰,以经贸交流为主轴,推动中加关系的发展,离开政坛后他还被特聘为中国投资公司国际顾问委员会委员。

艾民信呼吁现任政府扩大与中国的交往,认为作为具有重要战略位置的环太平洋国家,中加两国经济已经融合在一起,加拿大经济的发展离不开中国因素(Chineseness)的推动。多数选民不但没有因为艾民信改变党籍而怀疑他的政治诚信,反而特别看好他竞选班子中的华裔义工和支持者。2007年1月14—19日,他率领30多位加拿大企业家访华,是新政府上台后最高级别的外交和商务团队,并以此表示加拿大政府重视与中国建立更牢固的贸易、投资、农业和能源关系。

艾民信多次强调,中国的崛起对世界来说并非寻常。中国有5000多年的历史,在近20多年中经济、文化和科技领域发展突飞猛进,全世界都

受到积极的影响。2006年10月23日,在人头税赔偿支票发放仪式中他曾郑重表示加拿大政府决心不让华裔人头税的错误历史重演。

2007年年初,艾民信在访华时的一次讲话中表示:

> 加中关系十分独特,建基于历史、地理及商贸,两国关系根深蒂固。由于中国经济增长惊人,消费市场不断扩大,持续影响全球的面貌;加拿大必须当机立断,使中国依然以加拿大作为首选的商贸及投资伙伴。①

艾民信在任内口碑好,办事能力强,他丰富的林木知识和国际贸易经验也是解决2005年加美软木纠纷的最佳人选。他进入保守党内阁能把国家利益置于政治考量之上,对不列颠哥伦比亚省和加拿大都是一个上好的选择。

二、从事政府管理、外交政策和人权研究的包天民

包天民(Jeremy T. Paltiel)1974年获多伦多大学东亚学系学士学位,1974—1975年在北京语言学院(北京语言大学前身)进修,1975—1976年在北京大学哲学系深造,1979—1984年分别获美国加州大学伯克利分校政治学硕士和博士学位,2009—2010年被聘任为清华大学访问教授。

包天民曾任教于美国哥伦比亚大学,现为加拿大卡尔顿大学公共事务与管理学院政治学系教授。他的中国问题研究主要聚焦于政府管理、外交政策、发展政治学和人权研究,曾作为中加建交后加拿大派遣的第二批研究生来华进修,多次应邀到中国社科院等机构开办学术讲座。

包天民的《孟子与世界秩序理论》研究的是先秦儒家的秩序观。作者认为,从诸子百家到现代国际关系理论家都非常重视国际秩序分析,中国的外交政策体现了孟子的思想体系,其多极化主张源于孟子的世界秩序观。中国东周时期各诸侯国之间地位平等,彼此交往不是为了制衡对方,而是为了调整历史的不平衡现象。孟子、墨子和韩非子的文献在学术价值上相当于古希腊历史学家修昔底德(Thucydides,公元前460—前396)的名

---

① 秦春《加拿大国际贸易部长艾民信访问中国》,www.cctv.com,2007年1月16日。

著,可以对其解释性框架进行理论评估,或从社会科学的思路来重构先秦诸子的解释性框架。东周的历史为国际关系学者提供了丰富的研究资料和分析视角。

孟子反对春秋时期借用外部力量施行霸道主义,因为它违背了儒家关于理想秩序的规范性认识。孟子不反对以霸道为形式的国际秩序,但是反对以物质性力量为其基本准则。为了争取其他诸侯之邦共同参与秩序的建构,首先强者要对自己的行为加以约束,其次强者要表现出对弱者足够的关怀,从这一意义上说,秩序是自律和互信的派生物。孟子强调如果只考虑个体私利,那么可持续的秩序就无从建立,要建立这样的秩序就必须尊重他国的原则立场。

包天民认为,当代中国和美国对世界秩序的认识存在着差异。中国学者认为秩序是自然生成的,而美国学者则相信理想化或形式化秩序。他们的观点是世界秩序依赖于既浅显又可以协商的利益概念;而中国则关注面子、地位和代表自身利益的意愿。美国和西方提出的透明化要求常与中国为实现和谐而掩饰其意愿的行为发生冲突。当前的秩序有利于以规则为基础的多边主义的发展。中国寻求在保持其反霸立场的同时只遵照多极秩序的有关规则行事。①

许多研究中国问题的加拿大学者都很关注中共十九大的召开,包天民就是其中的一位。他认为无论从全球安全还是经济开放角度看,中国既是世界经济的引擎,也是世界第二大经济体,中国的发展既是中国的事情,也是世界的大事。中国会和其他国家,特别是与经济大国协作,维护世界经济和贸易。

包天民是新华社记者经常采访的一位加拿大研究中国问题的学者。他担任多家国际著名政治学期刊的评审专家,在中国船舶工业集团(China State Shipbuilding Corporation)的刊物上发表过 10 多篇学术论文,出版的著述有《中国国际地位建构中的文化特殊主义与普世价值》(The Empire's New Clothes Cultural Particularism and Universal Value in China's Quest for Global Status,New York Palgrave,2007)、《国家学说与特朗普现象》(Theory on State and Trump Phenomenon)、《新制度主义理论与分析》(Theory and Analysis of New Institutionalism)、《中国地方化政策》(Chinese Regional Policy)。

---

① 包天民《孟子与世界秩序理论》,载《国际政治科学》2010 年第 3 期。

三、有影响力的商人和"中国通"霍华德·贝祥

1878—1902年,霍华德·贝祥(Howard Balloch)的祖父就远涉重洋来到福州做茶叶生意,中国田园牧歌式的生活在他的心目中就像一幅充满乡村风情的水彩画,但是19世纪下半叶西方侵略者改变了中国社会的面貌。20多年后,他回到加拿大,写了一本名为《印象——消失的中国》的回忆录。多年后贝祥发现了一个全新的充满创业机遇的中国。

贝祥专修国际政治和经济硕士课程,结业后进入了加拿大外交和经济部北亚处。1976年,他跟随一个政府代表团第一次来到中国,所见所闻感触良多。1993年,他由外交和经贸部部长助理晋升为国家统一部秘书长。1996年,他担任加拿大驻华大使,为促进两国的商业、贸易和政治关系的发展做出了积极贡献。2001年,加拿大总理访华,在800多人的参访团中企业家人数就多达600多人,是中加关系历史上最好时期。

贝祥来华担任加拿大驻华大使之初未曾计划任期结束后留在中国经商,但是近6年的大使经历使他改变了主意。他说看到了中国发生的巨大变化,无论来自哪个国家的人都觉得中国故事具有特别的吸引力。两期大使工作结束后,加拿大政府曾邀请他回国出任外交部副部长,但是他却以"退休"名义留在了中国。2001年8月,他创立了贝祥投资集团(The Balloch Group)并自任董事会主席。18年来,该集团发展成为一个事业和金融相结合的跨国机构,业务涉足私募股权投资银行和对冲基金,并拥有自己的医疗、教育和供应链产业,多次被权威机构评为"中国最佳精品银行第一"以及"2017年度中国医疗健康最佳跨境投资机构"。

由于他在政界和财界积累了很多资源,对中国的发展动向十分了解,心中一直盘算如何为来华外企提供所需服务,然后筹建以中国为总部的国际投资银行。公司的首家客户为加拿大帝国商业银行(CIBC)。当时摩根士丹利(Morgan Stanley,美国国际金融服务公司)、高盛(Goldman Sachs,投资银行)和瑞银集团(UBS)已经进入中国市场多年,而帝国商业银行却初来乍到举步维艰,发现贝祥投资集团在中国市场的重要战略价值后,双方很快就建立了战略合作关系。

21世纪初,除了互联网公司外,到海外上市的其他类型公司还为数不

多。从2004年下半年开始,部分成长起来的中国企业先后前往海外资本市场,把公司定位为为中小企业提供服务的贝祥集团的投行业务逐渐活跃起来。2006年,贝祥投资集团注意到中国创业投资领域的动向后加大了业务范围,既做大公司上市承销的项目,也做私募融资和行业整合并购。

在经营初期,许多客户希望贝祥是收购顾问或者财务咨询人,因此并不看好他当大使时积累的资源。贝祥稳扎稳打,让客户看到公司的持续服务能力,在商业领域有政治家的眼光,正一步一步地建立起强大的团队。为了充实汽车领域的咨询力量,贝祥专门聘任克莱斯勒汽车公司(Chrysler Corporation,香港译名为"佳士拿")的前副总裁当顾问。对本地员工的信任也是贝祥集团的秘诀之一。如果自己对中国国情了解不深刻,就求助本地职工参与判断。

贝祥投资集团总部设立于北京,在香港、上海、多伦多、温哥华、洛杉矶和纽约都设有办事处或合作伙伴,与许多国际资本保持着密切关系,与一些中加政府机构和部门联络关系畅通。在中国投资银行业务上,贝祥投资集团是加拿大帝国商业银行的独一无二的合作伙伴,同时也为中国一些矿业、钢铁和有关中小企业提供财务顾问服务,必要的时候,贝祥合作伙伴的支持可确保公司有足够的资源完成各类交易。

贝祥是一位在中加两国都有影响力的政治家和商人。他对中国的发展一向持乐观态度,相信中国的经历能保持长期的稳定。"中国作为一个正在崛起的重要大国,令我非常着迷。"①贝祥说。

接受大使任命前贝祥在加拿大外交部学习了3个月的中文。在驻华使馆每天早晨的第一件事就是学习中文,创业后已年过半百的他还研修硕士课程。他的夫人祖籍福建,四个孩子中有一对双胞胎儿子。他们一家多次携带家人到中国各地旅行,寻访当年祖父所迷恋的中国田园牧歌生活。他去过中国所有的省份。2001年决定在中国创业时,他的孩子都还在上学。大女儿从哈佛大学毕业后任职于香港。

四、以传教士、汉学家和出版商跻身于上流社会的福开森

福开森(又译"福茂生",John Calvin Ferguson,1866—1945)出生于加

---

① 刘爱成、赵欢《贝祥:任满不归的驻华大使》,载《人民日报》(海外版)2006年5月5日第2版。

拿大安大略城，父亲为教会牧师。1886年于波士顿大学毕业后，福开森与同属于社会福音派的女教士结婚成家。1887年来华传教，在江苏镇江学习汉语后赴南京。1888年，在南京干河沿创办汇文书院①（The Nanking University），受聘为院长。

1896年，李鸿章幕下重臣盛宣怀（1844—1916）在上海创建南洋公学，福开森受聘出任监院，参与校舍规划、设备采购、课程设置、教师聘任等建校工作。该校后改名为南洋大学和交通大学，先后聘任吴稚晖、章太炎、蔡元培、张元济等学者名流。

1934年，福开森将自己数十年收藏的上千件文物捐赠给金陵大学。2002年，南京大学考古与艺术博物馆成立，他的捐赠文物也收纳其中，占全部展品的70%以上，最令参观者流连忘返、谈论不休的藏品有：得自刘鹗的殷墟甲骨数十片，经商承祚研读后写成《福氏所藏甲骨文字》一书；北宋徽宗大观年间将淳化阁帖中王羲之书法重刻于石上所拓王右军《大观帖》；画面有南唐李后主的"建业文房之印"、宋徽宗赵佶的亲笔题字以及苏东坡等四人题跋的王齐翰《挑耳图》，清末由两江总督端方收藏；西周孝王青铜礼器小克鼎，原为包括大鼎一件小鼎七件的整套，现为上海博物馆的镇馆之宝；1933年洛阳周墓中出土的铜尺，其形如西域之木简，一端有孔，分寸刻于其侧，唯第一寸有分，五寸之处并刻交午线。

福开森常年身着长袍马褂，布鞋白袜，地道的绅士打扮。他收藏中国文物有自己的一套规则：根据原件拍摄照片；均有拓片；有文字说明，对质地、大小、形制和颜色均有记载；收藏者对原件的年代和出处详加考证，收藏科学严谨。

1913年，福开森与朱启钤和金城谋划，从美国庚款退款中拨给20万元经费创办故宫博物院，又聘请多位中国文物专家共同编写《校注项氏历代名瓷图谱》《历代著录画目》《西清续鉴乙编》《历代著录吉金目》《艺术综览》《紫窑出土记》《得周尺记》等资料文献。

1935年，中国国际艺术展览会在伦敦开幕，展品多为故宫藏品。福开森作为专家委员会的成员参与了送展文物的筛选，文物专家吴湖帆等学者

---

① 该院是南京第一所高等学府，也是最早创办的大学之一，下设博物院、医学馆、圣道馆、附属中学和医院，教职员主要来自美国。1910年，汇文书院与宏育书院合并为金陵大学。1952年，并入南京大学。

亦参与鉴定。

1918年，福开森在芝加哥艺术学院先后做了6次有关中国艺术的演讲，后以《中国艺术演讲录》（Outlines of Chinese Art）为书名出版。该书对20世纪初西方研究中国艺术中存在的"重陶瓷轻书画"问题谈了自己的看法。他系统地介绍了中国书法、绘画、青铜、石刻、玉器、陶瓷等方面的史实并做出评价，认为中国艺术有其独特的品质，民族之间的交流虽然引起互动，但是影响有限，从中国周代"六艺"（"礼""乐""射""御""书""数"）的观点来探讨中国的艺术才是最佳选择。此为欧美学者接受中国传统鉴赏和品味方式的例证之一。

福开森在中国生活了57年，以传教士、汉学家、新闻出版商、慈善家和文物收藏家跻身于上流社会，曾与晚清、北洋和民国政府要员过从甚密，历任亚洲文会会长、华洋义赈会会长、中国红十字会副会长、北洋政府政治顾问等职。后出任邮传部顾问移居北京，更专心研究中国文化，尤其热衷于鉴赏和收藏中国古董和字画，曾著书立说论述中国艺术品和文物多部。他是故宫博物院鉴定委员会中的外籍委员，也是琉璃厂古玩店的常客。在他的东城喜鹊胡同三号大院内文献字画古董总是琳琅满目，据说凡是他看中的周青铜器、殷墟甲骨或陶瓷古玩，皆不惜重金收购。他的一生对中国文史学界影响颇深，对中西文化交流贡献卓绝。唯一存疑公案是1924年福氏购买的晚清重臣端方后人收藏的二十一器（包括齐侯嫁女的媵器鼎、敦、盘、匜各一件以及青铜禁阻器等）入藏美国纽约中央博物馆，但是据查曾获当时民国政府许可。20世纪二三十年代，大批国宝从清廷皇室和贵族手中流散到欧美市场，已为常事。

福开森的后半生致力于中国文化和艺术的研究与传播，因为他的学识和声望得到嘉奖。1898年他受聘为两江总督刘坤一的顾问，1900年兼任湖广总督张之洞的顾问，1901年盛宣怀派遣他赴美交涉有关铁路事务，1902—1903年他奉派参与修订对日对美条约，1903—1906年他被指派为督办铁路公所顾问，民国初年曾历任袁世凯、黎元洪、段祺瑞、冯国璋和徐世昌等的总统府或总理府的政治顾问。1910年中原大旱，福开森以其独一无二的影响力募得100万元美金的赈灾款，因此获封二品顶戴。

1899年，福开森购得《新闻报》独家产权，直至1929年，经营《新闻报》长达30年。他的威望和读者人群在国内堪与《申报》齐名。抗日战争期间，福开森帮助爱国将领张自忠逃离日军追杀。1943年年底，福开森父女搭乘美国接俘船离开中国,两年后离世。他在中国与北美文化研究交流方面的贡献令人敬佩。

五、努力深化中加贸易和文化领域合作的罗岚

罗岚·赖特(Robert G. Wright)出生于蒙特利尔,自1995年起任加拿大国际贸易部副部长,2001—2005年任加拿大驻日大使,2005—2009年任加拿大驻中国和蒙古国大使,2006—2011年他的兄弟詹姆斯·赖特(James R. Wright)和大卫·赖特(David R. Wright)分别担任加拿大驻英高级专员和北大西洋公约代表,罗岚则任职于卡尔加里的加拿大国防和外交事务咨询委员会。兄弟三人都在国家政府部门任要职,可见其声望之高。

加拿大人民对中国文化有浓厚兴趣,100多万华人移民是加拿大很重要的资源,市场前景十分可观。多年来中国和加拿大在政治、经济、文化、农业、能源、交通、体育和电信等方面互补性领域很多,潜力巨大。

2006年3月4日,罗岚在出席西南大学加拿大研究中心成立仪式时接受媒体采访中表示加中关系非常重要,涉及加拿大今后的繁荣和在世界上的地位。中文已经成为英语和法语之外的加拿大第三大语言。越来越多的加拿大人在学习中文,希望到中国旅游或工作。中加两国政府都在探讨如何进一步深化两国经济贸易和教育文化等领域的合作,推动双方的友好往来。

2009年3月23日,罗岚大使率团访问河南安阳,参观了当地考古工作站,殷墟宫殿宗庙遗址、袁林和明义士(James M. Menzies)故居。河南省与加拿大曼尼托巴省和安大略省友好交往和合作密切,领域宽广。罗岚大使说加中关系是重要的大国关系,他将努力推动双方的交流合作,积极利用自己作为大使的资源增进两国人民的友谊。

六、在加拿大和中国之间架起了解与沟通桥梁的大山

大山(曾用名"陆士伟",Mark Henry Rowswell)1965年5月23日出生于加拿大渥太华。1984年,就读于多伦多大学东亚系。大学一年级时,他出于好奇选修了现代汉语课,慢慢地他越学越爱学,于是他干脆把这门课改为主修课。大学毕业后他入选中加互换学者交流项目,1988—1991年,

在北京大学中文系进修。

他曾听说祖父在抗日战争时期来华行医的故事,后经一位商丘女记者的帮助他了解到祖父在华经历的更多详情:1922年,加拿大多伦多教会一对青年夫妇带着三个孩子来到河南归德府(今商丘市睢阳区)城外圣保罗医院,当地患者称呼"饶大夫"的男教士是一位虔诚的基督徒外科医生,不远万里来华行医施善。因为生活条件艰难,饶大夫两个孩子先后患肺痨去世,1925年,他们全家离开战乱的中国返回了故土。

1989年,大山在中央电视台元旦晚会小品《夜归》中扮演一位名叫"许大山"的学生,一夜之间口耳相传竟成了家喻户晓的故事,于是他便将自己的中文名字改为"大山",并师从姜昆学习相声。因参加央视春节联欢晚会后为更多观众所熟悉,从此他经常出现在相声、小品、评书、快板、电视剧和广告节目中。他的流利汉语和对中国文化的了解令人折服,《曲艺》杂志在一篇评价大山的舞台表演的文章说:"经过刻苦的学习和多年的艺术实践,大山的语言水平和艺术表演技巧日臻成熟,获得了曲艺界和广大观众的好评。"①

1990年,大山在辽宁演出时结识了中国姑娘甘霖,3年后他们携手踏入了婚姻殿堂,1995年7月儿子睿睿出生,1998年女儿小懿出生。为避免外界打扰,夫妻决定由妻子携带子女返回加拿大接受启蒙教育。

加拿大驻华大使碧福(Fred Bild)从电视屏幕上认识了大山,对于他的民间使者身份感受深刻。他说:"如果有一个人能帮助我们在中国宣传加拿大,帮助中国人更好地了解加拿大,那就是大山。"为此他在驻华使馆内专门设立了"大使公共事务助理"的职务,从事文化和学术交流成了大山的工作。他创办了《枫窗》特刊,专门刊登中加关系的最新动态,还编写了一本以中国内地读者为对象的《加拿大旅游指南》。1994年,加拿大总理让·克雷蒂安(Jean Chretien,1934—)首次访华后在写给大山的信中称赞他"加拿大在中国的友好大使莫过于大山"。在驻华使馆三年的工作对于大山来说受益匪浅。1995年,他离开了驻华使馆,注册了"加拿大大山有限公司",开始了他的自由职业者的生涯。作为后续工作,不久大山与国际管理集团(International Management Group)签约,进一步扩大了业务范围。

2007年10月3日下午,大山陪同父亲、母亲、姑姑和姑父来到河南商

---

① 任雷《洋笑星大山被授予荣誉博士学位》,人民网,2009年6月29日。

丘第一人民医院。医院北区最西面的一栋两层小楼,就是大山爷爷曾经居住过的地方。室内还放着当年主人使用过的家具。大山74岁的父亲从墙上发现了一张照片,原来是爷爷、奶奶、两个伯父和姑姑一家五口的合影。一家人看了照片联想起陈年往事,无不感动。

大山不仅仅是一位洋笑星,还广泛参与教育、艺术、商贸和公益事业的宣传,在中国30多年中成为一名热情友好的使者,受到赞誉。2004年,他被评为"北京十大杰出青年"。2006年4月25日,他作为中加两国合办的抗癌宣传教育形象代言人专程从北京到甘肃参加戒烟宣传。2007年10月4日,他被河南省商丘市聘任为"古城形象大使"。2008年北京奥运会期间,他出任加拿大奥委会特使。同年12月12日,大山因中外友好交流的卓著贡献荣获加拿大勋章。2010年,被推举为上海世博会加拿大总代表,加拿大总理穆朗尼(Brian Mulroney,1939—)、让·克雷蒂安和哈珀访华时他都负责贸易团的接待工作。2012年,他还担任了亲善大使。加拿大总理哈珀说:"多年来,大山以其非凡才能在加拿大和中国之间架起了解与沟通的桥梁。我非常高兴地任命这位受到高度认可和尊重的人物为加拿大中国亲善大使。"①

后来大山又出现在喜剧舞台。他把中国的单口相声与美国脱口秀的"逗你玩"(stand-up comedy)结合,编排了《大山侃大山》专场,取得了非同寻常的舞台效果。此外,他参与演出的电视连续剧《宫廷画师郎世宁》以及话剧《西行漫记》《红星照耀中国》《超级笨蛋》也都得到了好评。

大山也是一位经验丰富、风格独特的主持人,在国际性大型双语活动中常常独当一面,出口成章。他参与编制和演播中国人学英语和外国人学汉语的教学节目很多,其中《随大山万里行》《交际汉语》《旅游汉语》和《体育汉语》都受到好评。

七、为促进中加两国的合作与交流而努力的赵朴

赵朴(Guy Saint-Jacques)曾在蒙特利尔大学攻读地质学专业,获拉瓦尔大学土地规划和地区发展硕士学位。1977年,他进入加拿大外交部工

---

① 石莉、张大成《加拿大总理哈珀任命著名笑星大山为加中亲善大使》,加拿大驻华大使馆官方微博,2012年2月8日。

作,派驻地包括北京、香港、金沙萨、华盛顿和伦敦。他在总部先后担任的职务有:环境能源处副处长、人员调配处处长、人事管理局局长、加拿大驻英国高级专员公署副高级专员、加拿大气候变化首席谈判代表兼大使、加拿大驻美国大使馆副大使。

1984年,赵朴第一次来华,中国人凭票券购物的生活刚刚结束,有时他也加入骑自行车的上班族行列。1995年,他再次来华,当在住处阳台眺望北京二环高耸的新楼房和拥挤的高速公路时,生活在一个初来乍到的新天地的感觉使他难忘。2012年10月至2017年1月,他第四次以加拿大大使身份来华。作为中国事务高级顾问,他经常接待和回答来自加拿大企业、公司和团体的各种提问,推动中加教育交流是他的工作重点之一。

赵朴认为,中国和加拿大不仅在经济方面互补性强,双方合作领域也一步步地扩大。在北京举行的国家安全高级别对话对全球来说都很重要,反恐怖主义对世界各国来说是一个新问题。除此之外,人文交流也是中加两国联系的重要一环。目前中国已经是加拿大短期客访最大来源国之一。2017年,有50多万中国人去加拿大旅行,也有很多中国留学生在加拿大学习。2018年是中加旅游年,加拿大率先给中国人多次入境签证。加拿大是一个多元社会的国家,两国总理曾在不到一个月时间内实现互访,实属罕见。中国成功也意味着加拿大的成功。①

中国人的创造力给赵朴留下了深刻印象。现在中国有越来越多的创业者,为全世界带来最新的理念和选项。阿里巴巴在电子商务所取得的成就,远远超过了西方国家。中国网上支付系统比世界上任何国家的系统都先进。赵朴把见证中国的崛起视为荣幸。

中国与加拿大之间的民间交往一年比一年频繁。2016年有8部加拿大电影在北京国际电影节上展映,2017年增加到15部。近期两国之间增加了6条航线,中国如今有11个城市可以直飞加拿大。赵朴说,中加两国如同老朋友,已经建立起良好的合作关系。加拿大在中国还有一些重要的发展项目,如:浆果生产、猪肉销售、能源开发、亚投行与高铁等,都进入提升环节或者积极考虑之中。此外,两国还有其他一些含金量极高的可开发领域,渥太华上下各级都在努力工作,探索如何才能更好地扩大双边关系。

赵朴妻子是赵秀玮(Sylvie Cameron),育有两个女儿。

---

① 张家宁《加拿大大使赵朴接受央广记者张家宁独家专访》,央广网,2016年9月22日。

八、通晓中国国情有勇有谋的麦家廉

麦家廉(John McCallum, 1950—)出生于魁北克省蒙特利尔,母亲琼·帕特森(Joan Patteson),父亲亚历山大·坎贝尔(Alexander Campbell)。从剑桥大学王后学院取得文学士学位后麦家廉到巴黎大学进修,获研究生文凭后回蒙特利尔,在麦吉尔大学攻读并取得经济学博士学位,然后应聘为经济学教授。他先后在马尼托巴大学(1976—1978)、西蒙菲沙大学(1978—1982)、魁北克大学蒙特利尔分校(1982—1987)和麦吉尔大学(1987—1994)任教,之后出任麦吉尔大学文学院院长。

麦家廉是加拿大内阁候选名单中最为资深的自由党人之一。1994—2000年,他任加拿大皇家银行高级副总裁兼首席经济师。2000—2017年,以加拿大自由党党员身份担任国会下议院议员,先后代表安大略省约克区的万锦选区、万锦—于人村选区和万锦—汤山选区,亦曾于让·克雷蒂安、保罗·马丁和贾斯汀·特鲁多三位自由党籍总理的内阁中任国防部长、退伍军人事务部长、税务部长和移民、难民及公民部长,加拿大女王枢密院成员。

2017年1月,特鲁多重组内阁,麦家廉调任加拿大驻华大使。同年3月,履新于北京。他对中国感情深厚,此前担任加拿大部级履历使他对中加关系有深入的观察和思考。他的中文姓名中的"麦"寓意20世纪60年代加拿大不顾美国反对向中国出售小麦的往事,如今物是人非,令人感叹。眼下他在半年之内足迹遍及上海、浙江、广东、重庆、贵州和青海等地,在访谈政界和商界人士之余,还参观了当地孔子学堂,品尝火锅观看川剧。他兴致勃勃地到由加拿大资助的中国乡村女学生教育会经办的学生家庭调研,希望家长们早日过上好日子,鼓励学生立志成才,为社会多做贡献。

在接受《中国经济周刊》编辑专访时麦家廉说,中国市场对加拿大企业家特别有吸引力,他们正在瞄准中国金融、教育、交通、生物技术和自然资源等目标。中国电子商务的快速发展为日益扩大的需求服务提供了新途径。中国知识产权环境的改善为海外合作者提供了有力的保护,现阶段正是强化两国经贸往来和人文交流的大好时光,希望中加两国早日达成自由贸易协定。《加中对外投资促进和保护协定》对投资商有充足的透明度和可靠性。

加拿大和中国是长期的能源合作伙伴,不仅在一次性领域,也包括可再生能源领域,如:太阳能、风能、地热、水电和生物电能。中国是加拿大第三大石油出口目的地,中国所购买的煤炭超过全球储量的50%,同时也在可再生能源方面投资了13亿美元,相当于美国同项投资的6.5倍。如果加拿大真的想解决气候变化的问题,不跟中国合作是不可能的。加拿大在中国各地建立了网络,100多名贸易专员供职于14个办事处。①

麦家廉的夫人林秀英(Nancy Lim)是马来西亚华裔,当年他们相遇相知时一位是温哥华西蒙菲沙(Simon Fraser)大学的教授,一位是能说普通话、闽南话和广东话的留学生,1981年他们组建了一个跨族裔的小家庭,几年后育有三个儿子,长子在北京工作。

九、对中加合作前景充满自信的柯杰

柯杰(Joseph Peter Caron, 1947—)出生于加拿大安大略省温莎市,从学生时代起他就对中国历史与文化怀有浓厚兴趣,经常阅读《人民日报》《中国建设》和《北京周报》。在大学阶段他攻读的专业是政治学和经济学。他的外交生涯始于1972年,曾先后担任过加拿大驻日本使馆公使和加拿大外交与国际贸易部主管亚太和非洲事务的助理副部长。

1982年,柯杰第一次来华从事商务领域的开拓,这一年中国和加拿大政府之间开始发展合作。1983年,两国签署了《中国和加拿大政府关于发展合作总协定》。20多年中,加拿大政府共向中国提供了约2亿元的发展援助,领域涉及农业、林业、能源、交通、教育、通信、环保、扶贫、人才开发和体制改革。在双方的共同努力下,计划进展顺利,取得了良好的经济和社会效益,为我国多项可持续发展发挥了积极作用。

柯杰喜欢博大精深的中国传统文化,每当欣赏中国音乐、绘画、电影或者文学,都有一种与众不同的感受。他曾邀请中国音乐家到官邸演出,也常到音乐厅观看中国艺术家的表演。加拿大华人中有很多学者文人,他们在异国他乡积极弘扬中华文化的同时,也为多元的加拿大文化的发展做出了巨大贡献。

关于中加两国关系的发展问题,人们最津津乐道的是20世纪60年代加拿大如何不顾美国封锁向中国出口粮食的故事,随之而来的是两国留学

---

① 《加拿大新任驻华大使:与中国在能源环境等领域的合作比美国更紧密》,载《能源杂志》2017年4月28日。

生交换和贸易合作的逐步升级。1970年10月13日,中加两国正式建交,应归功于当时中国领导人毛泽东和周恩来以及加拿大总理特鲁多的明智决策。

20世纪90年代是中加关系发展史上的新阶段。两国高层互访频繁,官方和民间的文化交流不断,克雷蒂安总理两次率团访华令世人瞩目。两国在城际铁路、高速公路、通信网络、核能利用等领域的开拓,制造业和服务业的合作,成果逐年攀升。加拿大的北电网络有限公司(Nortel)和世界第三大飞机和机车设备制造商庞巴迪公司(Bombardier Inc.)所参与的合作项目广为人知。

2001年,柯杰出任加拿大驻中国、朝鲜和蒙古国大使,他认识到中国在国际舞台上的作用越来越重要,来华工作是他多年的愿望。

中国加入世界贸易组织(WTO)后对外开放的领域进一步扩大,名列金融和服务业之后的选项便是农牧业、远程通信和制造业,以前所未有的力度招商引资。作为进入中国市场的加拿大产品的引荐者,柯杰目睹了自己所涉足领域的互惠互利发展全过程。对于广泛的中加合作前景他比谁都更充满自信。加拿大亚太基金会在2011年4月14日发表的《加拿大人对亚洲的看法》的民意调查报告中显示:66%的受访者相信中国的影响力10年内将超过美国。

十、促进加拿大多元文化族裔平等的利德蕙

利德蕙(Vivienne Poy,1941—)出生于香港,1959年到加拿大。她的祖父是利希慎,父亲利铭泽,母亲利黄瑶璧。利德蕙的丈夫伍卫权是整形外科专家,原加拿大总督伍冰枝的兄长。

利德蕙曾先后在中国香港、英国和加拿大求学,1997年获多伦多大学历史系硕士学位。她从小喜欢水彩绘画。父亲对她的画作十分欣赏,11岁那年还请来当时丽精美术学院院长——著名岭南派国画大师鲍少游指导她画画。大学毕业后,利德蕙又进入多伦多幸力加学院(Seneca College)研修服装艺术,并开设以个人名字命名的时装店,成为出色的时装设计师。

1988年,利德蕙获得加拿大总理克雷蒂安(Jean Chretien)的任命,成为国会上议院首位华裔议员,使她有可能致力于男女平等和族裔平等的工作。她认为,加拿大虽然是个多元文化族裔组成的国家,但是在工作机会

和社会地位方面还有很大的进步空间。看看企业高层和政府机关,在男女比例和少数族裔就业的比例方面都不够理想。

1998年,利德蕙被聘任为加拿大国会上议院议员,兼任多伦多大学第三十一任校监,前东亚银行(加拿大)董事会(Lee Tak Wai Holdings Limited)主席。

2003年11月17日,62岁的利德蕙获多伦多大学历史系博士学位,并同时被委任为第31任多伦多大学名誉校长,成为多伦多大学首名华裔校监。

利德蕙在推动种族和谐与文化交流方面的贡献多次得到肯定。她得知加拿大各地不少族裔都设立了自己的文化月,但是却没有华人自己的节日。2001年12月,她向国会提出设立"亚洲文化月"的议案,得到加拿大政府正式批准。此后,加拿大12个城市每年5月都举行各种各样的活动,庆祝不同族裔的文化月。

利德蕙发起并参与多项旨在促进中加两国交流合作的项目,长期以来为维护华裔等亚洲族裔的合法权益做了大量工作,获得了主流和各族裔社区的充分肯定。

《利润、胜利、锐利——香港利氏家族》(Profit, Victory And Sharpness: The Lees Of Hong Kong)是利德蕙的英文著作。该书通过对香港近代史的回顾,讲述了香港在建筑、地产和商业现代化建设上的建树和奉献。

十一、认为中国崛起对加拿大是机遇也是挑战的马大维

马大维(David Mulroney)毕业于多伦多大学,获文学士学位,1978年获多伦多大学的总督金奖章。他还在渥太华的加拿大部队语言学校参加过全日制汉语培训。

1981年,受聘于加拿大外交部和外贸部,先后在台北、吉隆坡、上海和首尔任职。2001—2006年,历任加拿大外交部亚太地区副部长助理、双边关系副部长助理、加拿大总理外交与国防事务顾问。2007—2008年,担任外交部副部长助理兼加拿大总理八国峰会的私人代表。2008—2009年,担任加拿大枢密院办公室阿富汗问题副代表。

2009年5月28日,加拿大总理哈珀宣布熟悉国际事务和外交政策的马大维是担当加拿大驻华大使的理想人选,可接替即将任期届满的罗岚。

2015年,马大维出版了名为《中坚力量、中央王国——加拿大人应在21世纪了解中国什么》(*Middle Power, Middle Kingdom: what Canadians Need to Know About China in the 21st Century*)的新书。他根据自己的经验,分析了加中关系,加拿大的外交政策以及现代外交官应具备的素质等问题。他还在书中批评了加拿大近年来没能对中国在世界上影响力的增强做出应有的回应。在他的心目中,中国是一个既有古老文明又充满现代化活力的国家,今天的中国人拥有越来越多元的面貌、思想和生活方式。中加之间未来的发展具有广阔的前景。加拿大稳固成熟的金融体系是吸引中国投资者的重要因素,而两国之间的相互了解和信任是合作成功的良好基础。

马大维的外交生涯长达30多年,来华任职前曾担任阿富汗特别行动副指挥。他在接受加拿大广播公司(Canadian Broadcasting Corporation)的采访时指出近年来加拿大在外交政策上存在重点不突出、不严肃以及无抱负等问题。他说中国现在已经是世界第二大经济体,也是加拿大第二贸易伙伴。华人移民的持续增加,在与中国打交道时往往找不到正确的方式。上一届自由党政府每年都由总理带领大型经贸团队访华。保守党执政后,与中国的关系还处在寒冷期,直到2009年才开始回暖。这段时间中国在世界上的影响力不断扩大,对加拿大来说既是机遇也是挑战,无法回避。

马大维说,加拿大的外交政策过去一直习惯于以美国为主导,无论是经济问题还是安全问题都通过强化与美国的关系来解决。然而现在,加拿大面临着许多亟待化解的矛盾,诸如环境清理、食品健康、网络安全和人权保护等问题,北京的重要性已经不亚于华盛顿。他认为制订战略要有针对性。目前以总理哈珀为首的保守党政府还没有找到一种适用于国内的模式。

马大维在一次回答媒体采访时说,关于中国华为公司首席财务官因加美双方滥用引渡条约被加拿大警方拘押案的问题,加拿大只不过做了应该做的事情。至于孟晚舟,她有一个优秀的律师团队,等引渡听证开始后,她将会有多次要求司法复审的机会。这个案件让加拿大自由党政府有更多遭受抨击的机会,人们不能不用一种新的眼光来审视与中国的关系。但是马大维没有谈到当前加美关系对中国公民和合法权益构成的侵犯。

2012年8月,马大维离开北京回国,从政府服务退休后担任多伦多大学蒙克全球事务学院(Unirersity of Toronto—Munk School of Global Affairs)高级研究员。

2014年10月8日,马大维在多伦多大学蒙克国际学院举行的"中国研究"会上以特约研究员身份发言说:加拿大需要对中国发展的态度做出调整,发挥由此引起对加拿大有利的地方,限制不利之处。澳洲对此的准备和研究都比加拿大远为充分……中国现在对加拿大已经有很大影响。中国是加拿大第二大贸易伙伴,中加贸易额已经超过了加拿大与英国、日本、德国的贸易总量。中国经济的最新变化是,政府正在采取措施,减少经济运行对政府投资的依赖。这个形势对加国的直接影响,就是未来对能源和原材料的需求将出现减少。但中加经济交流可以有新的领域,如环保、教育和健康……加拿大前总理特鲁多40多年前,在访问中国后看到未来中国发展将对加国带来的影响,从而做出和中国建交的决定。而该决定形成了一种世界历史的新趋势。①

十二、主张通过政治磋商加强了解和信任的克雷蒂安

让·克雷蒂安(Jean Chrétien, 1934—)出生于魁北克省沙维宁根镇(Shawinigan)一个造纸技师家庭,在19个兄弟姐妹中排行第18。克雷蒂安曾在拉瓦尔大学攻读法学专业,获多所大学法学名誉博士学位。1957年,他结识艾琳·查妮(Aline Chainé),两人一见倾心,不久就组成一个小家庭。1958—1963年,他开始从事律师工作。

克雷蒂安小时候得过贝尔氏麻痹症,治愈后留下了后遗症,一个耳朵失聪,说话时嘴巴常向一边歪斜。他的童年玩伴和后来的政敌中有人嘲笑他,有人羞辱他,使他一度感到失落,产生了不顾一切与他人拼搏的心态。不过他没有自卑,明智地做出了发愤图强不甘人后的选择。他的妻子艾琳是一位贤内助,平日无论是国家大事还是个人生活细节,总是帮助丈夫把关掌舵,使他在29岁时就赢得了联邦国会议员的选举。

1963年,他步入政坛,代表自由党竞选国会议员。自1967年先后,任财政国务部部长、税收部部长、印第安事务和北方发展事务部部长、工商业部部长、财政部部长、司法部部长兼总检察长、能源矿业和资源部部长、副总理兼外交部部长等职。1986年,他辞去议员职务,在渥太华和多伦多等地当律师。1990年6月,自由党选举新党首时,克雷蒂安击败了对手。1993年,当选为联邦政府总理。他为人谦虚踏实,作风民主,从政30多年

---

① 马大维《加拿大对中国发展的认识不足》,载《明报》2014年10月9日。

无丑闻。1997年和2000年,又连续获胜,蝉联总理。

1970年,中国与加拿大正式建交以来,两国关系迅速发展,政治、经贸、科技、教育和文化等领域的合作交流全面开展。1989年后,两国关系一度转入低潮,但是很快恢复正常。1994年,加拿大议会重新组建加中议会友好小组。1998年,升格为加中议会协会。1995年5月,外长安德烈·霍利特(Andre Houlette)宣布以经济伙伴关系、环境与发展、和平与安全、法治与人权作为对华关系的四大支柱。

在克雷蒂安担任总理的10年间他6次来华,16次会见中国领导人,两次率企业家访华。2001年,克雷蒂安曾率领一个600多人的企业家代表团访问中国,其中有8位州长、3位地区长官,还有两位内阁部长。

2003年10月22日,在与克雷蒂安的正式会谈中,时任中国总理的温家宝就发展两国关系提出了几点意见,得到加方的响应:保持双方高层交往惯例,通过政治和经贸磋商加强相互了解和信任;发掘潜力,扩大能源、环保、电信、保险、农业等方面的合作;保持国际和地区交往的畅通,促进繁荣与发展。按照加拿大的政治体制,国会众议院的多数党有权组阁,但是卸任的前总理可代表私人客户定期访问中国。2003年12月,克雷蒂安卸任,继任人是保罗·马丁(Paul Martin)。

近年来,中国是加拿大在亚洲的第二大市场。1997年中加贸易总额为39亿美元,2000年两国贸易总额接近60亿美元,到2018年中加双边贸易高达635.4亿美元。

十三、独具学者和外交官背景的"中国通"伯顿

伯顿(Charles Burton)毕业于上海复旦大学,曾被指派为加拿大驻华使馆两任文化和政务参赞,娶了一位华人太太,大山是他们婚礼的伴郎。退出外交界后伯顿被聘任为布洛克大学(Brock University)政治系教授,成为一位有学者与外交官背景的"中国通",对于中国和加拿大之间发生的重大事件媒体通常都请他发表意见。

2014年年底加拿大总理哈珀第三次访问中国,此时右倾保守派执政的加拿大政府指责中国黑客入侵重要电脑网络,一周后加拿大人凯文·高(Kevin Garratt)和妻子茱莉亚·高(Julia Dawn Garratt)涉嫌在华窃密被拘留。面对来自加拿大商界的压力,希望他改善对华关系以振兴本国经济,

哈珀表示:"就加拿大而言,访华是最佳契机,期待商界能从中国多元经济中获益。"他首先在杭州进行两日商务访问,然后前往北京进行国事访问,宣布在杭州、西安、厦门和天津增设贸易办公室,协助加拿大企业进入这几个发展最快速的中国城市。伯顿认为时机有些微妙,建议哈珀尽可能避免拍摄有国旗或握手的照片,以免被解读为与中方的亲密私交,开罪于加拿大富商。

2016年8月30日至9月6日,特鲁多(Justin Trudeau)当选加拿大总理后首次访华,加拿大国内各方都对他的出访做出了各种评论和预测。伯顿认为,中国当年9月1日起限制加拿大油菜籽进口,居住在中国香港的加拿大公民仅凭本国护照不可进入中国内地,以及加拿大政府对南海争端所持的立场等问题,都可能成为中加关系发展的障碍。为了获得大型企业的支持,特鲁多需要增加与中国更多的经济贸易往来,但是只和中国谈贸易,不涉及民主与人权等问题有可能会引起加拿大选民的不满,对下届选举产生不利的影响。伯顿认为此次出访对特鲁多来说是极大的挑战,不过中加双方还是有望建立年度回顾机制,重启战略对话,可为中加关系的长远发展奠定基础。

中国在海外办孔子学院是国家软实力增强的表现。伯顿指出,孔子学院由中国教育部的驻外官员负责,第一年中国政府可提供15万美元启动经费,以后每年追加10万美元。与此同时,加拿大方面也提供配套的场地和人员支持,相互配合,是一件好事。

分析家认为,主体国际金融机构无法适应中国快速提升的影响力,国际货币基金组织的改革方案遇阻,美国保留着其对世界银行的控制权,亚洲发展银行高层职位长期被日本人把持。重新构建一个国际机构可将中国巨额外汇储备转化为软实力。

中国发起成立的亚洲基础设施投资银行,目的是为了促进亚洲地区的互联互通建设和经济一体化,加大中国与其他亚洲国家的合作力度。最初的设想由中国财政部于2013年初提出,其后习近平出访印尼时正式提出这个倡议。总部设在中国北京,法定资本1000亿美元。亚投行成立后的第一个目标是投入"丝绸之路经济带"的建设,其中一项就是从北京到巴格达的铁路建设。"一带一路"贯穿欧亚大陆,东接亚太经济圈,西联欧洲经济圈。亚投行的意向创始成员国(Prospective Founding Members)包括:中国、韩国、印度、巴基斯坦、菲律宾、沙特阿拉伯、新加坡、泰国、新西兰、越南、英国、意大利、德国、法国、卢森堡和瑞士等国。

加拿大是否加入亚投行的问题引起了多方关注。加拿大驻华大使赵朴在多伦多接受中新社记者采访时曾表示,在看不到利益的情况下,加拿大短期内不会考虑加入亚投行。2015年3月23日,加拿大联邦财政部长奥利弗(Joe Oliver)透露,正在与中国驻加大使以及其他更高层的中国财经官员讨论这个问题。伯顿表示,渥太华在考虑加入亚投行方面的纠结,可能源自保守党政府内部如何处理跟中国关系的长期争论。

2016年6月2日,伯顿在《环球邮报》(The Globe and Mail)发表专文《对华贸易向来不顺》(Trade with China never comes free)。文章写道:

> 尽管特鲁多先生有意就相关问题进行开诚布公的交谈,但实际情况是中国掌控着具有影响国家投资代价的"禁区"("No-go" zones)。比如英国要与中国改善关系就必须终止与达赖喇嘛的高层会晤,对渥太华的要求也不会低于此限。加拿大人要谈任何人权问题,或者留难被中国当局视为有敌意滞留在加拿大者,或者增加电子攻击和刺探,扩大中国南海领域,都会被北京以荒唐地"伤害中国人民的感情"为由所拒绝,并因此缩减国家贸易公司和对加拿大的投资。
>
> ……
>
> 去年民意政策研究所的一份报告称:加拿大有关中国民意的"消极面"显示专家与民众对于一个国家的了解存在着巨大认知鸿沟。报告敦促加拿大不必以我们期待的方式跟中国打交道,但可以通过与我们的价值观和建制不同的社会、政治和经济的系统与中国打交道。
>
> 去年秋天一份政府转发的文件敦促自由党人,就中国对于加拿大未来繁荣至关重要,以及有损加拿大利益的公众意见等问题开展国与国之间的对话。我们将很快获悉这是否政府对加拿大人深切关怀中国人权的折中倾向。
>
> 中国进口加拿大货物不足于其出口总额的4%,两国在外贸方面还有巨大空间。自由贸易是否对加拿大有利就要看其自身条件。如果中国市场对加拿大的商品和服务开放不够只可能增加我们对华贸易的赤字。
>
> 使渥太华感到左右为难的是,在加中两国实力不对称的关系中不可能有顺风顺水的事情。在跟中国打交道时什么情况下可以向前迈

步?加拿大人想知道我国政府所持处理加中关系的价值折中底线。①

十四、勇于面对新挑战的"亚洲通"鲍达民

鲍达民(Dominic Barton, 1962—)出生于乌干达的坎帕拉,父亲是英国圣公会传教士,母亲是护士。7岁时,因为乌干达局势动荡,他随父母移居加拿大哥伦比亚省。由于父母亲言传身教的影响,鲍达民原先期待将来能从事传教和医护工作,但是后来却对经济学研究产生了浓厚的兴趣。1983年,获得了牛津大学罗德奖学金,在哥伦比亚大学经济学专业本科毕业后,作为罗德学者(Rhodes Scholar)在牛津大学获得了经济专业哲学硕士学位,又获全球八所大学联合授予的荣誉博士学位。

从1986年起,鲍达民任职于多伦多麦肯锡公司,开始了金融改革、公共和私营部门的治理与全球化担当。1997年,他被调往麦肯锡首尔分公司。2004年,被调派到上海麦肯锡公司。2004—2009年,被任命为麦肯锡公司亚洲区主席、麦肯锡公司全球总裁和加拿大财政部长经济增长咨询委员会主席,经常一周内要分别到孟买、新加坡、墨尔本或东京等处视察工作。

在中国,鲍达民还先后为多家金融部门就战略、全球化和公司管理问题商议对策。他在上海生活了5年,除了专业所及,还积极参与非盈利的慈善活动。2007年,他在上海曾与他人合作出版访谈录《中国私密小品》(*China Vignettes: An Inside Look at China*),通过与30名来自不同行业和地区的中国人的对话,为西方读者展示了中国人在日常生活中所经历的磨难和所收获的成果。2008年"5·12"汶川地震时,他曾组织员工向灾区慷慨捐款600万元。

2009年,鲍达民当选为麦肯锡全球执行董事,时任加拿大养老金计划投资局私募股权投资部门负责人马克·威丝曼(Mark Wiseman)曾称赞鲍达民为"亚洲通",对中国十分了解。他向《环球邮报》透露,鲍达民使他认识到亚洲就意味着市场,中国13亿人口需要微波炉、苹果多功能播放器和笔记本电脑,如果谁将亚洲或者中国与低成本制造画等号,谁就落后了

---

① Charles Burton, *Trade with China never comes free*, Special to *The Globe and Mail*, Jun. 02, 2016.

15—20 年。

2015 年,鲍达民在接受《人民日报》记者采访时表示,"一带一路"倡议实施后世界将更紧密地联系在一起,不仅能促进互联互通,还能创造更多的就业机会,这是真正意义上的全球化范例。他多次表达支持"一带一路"倡议,曾获上海市政府颁发的白玉兰纪念奖。2018 年,他还被任命为第 11 任滑铁卢大学董事会校长(chancellor)。

在中国工作期间,鲍达民曾受聘为中国国家开发银行国开金融顾问委员会委员、清华经管学院顾问委员会委员。2013 年 10 月,任清华经管学院客座教授。此外,鲍达民的身份还包括滑铁卢大学校长、前总理史蒂芬·哈珀组建的加拿大公共服务咨询委员会成员。

作为知名经济学家,鲍达民长期活跃于各类经济讲坛,发表过《险象环生的市场:如何应对金融危机》等文章。他还是女权主义的积极支持者。

鲍达民不仅熟悉亚洲和中国事务,还为特鲁多政府所熟知,而且受到信任。2016 年,他出任财政部部长经济增长顾问委员会主席,帮助政府制订经济政策和战略,与特鲁多前首席私人秘书杰拉尔德·巴茨(Gerald Butts)关系密切。

2018 年 4 月 1 日,鲍达民在给清华经管学院开设的《全球领导力》讲座的第一讲中,与学员们共同分享了他的"全球商业趋势和领导力的挑战,以及面向未来的领导力的培养"。他认为有 5 种能改变世界力量的趋势:(1)新兴市场的崛起或再崛起——在未来 10 年中全世界一半以上的 10 亿美元规模级企业将出自亚洲,在未来 10 到 15 年中会有 22 亿中产阶级的消费者;(2)颠覆性技术威力的改变——技术领域中的移动商务、3D 打印、物联网、机器人和知识自动化等;(3)人口老龄化——到 2050 年 80 岁以上的人将达到 4 亿,65 岁以上的人口数目将超过 14 岁以下的人口数目;(4)出现互相连接更为紧密的世界——连接不再局限于商品和金融品,而是越来越多涉及服务、人员、数据和通信;(5)地缘政治——这是引发动荡的主要领域,可能会加剧国与国之间的冲突。

2019 年 9 月 4 日,加拿大总理贾斯廷·特鲁多在渥太华宣布,任命鲍达民为加拿大驻华大使,弥补 2019 年 1 月被解雇的麦家廉留下的空缺。公告中的赞誉之辞让关心中加关系早日改善者充满信心:"他多年来在亚洲的丰富工作经验,以及他在杰出职业生涯中所获得的重要全球经济知识,将会帮助他成为在中国代表加拿大利益的绝佳选择。"这一任命表明中加受影响的外交关系正在发生可喜的变化。

加拿大商会会长佩兰·比蒂(Perrin Beatty)表示:"在这样一个关键时刻,很难想象有一个比他更有资格的加拿大人来承担如此重要的责任……很少有加拿大人如此博学,且在国际上受人尊敬。他有着深厚的公共服务意识、杰出的才智和充沛的精力,在未来的日子,所有这些都是需要的。"①

---

① 陆依斐《中加关系受损之际,加拿大派"中国通"任驻华大使》,上观新闻,2019年9月5日。

第七章
加拿大汉学的前沿学术理论

在漫长的学术研究历史长河中,先后涌现了多少先知先觉、思想活跃的学问大家。20世纪80年代以来,数据手段(digital approach)的运用随着经济全球化和文化多元化观念的扩展,迎来了一个个信息爆炸、时空错位和新学术生态圈的形成,在打乱学者们传统思维和目光过程中实现了新的格局和轮回定位。他们不是在故弄玄虚推新求异,而是就学者们疏忽的问题发出另类的声音。"云计算""互文性理论""先验现象学""风险社会学""意向性理论"以及"结构主义人类学"等新名词新概念占据了人们的视觉和嗅觉通道。就总体而言,学者们关注的主要是各类社会现象的意义特征,而不拘泥于难于验证的他人直觉。

德国风险社会理论创始人乌尔里希·贝克(Ulrich Beck,1944—)在中国出版的多部著作,因其前瞻性和预警性受到了广泛的关注。他认为社会风险不仅仅是源于无知或鲁莽的行为,也可能基于非理性的规定、判断、分析、推论、区别和比较等认知能力;不仅仅是人们对自然缺乏控制,也可能是对自然完美控制能力的过分期待。因此可以认定,科学技术不仅有正面预警作用,也可能伴生负面的危害性。贝克从容易被人忽视的角度来考察问题被认为具有同等重要的学术价值。

姜戎以狼为叙事主题的小说《狼图腾》,展示了不同季节和年代牧民与草原、风雪、猎犬、野狼、黄羊、狐狸和牛马之间相生相克的变化关系。一般人认为狼是牧民的死对头,是草原人畜的天敌。北京插队知青陈阵发现野狼与草原人畜之间有一种奥秘关系,只有懂得草原狼才能了解神山下的草原和蒙古人。毕利格老人是额仑草原最出名的猎手,可是他很少出猎。就是出猎,也只是能打狐狸就不打狼。老人说其实他也打狼,可是不能多打。要是把狼打绝了,草原就活不成。草原枯萎了,人畜还能活吗?黄羊皮是制造上等夹克的原料,早先外贸出口可以换钢材和汽车;黄羊肉则是做罐头的特供材料,过度猎杀可能导致境内的黄羊被赶到境外,一旦有机会还会偷着大批潜入。额仑草原的牧民不论天再旱,草再缺,都要保护好草场。那儿的神山不光保护人畜,也拯救狼。世界上万事万物相互依存,利害关系都可能在不同社会和历史条件中发生变化。如果说养羊就不允许狼在草原存活,那么,狼崽与羔羊向同一羊妈妈跪奶的事又该如何解释?偷着喂小狼崽的北京插队知青声称要改造野狼基因,公社牧场和旗县领导能批准吗?①

几年前,德国波恩大学汉学系主任顾彬(Wolfgang Kubin,1945—)有关中国文学的前沿问题的话题为学术界所关注。他说过引起广泛争辩的一句话:中国当代没有文学,现在的所谓"文学"都是垃圾。又说,1949年前,就有一部分中国作家希望文学能有助于中国解放,文学应该为政治服务,持这种观点的代表作家是何其芳和臧克家。今天来看,他们走的这条路被证明是错的,因为文学应该是为语言、为艺术、为美学服务。现在,中国的文学基本上不再和政治相联系。②顾彬虽然曾对中国文化怀着爱和敬意努力向西方译介中国文学,但在很多学者的眼中,他把拒绝说教功能视为保持中国文学传统的唯一性手段,表现出惊人的无知,是学术界的另类,应该受到批判。

"前沿理论"(frontier theory)涉及可供探讨的有重大意义的现实问题,对于科学技术实践具有引导、前瞻、开拓性质的论证都属于前沿科学理论范畴。前沿理论有利于解开那些似是而非的死扣。每一学科都有自己的理论前沿,"黑洞"(Black Hole,1916年提出)、"虫洞"(Worm Hole,1930年提出)和"平行宇宙"(Parallel Universe,1954年提出)、"新地球"(New Earth,2013年发现)都是人类在近半个世纪对宇宙探索的前沿理论和新发现,在无限微小的空间是否也有未曾被探索的存在?对重大现实和理论问题进行分析,提供学理支撑和定位,挖掘优质资源,建构新阵地,都是新时代学者的责任。但是,任何前沿理论的提出都必须持科学态度,有科学根据,否则就会被视为哗众取宠。

---

① 姜戎《狼图腾》,长江文艺出版社,2004年。
② 倪宁宁《德国汉学家顾彬——中国当代作家根本不知道人性是什么》,《现代快报》2016年8月20日。

改革开放以来中国的快速发展引起了国际学术界的高度重视,但是全球化也引发出各种各样的前沿问题。学者们从不同角度提出不同观点就其紧迫性和现代性进行考察。当前学术全球化的迅速发展,使国际问题的研究超出了传统研究领域范畴,新兴学科和交叉学科大批出现,研讨会先后在各地召开,国际学术界对东方智慧普世价值的呼唤比任何时期都强烈。

一、意识形态外交与务实理性外交

国与国之间的交往就性质和方式而言,可分为"经济外交""多边外交""务实外交""元首外交""民间外交""军事外交""价值观外交""全方位外交"和"意识形态外交"。在不损害国家利益和民族尊严的前提下,通过外交手段达成共识或维护彼此利益关切被视为正当合法行为。以互利共赢为目标的经贸合作、取长补短、互通有无都符合时代潮流,为国际社会的多数成员所践行。

左右外交决策的因素很多,常见的一类是国际体系格局、国家实力和政治结构等可衡量的物质因素;另一类是国家文化传统和意识形态等观念性因素。前者最容易引起政治分析家的关注,而后者则可能被忽视。

"意识形态"是指由各种具体的意识所形成的政治思想、法律思想、经济思想和社会思想所构成的体系。"意识形态外交"通常根据本国政治、传统和宗教立场来决定"赞成-反对""支持-弃权""东方-西方"或"单边-多边"等重大问题。外交关系应该建立在理性和合理的范围内,不应当把正常的经贸合作泛政治化或意识形态化,使之成为推行保护主义的借口。

从社会科学理论角度观察,意识形态除了其认知特点外,还关系到行为一方的现实利益、价值指向和实践倾向。意识形态属于政治哲学范畴,如果抹杀其政治实质,就等于否定意识形态本身。人们的各种政治行为受自觉的理性思想支配,同时也受不自觉的非理性精神因素的影响。严肃的意识形态总是与一定的社会阶级或集团利益联系在一起,在政治实践过程中其激励、信仰和诱导等成分都或先或后发挥着作用。在现实生活中,由于高度一致的政治目标的引导诱惑,使政治热情空前高涨,政治意志高度统一,意识形态中的主观因素可能因此居主导地位,有个性的思想意识就会被无个性的思想意识所取代。

与意识形态外交相对应的务实外交,是指在遵守国际关系基本原则的前提下尽最大可能维护并拓展本国利益。进入 21 世纪后,务实外交在中国得到了前所未有的体现。近年来,中国与非洲一些国家之间的外交关系的水平通过经济联系的加强得到了提升,中国与俄罗斯之间的经贸往来也增加了务实因素。西方一些政客蔑称中国实施"新殖民主义",对中俄贸易往来妄加猜忌,只见中国经济拓展,却不见中国广交天下朋友的善举。

"全方位外交"提倡新安全观,推进国际关系民主化,高举"和平""发展"和"合作"大旗与他国确立建设性合作伙伴关系。

中国主张以和平共处五项原则的精神与所有国家发展良好的合作关系,不依附任何大国或大国集团支持或反对另一国家或集团。当代中国外交不以意识形态划界,不凭亲疏远近投票,外交模式多元化是中国坚持倡导的目标。在重大国际事务中立场保持与本国历史责任与使命的一致。

1970 年中国与加拿大正式建立外交关系以来,两国领导人致力于双边关系的健康、快速和稳定发展,取得了可喜的成绩。但是 2006 年保守党领导人史蒂芬·哈珀当选为加拿大政府总理后提出了"新外交"政策理念,把"价值观外交"放在对华政策的首位,对中国的政治偏见严重影响了两国关系的发展,特别是在所谓"人权""民主""西藏和台湾"等问题上不断对中国施加压力。但是在新的世界经济危机中美国对加拿大产品的需求量大幅度下降,加拿大的经济必须寻求新的出路。自然资源、建筑材料和能源技术都是加拿大的优势产品,可以参与中国市场的竞争。因此加拿大商界人士竭力游说本国政府修好中加关系,右翼势力也不敢公开反对跟中国做生意,使保守党政府在对华政策上有更大的弹性和空间。两年后,加拿大政府转向新外交,改变或调整了对华政策。

2016 年 8 月底,加拿大总理特鲁多对中国进行了国事访问并出席二十国集团领导人杭州峰会,两国关系进入迅速回暖期。

同年 9 月 21 日至 24 日,李克强总理对加拿大成功进行了回访,这是中国总理 13 年来对加拿大的首次访问。双方就深化中加各领域合作达成一系列共识,同意通过加强多级别、多机制的沟通增进了解,妥善解决问题和分歧。双方还发表了联合声明,签署了包括《中国政府和加拿大政府关于开展第三方市场合作的联合声明》(*Joint Statement of the Chinese Government and the Canadian Government on the Third Party Market*

Cooperation)、《中国政府和加拿大政府关于分享和返还被追缴资产的协定》(Agreement between the Government of China and the Government of Canada on the Sharing and Return of Recovered Assets)和《中国公安部与加拿大皇家骑警关于打击犯罪的合作谅解备忘录》(Memorandum of Understanding on Cooperation between the Ministry of Public Security of China and the Royal Canadian Mounted Police in Fighting Crime)等14份合作协议,以及中加深化在航空、气候变化、环境、农业和金融等方面的合作。两国同意在2025年前在2015年基础上将贸易量翻一番,充分发挥中加经济财金战略对话、外长年度会晤和高级别国家安全与法治对话等机制作用,这是两国务实理性外交的丰硕成果。

二、史学现代性与加拿大汉学研究的现代转型

将进化论和科学观纳入学术研究而体现出来的现代性思维,源于20世纪初梁启超(1873—1929)倡导的新史学革命。现代史学家顾颉刚(1893—1980)在1922年主编的《古史辨》中以进化史观为疑古史的理论导向,以历史演进法作为考古史的思维工具,通过假设与求证的路数,在历史认知与解释中一览无余地展示其现代性特征。顾颉刚因此在史学观念、思维方法和学术涵养方面,大大超越了沉潜于考经证史的清代汉学家、疑古学者和晚清今文学家,将中国古史研究水平推进到一个新高度。

社会批评家和历史学家傅斯年(1896—1950)长期关注考古材料在历史研究中的作用,在摆脱故纸堆束缚的同时强调将语言学等学科观点运用到历史研究中去。他担任历史语言所所长期间,聚集了一大批著名学者,形成了当时国学运动主流的历史语言学派。他参照近代欧洲实证主义史学(Positivism Historiography)——兰克学派(Ranke School)的研究方法,大量积累材料,广泛采用针对性手段对中国文化进行研究,并与中国传统考据学相结合建构新学,确保汉学之正统定位于中国。学者们高兴地看到历史语言学派的兴起和发展竟如此密切地与国学运动联系在一起。作为近现代史学大师,傅斯年对我国史学现代化的杰出贡献世人皆知。

以往学术界在考察傅斯年史学渊源时,多半认为其影响来自乾嘉学派和兰克史学。1900年,德国卡尔·兰普勒希特(Karl Lamprecht, 1856—

1916)发表了《文化史的方法论》,向以兰克史学为代表的传统学派发起了挑战。同年,法国亨利·贝尔(Henri Berr,1863—1954)在《历史综合评论》中也撰文向传统史学发难。1912 年,美国历史学家詹姆斯·鲁滨逊(James Harvey Robinson,1863—1936)更不失时机地发表了《新史学》,向传统史学宣战。与此同时,西方列强加快了中国殖民化的速度,为挽救中华民族的危亡,许多学者和政界先贤掀起了史学思潮革命的浪潮。大批西方史学新著被译介到中国,留美学者何炳松(1890—1946)和梁启超被称为中国新史学派的"领军人物"。朱谦之(1899—1972)和杨鸿烈(1903—1977)等人也先后出版了新史学专著。

学术理论的价值可能对后世或他国产生影响,不受国界阻隔。研究聚焦于经学的学问家对先秦诸子、两汉经学、魏晋玄学、隋唐佛学、宋明理学和清代实学曾做出了详尽解读,经历了理解或赞赏、尊重与借鉴等不同认知阶段,但是彼此之间视野与体验可能并不一致。在西方汉学的影响下,后殖民理论揭示了域外汉学中固有的西方中心主义真相。也许这种表现并非出于敌意,而是为了展示中国文化的现代价值。

西方有关中国历史现代性的主流观点是,清末政界和学界保守、排外,对于新思想、新科技消息闭塞,不以为然,但是实际情况并非如此。

法国汉学家郁白(Nicolas Chapuis,1957—)的《悲秋》2002 年被译成中文,提出了"中国有没有过自己的弗朗索瓦·拉伯雷(Francois Rabelais,1493—1553)、米歇尔·德·蒙田(Michel de Montaigne,1533—1592)、夏尔·德·塞孔达·孟德斯鸠(Charles de Secondat,Baron de Montesquieu,1689—1755)和让·雅克·卢梭(Jean Jacques Rousseau,1712—1778),西方思想体系中是否存在一些在中国找不到的对应机制和价值观念"等问题。他认为自我认同是西方现代性的基本特征。受到钱锺书的启发,他觉得如果中国思想中存在着自我认同,首先会在诗歌中寻求表达。"秋天"预示着繁华的消逝和严冬的降临,正好表现皇权专制时代中国知识分子感情失落和痛苦心情。自我认同的问题通常都以"秋天"题材展开,诗歌的优劣可以从其是抵制还是符合儒家道德标准来判断。他断言:中国人没有现代性的二元论(Dualism),因此也就没有发展出自我反省的哲学思辨。自我意识是一种与现代性分不开的主观关照,也是一种现代人生观。在寻找自我幸福的过程中,儒教思想就成了个体意识的障碍。郁白借口寻找现代性,在中国诗的研究中以自我认同的观念为中国诗学的逻辑起点,难免陷入思辨误区。①

20世纪末,国际形势发生巨大变化,苏联和东欧联盟的解体,后殖民主义对西方现代性的质疑和批判逐渐成为一种思潮。随着经济全球化进程的加速,"西化"和"本土化"进入了现代化的选项,中国历史现代化也面临着重新解读和评价。学术界提出的"主题性转向"(the transformation of inter-subjectivity),包括自然和社会的转向、民族文化的转向和个人主观世界的转向。在现代性的语境中,出现了国家和社会之间的"第三领域"(The third realm between state and society)。

在中国史学由传统到现代的转型时期,出现了一种融语言学和历史学为一体的新学科资源。汉学研究的另一个重要资源是地方志领域,流传至今的旧志大约有8000部,其特点是"客观看世界——述而不论",因此从某种意义上说,地方志是一种工具书或者数据库,其中有关社会、经济、历史和宗教的内容都是汉学研究离不开的资源。

学术界向来认为中国现代性精神产生于以郑珍(1806—1864)、莫友芝(1811—1871)、黎庶昌(1837—1898)和黎汝谦(1852—1909)等人为核心的沙滩派诗人以及后来的五四运动。19世纪末,严复(1853—1921)等学者将西方的进化论著作和学说译介到中国,极大地改变了中国学术界的观念和思维方式,并逐渐成为人们认知和解释历史文化观念的基础。

2013年,施吉瑞研究郑珍的专著《郑珍:中国现代性的起源》旨在对中国现代性进行探讨和研读。郑珍长期蛰居黔中,涉猎过的现代科技书籍甚少,对西方科技的了解也不多,但是他在自己的诗中却令人意外地引出了农桑、技术和数学的话题。他的叙事诗不仅在结构上打破了传统,内容也深刻反映了社会人生真实的一面。从郑珍诗文中的科技倾向可以看出他的理性、怀疑和批判精神。有些欧美汉学家认为中国文学现代性源于五四运动,或者以龚自珍和康有为为代表的崇洋学者著述。施吉瑞却认定中国文学的现代精神来自中国文化本身,这就是他力图对西方观念进行颠覆之处。

施吉瑞作为一位西方学者对此更为敏感,他喜欢黄遵宪、袁枚和郑珍等人的著述,认为清代宋诗派文人既重理又重学,思想活跃,亲近科学,勇于接受西方新学。宋诗派对中国近代史、洋务运动、戊戌变法有着深刻的

---

① 郁白《悲秋:古诗论情》(叶潇、金志刚译),广西师范大学出版社,2004年。

影响,他们的思想就是中国现代性的重要源头。施吉瑞从黄遵宪开始,进而转入对郑珍和莫友芝的关注,在研究中力求接近历史真相和诗人的内心思想活动。凡是诗人及其作品涉及的地方,他都要尽可能亲临现场考察。郑珍是贵州人,为了了解他的生活轨迹以及诗中所涉及的人物、事件和地点,为了了解诗中典故的出处,他曾两次访问贵州,并在遵义沙滩为郑珍扫过墓。为了寻访郭嵩焘和黎庶昌的资料,他曾专程到英国查阅当时报刊资料的微缩胶片。

施吉瑞喜欢郑珍作品中既乐观又消极的品格,认为是现代文学的表现。郑珍仿照苏东坡与韩愈的风格描写大自然,优美乐观与消极感伤并重,在古典美中折射现实的阴暗。他的诗中透析出科技思维和个人的体验与感受,非常接近现代人的心理。施吉瑞断言,郑珍的思想与五四运动存在渊源关系,恰似鲁迅的世界观与郑珍的宋诗派观念重叠之处。郑珍终生幽居贵州的经历,对于当时蓄势待发的人生和斑斓缤纷的视野是一种局限,也使他与曾国藩期盼的中兴大业和文化契机失之交臂,但是他毕竟代表了一种积极的社会潮流。

三、以异质文化血脉注入中华文化的加拿大传教士

明清之际西学传进中国,是继汉唐之后中西文化第二次大规模对话,随之而来的就是中西历史文化的第二次大决裂。这期间(特别是1582—1796年)一批懂汉语的传教士与中国儒生合作撰写或编刻了大量有关西方学问的手稿和刻本,以异质文化血脉进入了中华文库。包罗万象的文库中存放着除了有史可考的文献、史册和档案外,还有由术数和星占演绎出有关天体万象、人与社会关系的准数据库文本。

来华传教士是一个特殊历史阶段出现的群体,据统计,仅加拿大基督教会先后向中国各地派遣的传教士人数就多达上千人次,更别提方济各会、多名我会、遣使会和奥斯丁会等天主教修会教派的人选了。他们的活动范围广阔,形式多样,内容有连续性,在西方对华传教运动中有自己的特色和地位。他们奉派来华是晚清中加关系史中的一件大事。

许多加拿大传教士来华后学习汉语,穿上中式大褂,学习儒生的言谈举止方式,积累举子的日常用语,亦步亦趋,一丝不苟。他们为什么这么投入?在《逑友篇·小引》中作者卫匡国(Martino Martini,1614—1661)说:

"缘旅人自西海观光上国,他无所望,惟朝夕虔祝,愿入友籍者咸认一至尊真主为我辈大父母,翼翼昭事,为他日究竟安止之地,此九万里之来本意也。"①

深入了解中国文化,用中国人熟悉并可接受的方式进行传教和交往,这一主流方式在西方来华传教士中被视为有效办法。早在万历二十三年(1595)利玛窦(Matteo Ricci,1552—1610)侨居南昌时,就根据古希腊和罗马名人言论以及西方谚语集《格言与实例》撰写过扬名天下的《交友论》,在明末士大夫中产生了积极影响。他们欣赏并敬重西人与西学的同时,也增加对基督教思想的了解。这种方式实质是致力于消除社会和教派的误解,逐渐向中国方式倾斜。

顺治四年(1647)意大利传教士卫匡国与祝石谈论交友之道时,由他口授祝石笔录完成书稿《逑友篇》。该书批判了世人的怒、憎、妒、谤、自誉和两舌等恶习,与儒家学说克己复礼的观念异曲同工。出处与圣经吻合的条目常被冠以"圣葆琭曰"或《圣经》曰",其效果对儒家观念也是一种提升,所表现的人生观和世界观价值,不仅为当时上流社会人士所称道,对普通百姓的日常交际也有很大影响。

当时的知识界活跃着引人注目的"西儒"和"回儒"两个群体。"西儒"意欲通过"合儒""补儒"和"超儒"改造儒学,以期天主教归化中国;而"回儒"则期待以伊斯兰教的教义消除彼此之间的误解与隔阂,以适应儒家学说。更具体地说,他们分别致力于伊斯兰文化和儒家思想体系的中国化,以中国方式和标准诉之权威,实现不同文化之间的和谐相处。

怀履光担任主教时十分重视对当地神职人员的栽培,旗帜鲜明地宣称要把中国化作为传教的终极目标。把华人牧师郑和甫提升为为副主教就是他的良苦用心,5年后又将他晋升为主教。1932年,他向各差会建议教会的资金和财产可以放手让华人主教掌控,这在当时的外国差会中实属罕见。

推动基督教中国化(sinolization of christianity)是一项巨大工程。基督教发源于亚洲,但是却成熟于欧洲,是在封建压迫、外来侵略时代传入中国的。因为带有强烈的西方中心论的印记,基督教不可避免地摆出了强势话

---

① 徐明德《十七世纪伟大的人文科学家卫匡国传——纪念卫匡国诞辰400周年》,载《浙江学刊》2014年第6期。

语的姿态,与中国文化和传统相互对立。加上信徒长期受到西方殖民主义势力的保护,教会违背传统文化和习俗的事时有发生,甚至脱离时代的政治潮流。中国基督教开展"三自"爱国运动①以来,本着爱国爱教的精神取得了长足的发展。

基督教中国化是教会发展的目标,也是社会的期待。实行基督教中国化应该以传统文化为载体,积极融入中国文化,引导广大信徒与全国人民携手前进,共创中华民族的美好未来。基督教中国化必须为当代中国社会的经济发展、文化建设、社会和谐做出积极贡献,倡导爱国、敬业、诚信和友善的道德规范,在社会上形成知荣辱、讲正义、促和谐的风尚。

四、文本细读与文化细读

"文本"(textual message)是指有层次有结构的能指(signifier)体系,通常是具有完整或系统功能的语言组合。由文字或符号组成的实体是狭义的"文本",而由书写所固定下来的话语链(speech chain)则属于广义的"文本"。汉学研究常涉及信息属性是否真实,结构是否完整、传送手段是否科学等问题。属性和结构不同,其语义学(semantics)的分析价值也就可能不同。

"文本细读"(Textual Close Reading)是以20世纪二三十年代兴起的语义学原理为文学批评(literary criticism)最基本的方法和手段。它也是一种具体实证的语义学解读,根据切实可行的分析标准和技术,在屏蔽作者和背景信息的前提下,对文本的语言、结构、文体、修辞和态度进行仔细研读。然后按照需要,进一步进行文论式解读、社会学解读、文化学解读和接受美学解读。这种方法强调语言与思想的联系,重视文本内部的组织结构以及语境在语义分析的中的核心作用。文本细读是一种把握文本和阐释文本的方法,也是文学批评必须掌握的看家本领。

在课程教学语境中,文本细读作为一种研究方法和服务手段有其规定性,包括唯作者是从、唯译者是从、唯文本是从、唯编辑是从和唯读者是从。通过字、词、句的基本含义读出蕴含其中的情境意义、深层意义和象征意

---

① National Committee of Three-self Patriotic Movement of the Protestant Churches in China(自治、自养、自传)。

义。有时面面俱到也很有必要,这其实就是细读态度和风格的多元性要求。

细读在语言方面的内涵包括表达方法、修辞方法,以及字、词、句和段的编排。通过关键词语读出其蕴含的情境意义、深层意义和联想意义。引导者凭自己的修养,在细读过程中帮助体验和感悟文本,进而产生对文本感情美、文体美和语言美的认同。

细读既是发现的过程,也是接受的过程。如果文本的缺点属于作者的责任,要分清是价值观问题还是粗心大意所致,或者纯粹是出于不同的视角和见解。分析要实事求是,切忌夸夸其谈,故作高深。这一环节是对审阅最严格的考验。如果问题是作者的责任,可以实事求是地指出其严重性和可能产生的后果。所以"细读"之后是对"严评"的期待。这里最要紧的是针对性,与作者无关的问题可以一笔带过,或者暂且搁置。

"文化"被视为一种观念形态,一种软实力,是人类社会与历史的积淀,其载体是语言文字或符号。"文化"的不同定义多达200多种,既包括世界观、人生观和价值观等意识形态要素,也涵盖自然科学和技术等非意识形态部分。

"文化细读"(Cultural Close Reading)是从文论视角,通过斟酌与切磋进入历史文化语域,深刻思考主体内涵后提出问题并做出权威性解读的过程。

荷兰汉学家伊维德(Wilt L. Idema)的元杂剧研究注重文献考察,展示对中国传统的文本校阅,结合西方的文本细读,进而转换为文化细读。他认为元刊本杂剧在明初被宫廷演出所吸收并改编,成为现存宫廷本,后来明代戏曲理论家臧懋循(1550—1620)以宫廷本为底本,再次改写收入《元曲选》。这是明人改写元杂剧本被公认的第一条途径。他以同时存有元刊本和《元曲本》的《赵氏孤儿》为例,经对比发现前一版本只有曲辞而无完整的宾白和舞台指导,后一版本的对白和舞台指导却很完整,但两种版本的曲辞也有差异。他的判断是:后来的版本不是之前版本的简单扩充版,它增加了完整的第五折的内容,虽然曲调旋律的顺序不变,但每一曲调都有多处改写的痕迹。臧懋循在编《元曲选》时显然对所选定的文本进行了大范围改写甚至重写。

元代戏曲家张国宾(1297—1307)的《薛仁贵》杂剧现存有元刊本和《元曲本》,经对校发现两者差别很大,改写部分很笨拙,与臧懋循的水平相差甚远。为方便理解,可假设《薛仁贵》被重新接纳为明宫廷剧目时曾被大范围改写,《元曲选》和《薛仁贵》因此可能出现三类修订版本:宫廷审查官员出于意识形态的目的所做的改编,历代演员出于戏曲演出需要的改动,以及文学编辑出于文本需要的修订。

  杂剧在元代经过两种途径修改后,受到语境、意识形态、商演目的和戏剧表演等因素的制约。伊维德在校阅元杂剧不同版本时,运用了比较文学、语义学、历史语言学和分析心理学等多科观念对杂剧戏文进行解读,将过去流行的文学语言的客观性观念扩展到互文阅读(Intertextual Reading)、文本分析和语境研究相结合的"文化细读"综合手段。可见文化细读离不开文化语境的构思。

参考文献

一、中文部分

1. 安平秋、安乐哲《北美汉学家辞典》,人民文学出版社,2001年。
2. 保罗·夏亚松《口述:最早发现北美洲的中国移民》,生活·读书·新知三联书店,2009年。
3. 付成双(合编)《中国加拿大研究手册》,中国加拿大研究会,2014年。
4. 高霞《汉语在加拿大的传播及发展研究》,载《楚雄师范学院学报》2010年第11期。
5. 郭佩兰《中国妇女和基督教 1860—1927》,亚特兰大:学者出版社,1992年。
6. 韩家炳《魁北克问题与加拿大多元文化主义的缘起》,载《历史教学》2008年第6期(总第547期)。
7. 黎全恩、丁果、贾葆蘅《加拿大华侨移民史(1858—1966)》,人民出版社,2013年。
8. 李春辉、杨生茂(主编)《美洲华侨华人史》,东方出版社,1990年。
9. 李耀曦、陈巨慧《加拿大传教士明义士甲骨藏品迷踪》,载《大众日报》2012年12月18日。
10. 梁丽芳《加拿大传教士对前期汉学的贡献:一个跨国学术领域的建立》,载《海南师范大学学报》(社会科学版)2015年第2期。
11. 梁丽芳《加拿大汉学:从古典到现当代与海外华人文学》,载《华文文学》2013年第3期。
12. 梁丽芳《加拿大汉学:从亚洲系、东亚图书馆看中国文学研究的蜕变》,载《海南师范大学学报》(社会科学版)2015年9月。

13.刘吉西《四川基督教》,巴蜀书社,1992年。

14.刘意青《加拿大研究》,北京大学出版社,2013年。

15.刘志庆、尚海丽《加拿大传教士在安阳四进四出及其影响》,载《世界宗教研究》2000年第4期。

16.卢兴基、董乃斌《加拿大的中国文学教学与研究》,载《文学遗产》1989年第4期。

17.苗建时《生态学、美学与道教修炼》(孙建译),载《学术研究》2010年第4期。

18.潘兴明《20世纪中加关系》,学林出版社,2007年。

19.潘迎春《1931—1945年加拿大与中国的关系》,载《民国档案》2009年第4期。

20.齐慕实《毛泽东与"毛主义"》,载《毛泽东研究》(长沙)2015年第4期。

21.钱皓《加拿大学者的中国观》,载《国际观察》2007年第6期。

22.宋家珩、董林夫《中国与加拿大:中加关系的历史回顾》,齐鲁书社,1993年。

23.宋家珩、李巍(合编)《加拿大传教士在中国》,东方出版社,1995年。

24.王小琪《一片甲骨惊世界:甲骨文的发现与学者之功》,载《光明日报》2014年8月19日。

25.王宇信、杨升南(合编)《甲骨学一百年》,社会科学文献出版社,1999年。

26.忘新婴《加拿大的当代中国研究》,《国外书刊信息》,2013年。

27.吴璐薇《加拿大先秦两汉文学研究概况》,载《神州》2014年第17期。

28.张龙平《吴哲夫与基督教教育的中国化实践》,载《暨南大学学报》(哲学社会科学版)2015年第5期。

29.张燕《加拿大华文教育的历史发展及前景展望》,载《八桂月刊》2010年第4期。

二、英文部分

1. Basran Gurcharn, Li Zong, Devaluation of Foreign Credentials as

Perceived by Visible Minority Professional Immigrants, in *Canadian Ethnic Studies*, Vol.30, No.3, 1998.

2. Benjamin I. Schwartz, *The World of Thought in Ancient China*. Cambridge, Harvard University Press, 1985.

3. Chester Ronning, *A Memoir of China in Revolution*. New York, 1974.

4. David Y. W. Wang, *Development of Canada's Diplomatic Policy Towards China in 1949 and 1950*, 2004.

5. Donald MacGillivray, *A Century of Protestant Mission in China, 1807—1907*, 1907.

6. Donald MacGillivray, Recent Progress in the Preparation of Christian Literature, in Chinese Recorder and Missionary Journal, Vol.39, No.7 1908.

7. Edgar Wickberg, etc., *From China to Canada: A History of the Chinese Communities in Canada*. Toronto, McClelland and Stewart Ltd., 1982.

8. George Leslie Mackay, *From Far Formosa: the Island, Its People and Missions*, 1896.

9. Harry Hussey, *My Pleasures and Palaces: an Informal Memoir of Forty Years in Modern China*, 1968.

10. He Keyao, *Contemporary Sinology-an Answer for the World*. China Culture.org, Nov.5, 2014.

11. Huhua Cao and Vivienne Poy, *The China Challenge, Sino-Canadian Relations in the 21st Century*.2011.

12. Ishikawa Yoshihiro, Joshua A. Fogel, *The Formation of the Chinese Communist Party*. Columbia University Press, 2012.

13. James Mellon Menzies, *The Culture of the Shang Dynasty, Oracle Bones from the Waste of Yin*, 1917.

14. John W. Holmes, Canada in Search of Its Role, in *Foreign Airs*, Vol.41 No.4 July 1963.

15. Kimberley Manning. *Pacific Imaginaries: Rebuilding Chinese Studies in Canada* (Research Report). Asia Pacific Foundation of Canada, March 15, 2012.

16. Leo Driedger, *Multi-Ethnic Canada: Identities and Inequalities*. Ontario: Oxford University Press, 1996.

17. Linfu Dong, *Cross Culture and Faith: The Life and Work of James Mellon Menzies*, Toronto: University of Toronto Press, 2005.

18. Michael S. Duke, *Blooming and Contending-Chinese Literature in the Post-Mao Era*. Bloomington: Indiana University Press, 1985.

19. Michael S. Duke, *Contemporary Chinese Literature-An Anthology of Post-Mao Fiction and Poetry*. New York and London: M. E. Sharpe Inc., 1985.

20. Michael S. Duke, *Modern Chinese Women Writers-Critical Appraisals*. Routledge, 1989.

21. Michael S. Duke, *Worlds of Modern Chinese Fiction: Short Stories and Novellas from the People's Republic, Taiwan and Hong Kong*. N. Y. and London: M. E. Sharpe Inc., 1991.

22. Nils Göran David Malmqvist, Milena Doleželová-Velingerová, Bernd Eberstein, European Science Foundation, Zbigniew Słupski, *A Selective Guide to Chinese Literature, 1900—1949*. Leiden: E. J. Brill, 1988.

23. Peter S. Li, *The Chinese in Canada*. Toronto: Oxford University Press, 1988.

24. Stephen Lyon Endicott, *James G. Endicott: Rebel out of China*. Toronto: University of Toronto Press, 2012.

25. William Charles White, *An Album of Chinese Bamboos, A Study of a Set Ink Bamboo Drawings, A. D. 1785*, 1939.

26. William Charles White, *Bone Culture of Ancient China*, 1945.

27. William Charles White, *Chinese Jews: A Compilation of Matters Relating to the Jews of Kai-feng*, 1942.

28. William Metcalfe, *Understanding Canada*. New York University Press, 1982.

附录一
人名中外文对照表

A

埃贝尔,雅克　Jacques Hebert
埃梅里希　R. E. Emmerick
埃文斯,保罗　Paul Evens
艾达　Ada Kennedy
艾民信　David Emerson
安德东克　Andrew Onderdonk
安乐哲　Roger T. Ames
奥古斯丁　Surelius Augustin

B

巴龄古　Rev. Sabin Baring-Gould
白亚　Jean Elizabeth DeBernardi
白光华　Charles Y. Le Blanc
白求恩,诺尔曼　Henry Norman Bethune
白之　Cyril Birch
包士廉　Julian F. Pas
包天民　Jeremy T. Paltiel
贝淡宁　Daniel A. Bell
贝克,斯图尔特　Stewart Beck
贝丽　Alison Bailey
贝特丝,珍妮　Jane Bates
贝祥,霍华德　Howard Balloch
碧福　Fred Bild
伯顿　Charles Burton
伯思朗,约翰　John Berthrong
博伊德　John Richard Boyd
卜德　Derk Bodde
卜正民　Timothy James Brook
布坎南,彼得　Peter Buchanan
布朗,让　Jean Brown

C

陈凡平　Fan-pen Chen
陈明生　Min-sun Chen
陈山木　Robert Chen
陈志让　Jerome Chen
成中英　Chen Chung-ying

D

大山（曾用名"陆士伟"）　Mark Henry Rowswell
戴德生　James Hudson Taylor
戴淮清　Tai Huaiching

戴维斯　Thomas Clayton Davis
德莱妮,多萝西　Dorothy Delany
德马太　Mathew Dickson
狄考文　Calvin Wilson Mateer
丁大卫　David Dean
丁荷生　Kenneth Dean
丁克生　Frank Dickinson
杜德美　Petrus Jartoux
杜迈可(又译"杜迈克")　Michael S. Duke
杜森　W. A. C. H. Dobson
杜维明　Tu Weiming
多勒泽尔,卢伯米尔　Lubomir Dolezel

F

方秀洁　Grace S. Fong
斐焕章　J.Vale
费舍尔　Galen Fisher
芬尼　Charles Finney
弗雷泽,约翰　John Fraser
福开森(又译"福茂生")　John Calvin Ferguson
福勒,詹妮　Jennie Fowle
傅佛果　Joshua A. Fogel
傅海波　Erich Haenisch
傅兰雅　John Fryer
傅云博　Daniel Alan Fried
富能仁　James Outram Fraser

G

高保罗　Paul Crowe
高第丕　Tarleton Perry Crawford

高,凯文　Kevin Garratt
高,朱莉亚　Julia Dawn Garratt
戈登,亚历山大　Alexander Gordon
戈伦夫,谭　Adalbert Tomasz Grun-feld
哥伦布　Christopher Columbus
格兰特,詹姆斯　James Grant
格利森　Mary Gleason
葛萨廖夫　Kisseleff
葛斯德,盖恩·穆尔　Guion Moore Gest
古约翰　Jonathan Goforth
顾彬　Wolfgang Kubin
郭显德　Hunter Corbett

H

哈珀,史蒂芬　Stephen Harper
海德格尔　Martin Heidegger
荷兰,威廉　William Holland
何忠义　Geo E. Hartwell
赫贝尔,杰克　Jacques Herbert
赫德　Robert Hart
赫尔　H. M. Hare
赫斐秋　Virgil Chittenden Hart
赫怀仁　Edgerton Hasell Hart
胡可丽　Claire Huot
花之安　Ernst Faber
怀履光　William Charles White
怀特海　Alfred North Whitehead
怀特,亨利·詹姆斯　Henry Charles White
霍克斯,吉姆　Jim Hawkes

霍利特,安德烈　Houtte Andre
霍奇森,格伦　Glen Hodgson

J

吉士道　H. J. Wullett
季理斐　Donald McGillivary
贾腓力　Francis Dunlap Gamewell
贾太吉　D. R. Sudhakar Chatterji
江亢虎　Kiang Kanghu
金乐德　Alexander Kennedy
金守拙　George Alexander Kennedy

K

坎贝尔,戈登　Gordan Campbell
柯杰　Joseph Peter Caron
柯雷利,查尔斯　Charles Trick Currelly
柯鲁克,伊莎白　Isabel Crook
科大卫　David Faure
克雷蒂安,让　Jean Chrétien
克里斯丁娜　Christina Shi
克洛岱尔,保罗　Paul Claudel
孔飞力　Philip Alden Kuhn
孔汉思　Hans Kung

L

拉伯雷,弗朗索瓦　Francois Rabelais
拉菲托　Joseph Francois Lafitau
莱布尼兹　Gottfried Wilhelm Leibniz
莱斯,西蒙　Simon Leys
莱伊　Whalem W. Lai
赖特,大卫　David R. Wright
赖特,詹姆斯　James R. Wright
兰彻,詹妮弗　Jennifer Lemche
朗宁,哈尔沃　Halvor Ronning
朗宁,切斯特　Chester Ronning
李克曼斯,皮埃尔　Pierre Ryckmans
李祈　Li Chi
李晟文　Shenwen LI
李提摩太　Timothy Richard
李庥　Hugh Ritchie
李盈　Yvonne Li Walls
理查兹,艾弗·阿姆斯特朗　Ivor Armstrong Richards
利德蕙　Vivienne Poy
梁丽芳　Laifong Leung
列帕斯,约翰　John Redpath
林存默　Thomas Lin
林乐知　Young John Allen
林理彰　Richard John Lynn
林则　A. W. Lindsay
刘若愚　James J. Y. Liu
卢梭,让·雅克　Jean-Jacques Rousseau
鲁索夫,贺斯特　Horst Ruthrof
路光邦　E. P. Hearnden
罗岚　Robert G. Wright
罗瑟琳　Florence Rosalind Bell-Smith
罗思,蒂莫西　Timothy Ross
罗维灵　William McClure
洛克　Locke John

M

马大维　David Mulroney

马尔罗,安德烈　Andre Malraux
马林　William Edward Macklin
麦家廉　John McCallum
麦克唐纳　John Alexander Macdonald
曼迪,提勃　Tibor Mende
美在中　F. A. Meigs
蒙田,米歇尔·德　Michel de Mon-taigne
孟德斯鸠　Montesquieu
苗建时　James Miller
明明德　Arthur Menzies
明义士　James Mellon Menzies
莫美菱　Margaret MacMillan
牟复礼　Frederick W. Mote
穆思礼　Stanley Munro

O

欧大年　Daniel lee Overmyer
欧德伦　Vieter Odlum

P

帕默尔,哈罗德　Harold E. Palmer
帕森斯　Palsson
裴德生　Willard James Peterson
裴玄德　Jordan Paper
彭德　Pitman B. Potter
蒲立本　Edwin George Pulleyblank

Q

齐慕实　Timothy Cheek
启尔德　Omar Leslie Kilborn
启希贤　Retta Gifford Kilborn
启真道　Leslie Gifford Kilborn
乔治,大卫·劳埃德　David Lloyd George
秦家懿　Julia Chia-yi Ching

R

冉云华　Jan Yün-hua
饶和美　Homer G. Brown

S

萨梭　Michel Saso
桑雅昂森　Sonja Armtzen
森舸澜　Edward Gilman Slingerland
沙光亮　A. F. H. Shaw
师觉月　P. C. Bagchi
单国钺　Leo Kwork-yueh Shin
施吉瑞　Jerry D. Schmidt
施坚雅　William Skinner
施文林　Wayne Schlepp
施舟人　Kristofer Schipper
石白河　Harvey Schipper
石峻山　Josh Stenberg
史恺悌　Catherine Crutchfield Swatek
史罗一　Lloyd A. Sciban
史美德　James Fraser Smith
史密斯,罗莎林德·贝尔　Rosalind Bell Smith
史沫特莱　Agnes Smedley
司徒祥文　John Edward Stowe
斯诺,埃德加　Edgar Snow
宋怡明　Michael A. Szonyi
苏恩文,达科　Darko Suvin

苏继贤　Walter Small
孙广仁　Graham Sanders
孙绍鸿　D. W. Stevenson

T

泰勒,赫德森　Hudson Taylor
唐茂森　J. E. Thompson
特朗普　Donald Trump
特鲁多,贾斯廷　Justin Trudeau
特鲁多,皮埃尔·艾略特　Pierre Elliot Trudeau
托平,奥黛丽·朗宁　Audrey Ronning Topping
托平,西摩　Seymour Topping

W

王健　Jan Wilson Walls
王雨春　W. E. Smith
威廉　William C. Burns
韦廉臣　Alexander Williamson
维特瑞　Natalka Vetere
卫德明　Hellmut Wilheim
卫匡国　Martino Martini
卫三畏　Samuel W. Williams
魏仲加　Scott Vaughan
文焕章　James Endicott
文佳兰　Karen Minden
文丽娜　Lene Wilson Endicott
文幼章　James Gareth Endicott
文月华　Mary Endicott
文忠志　Stephen Lyon Endicott
沃尔夫　Wolff Christian

沃尔克,安妮　Ann Walke
沃雷,约翰　John Whalley
吴大品　Tai P. Ng
吴哲夫（又译"吴俊明"或"吴明睿"）　Edward Wilson Wallace
伍德,弗朗西斯　Francis Wood

X

夏理逊（又译"哈利生"或"哈励逊"）　Tillson Lever Harrison
夏瑞春　Andrian Hsia Rue Chun
夏志清　Hsia Chi-Tsing
肖逸夫　Yves Tiberghien
偕叡理（又译"马偕"）　George Leslie Mackay
谢弗　Edward Hetzel Schafer
修昔底德　Thucydides, 460B.C.—396B.C.
许美德　Ruth Hayhoe

Y

杨济灵　A. E. Best
杨宓贵灵　Isobel Selina Miller Kuhn
杨斯玲　Donna Yeung
杨志英　John Becker Kuhn
叶嘉莹　Chia-ying Yeh
伊罗生　Harold R. Isaacs
伊懋可　Mark Elvin
伊维德　Wilt L. Idema
翼波　Robert Majzels
尤恩,琼（又译"青莲"）　Jean Ewen
余安　R. B. Even

余英时　Xu Ying-shih
郁白　Nicolas Chapuis
云从龙　L. E. Willmott
云达乐　Donald Willmott
云达忠　William Edward Willmott

Z

扎林,格尔　Zarrin Gull
张康清　Kenny Zhang
赵朴　Guy Saint-Jacques
郑和甫　P. Lindel Tsen

附录二
加拿大汉学发展史大事记

1875年，加拿大维多利亚50多户华人家庭联合开办了一个华文讲习班。

1888年秋天，多伦多市民举着火炬到火车站欢送第一批赴华传教士。

1889年，加拿大长老会古约翰等7名牧师到中国河南传教。

1899年，维多利亚中华会馆创办了第一所华文学校——乐群义塾。

1903年，梁启超在温哥华创办《日新报》。

1907年，华人基督徒周天霖和周耀初在温哥华创办《华英日报》，为加拿大华文文学的发展提供了平台。

1918年，首批加拿大法裔传教士到达徐州传教。

1919年，据当年统计，加拿大传教士先后在中国创办了270所学校和30所医院。

1925年，盖恩·葛斯德将个人中文藏书存放于加拿大麦吉尔大学，成立中国研究图书馆。

1930年，麦吉尔大学开设了汉学系。

1931年，徐州传教区划归加拿大法语耶稣会主管，加拿大传教士促进了中国文化在加拿大的传播。徐州传教区有18个传教中心，传教士21名，基督徒68181名。

1935年，多伦多大学开设了由怀履光担任教授的中国艺术与考古课程，把中国研究作为其亚洲研究的一部分。

1945年4月4日，加拿大驻华大使欧德伦代表加拿大联邦政府，与中国国民政府签署《中加平等新约》。

1948年，不列颠哥伦比亚大学开设了"1644年以来的中国历史"课程。

1957年，不列颠哥伦比亚大学开设第一门汉语课程，着手制订出北美最具综合性的中国研究计划,并定位为其亚洲研究的开端。

1959年,从该年开始,中国向加拿大提供来华政府奖学金名额。

1968年10月,加拿大亚洲研究协会(CASA)成立,加拿大以中国史研究为开端的中国问题研究得到加速。

1968年,多伦多大学评议会授权成立中国研究学院(School of Chinese Studies),怀履光出任院长。

1970年10月13日,中国与加拿大正式建交,两国的学术交流得到推动。

1973年,加拿大总理特鲁多访华,与周恩来总理签署《加中学生交换协议》(1989年扩建为"加中学者交换项目"),是两国历史上政府间规格最高项目,培养了大批人才,推动了两国政府和人民的互相了解。

1975年,加拿大中国宗教研究会(Society for the Study of Chinese Religions)成立,吸收会员44人。

1976年,蒙特利尔大学成立东亚研究中心(Center for East Asian Studies)。

1978年,蒙特利尔大学成立亚洲研究学院,1992年改建为中国研究中心。

1980年,加拿大社会科学和人文科学研究理事会与中国社会科学院签订学术合作谅解备忘录,两国之间的学术交往得到了进一步加强。

1982年,加拿大创办中英双语教学项目(Chinese-English Bilingual Programme),为汉语教育与主流教育接轨创造了条件。

1984年,加拿大亚太基金会(APFC)由加拿大联邦议会设立,旨在为加拿大商界、公共政策制定部门和学术研究机构提供信息、咨询和互相交流等服务。

1985年,不列颠哥伦比亚大学设立维真学院中国研究部。

1992年,不列颠哥伦比亚大学亚洲研究所成立中国研究中心。

1994年,中国和加拿大政府签署《1995—1996年度中加文化交流备忘录》。